Investieren in Small Caps

Axel Mühlhaus, studierter Volkswirt, berichtet seit Anfang der neunziger Jahre als Finanzjournalist von der Frankfurter Börse. Zurzeit ist Mühlhaus stellvertretender Ressortleiter Wirtschaft beim F.A.Z. Business-Radio.

Sönke Knop, gelernter Bankkaufmann und studierter Volkswirt, hat jahrelang für Börsenbriefe über die Kapitalmärkte geschrieben. Er leitet das Frankfurter Büro der Haubrok Investor Relations GmbH.

Axel Mühlhaus, Sönke Knop

Investieren in Small Caps

Auswahlmethoden und Anlagestrategien

Campus Verlag
Frankfurt/New York

Die Deutsche Bibliothek – CIP-Einheitsaufnahme

Ein Titeldatensatz für diese Publikation ist bei
Der Deutschen Bibliothek erhältlich.
ISBN 3-593-36995-8

Umschlaggestaltung: Guido Klütsch, Köln
Satz: Fotosatz L. Huhn, Maintal-Bischofsheim
Druck und Bindung: Ueberreuter Buchproduktion, Korneuburg
Gedruckt auf säurefreiem und chlorfrei gebleichtem Papier.
Printed in Austria

Inhalt

Einleitung

Kleine Kappen für Nebenwerte

Nach ihrem Börsengang im Mai 1998 lud die Hawesko AG ins Kronenschlösschen im Rheingau ein, um sich bei Bankern, Rechtsanwälten und Beratern für die Mithilfe beim Going Public zu bedanken. Nachdem den Gästen ein ausgezeichnetes Abendessen serviert worden war, standen die unvermeidlichen Reden auf dem Programm. Der Vorstandsvorsitzende, Alexander Margaritoff, schenkte im Anschluss an seine Ansprache jedem Anwesenden eine kleine Baseball-Kappe und begründete diese Geste mit den Worten: »Im Börsendeutsch sind wir ja schließlich ein Small Cap.«

Small Caps, also Unternehmen mit geringer Börsenkapitalisierung, taugten damals allenfalls für Witzchen am Rande des Börsengeschehens. Für sie galt es, kleine Brötchen zu backen, denn der Neue Markt setzte zum Höhenflug an. Anleger kalkulierten mit dreistelligen Kursgewinnen auf Jahressicht, und da konnten die Mauerblümchen der Börse nicht mithalten.

Unter dem Begriff Small Cap, oder zu deutsch »Nebenwert«, werden gerne all jene Kapitalmarktwinzlinge zusammengefasst, für die alle anderen Begriffe nicht passend sind. Wer nicht zu den Blue Chips zählt, sich auch nicht als Hightech-Unternehmen bezeichnen kann oder will, der landet in der Schublade Small Cap. Dabei dürfte die Zahl der deutschen Small Caps, die an der deutschen Börse gehandelt werden, bei deutlich über 400 liegen und damit den größten Block aller Unternehmen am deutschen Kapitalmarkt ausmachen, der aber gleichzeitig die geringste Aufmerksamkeit und das geringste Handelsvolumen auf sich vereinigt.

Der statistische »Norm«-Small-Cap

Der typische Nebenwert in Deutschland ist von der Deutschen Börse AG 1999 am Beispiel ihres Small Cap Index, des SMAX, beschrieben worden. Der Unternehmensumsatz lag bei rund 350 Millionen Euro, wobei auch Firmen mit Erlösen von mehr als 3 Milliarden Euro vertreten waren. Das durchschnittliche Umsatzwachstum wurde mit 24 Prozent ausgewiesen, die Zahl der Mitarbeiter mit 2 107 im Mittelwert, wobei die Spannbreite von 13 Beschäftigten bis zu 11 536 reichte. Das älteste Unternehmen blickte auf eine Geschichte seit 1748 zurück.

> Als *Aktienindex* bezeichnet man eine Kennziffer, die börsentäglich die Veränderungen von Aktienkursen eines ganzen Marktes (Gesamtindex) oder einzelner Branchen (Branchenindex), bezogen auf einen willkürlich gesetzten Basiswert, im Zeitablauf wiedergibt. Einer der bekanntesten Indizes ist der DAX, der Deutsche Aktienindex, der 30 der größten Werte beinhaltet.

Die Chancen, dass das Schattendasein der Nebenwerte ein Ende nehmen würde, standen spätestens seit dem Jahr 2000 gut. Der Neue Markt ging in den freien Fall über, in der Spitze verlor der Index mehr als 90 Prozent. Allein im Jahr 2001 summierte sich das Minus auf deutlich über 60 Prozent. Während viele Anleger mit Hightechs viel Geld verloren, fielen die Einbußen beim SMAX mit einem Minus von 30 Prozent im Jahr 2001 spürbar moderater aus. Zudem zeigten sich die Nebenwerte mit einem Kurs-Gewinn-Verhältnis von etwa zehn deutlich günstiger bewertet als Titel am Neuen Markt, die etwa viermal so hoch bezahlt wurden.

Auch hatte die Deutsche Börse bereits im April 1999 mit dem SMAX Transparenz- und Publizitätsanforderungen geschaffen, die weitgehend mit denen des Neuen Marktes übereinstimmten, sodass die Voraussetzungen für einen effizienten Markt gegeben waren.

Nicht zuletzt interessierten sich plötzlich einige wenige institutionelle Anleger stärker für Nebenwerte. Bedingt durch die Krise am Neuen Markt wurden Fonds wie Lupus Alpha SMAX Plus, Invesco Small Caps Plus und MPC SMAX Plus ins Leben gerufen.

An Ineffizienzen verdienen

Verfall des Konkurrenzsegments, günstige Bewertung, gute Rahmenbedingungen, zaghafte Fondspräsenz – trotz dieser Konstellation wurden Small Caps nicht wirklich populär. Die Umsätze an der Börse blieben gering, erste Nebenwerte zogen sich freiwillig von der Börse oder zumindest aus dem SMAX zurück. Als Grund hierfür wurden die Kosten genannt, die mit der Börsennotiz verbunden sind und denen aus der Sicht einiger Vorstände kein Nutzen gegenübersteht.

Die Zurückhaltung der Anleger dürfte gleich mehrere Gründe haben. Wer sein Geld Profis anvertraute, musste sich in der Anfangsphase damit zufrieden geben, eine unterdurchschnittliche Performance einzufahren. Die Fonds schlugen sich schlechter als der Index. Investoren, die selber aktiv werden wollten, sahen sich möglicherweise einer völlig neuen Welt gegenüber. Der Sprung vom Neuen Markt zum SMAX oder gar in den Bereich der Mantelspekulation setzt einen gehörigen Lernprozess voraus.

Vergessen werden müssen Begriffe wie *Price/Earnings to Growth-Ratio* (PEG), die zwar bei der Bewertung von Wachstumstiteln eine Bedeutung haben, aber gänzlich ungeeignet sind, um sich mit Brau und Brunnen oder Möbel Walther analytisch zu beschäftigen. Stattdessen gilt es, sich verstärkt mit Kurs-Buchwert-Verhältnissen zu befassen, auf Dividendenrenditen zu schauen und das Prozedere bei Mantelverkäufen zu verstehen. Nicht zuletzt wurden potenzielle Small-Cap-Investoren von der weiter geringen Liquidität in diesen Titeln abgeschreckt. Ein Teufelskreis natürlich, denn die Investitionszurückhaltung trocknet den Börsenhandel weiter aus.

Ist das Investment in Nebenwerte somit eine hoffnungslose Geschichte? Keinesfalls. Der ausgeschlafene Anleger kann vielmehr die Charakteristika des Marktes nutzen. Die geringen Informationen in der Öffentlichkeit zu Nebenwerten, verbunden mit bewertungstechnischen Besonderheiten und einer allenfalls dürftigen Liquidität in diesen Titeln, führt dazu, dass der Markt in der Praxis getrost als ineffizient bezeichnet werden kann.

Mit der Bereitschaft, selbst Recherche und Analyse zu betreiben, und mit Geduld und etwas Glück lassen sich tatsächlich Schnäppchen machen. Die Chancen dazu sind viel größer als bei den Blue Chips, über die in den Tageszeitungen und Wirtschaftsmagazinen täglich berichtet wird und bei denen hohe Börsenumsätze eher dafür sorgen, dass der Preis sich schnell der aktuellen Informationslage anpasst.

Wohlgemerkt: Praktisch gesehen ist der Markt ineffizient, gemessen an den theoretischen Voraussetzungen jedoch keineswegs. Mit dem Regelwerk zum SMAX hat die Deutsche Börse die Rahmenbedingungen geschaffen, die allen Marktteilnehmern prinzipiell Zugang zu allen relevanten Informationen gewähren. Es kommt im Einzelfall nur darauf an, das Material tatsächlich zu beschaffen, fachgerecht zu analysieren und dann in erfolgversprechende Investments umzusetzen.

Von Profis lernen – Erfahrungen sammeln

Mit diesem Buch wollen wir Ihnen bei allen dazu notwendigen Schritten Hilfestellungen geben. Sie erfahren dabei stets, wie Profis vorgehen, die seit Jahren die Mauerblümchen der Börse hegen und pflegen. Dies kann ein Fingerzeig für die richtige Vorgehensweise sein, möglicherweise finden Sie aber auch einen eigenen – noch besseren – Weg, nachdem Sie die theoretischen Grundlagen studiert haben. Auch bei Small Caps gilt: Ohne Fleiß kein Preis. Dafür winken aber gute Renditechancen. Der Blick in die Vergangenheit jenseits des Großen Teichs macht Mut. Zwischen 1925 und 1999 lag die durchschnittliche Jahresrendite von US-amerikanischen Small Caps mit 12,7 Prozent um fast 2 Prozentpunkte über jener von Blue Chips.

Allerdings sollte sich jeder Investor auch über die Risiken, die er eingeht, im Klaren sein. So manche dividendenorientierte Nebenwertespekulation wandelte sich in Windeseile zu einer Turnaround-Spekulation, die schließlich in eine Mantelspekulation mündete. Und auch dieses Kalkül mit Börsenhüllen geht in vielen Fällen nicht auf. Der Anleger sollte deshalb zunächst die Materie verstehen, dann mit ganz kleinen Beträgen in die Praxis eintauchen und erst später tatsächlich in nennenswertem Umfang in Small Caps investieren. Was ein »nennenswerter« Umfang ist, hängt dabei stets von der individuellen Einkommens- und Vermögenssituation ab.

Kapitel 1

Grundlagen

Der Neue Markt als Vorbild für den SMAX

1999 mischte der Neue Markt gerade die Börsenwelt auf. Das Segment hatte sich etabliert, die Zahl der gelisteten Unternehmen summierte sich zum zweiten Geburtstag am 10. März auf immerhin 77, und diese erreichten, gemessen an der Marktkapitalisierung, 36 Prozent des MDAX. Mit einem Wertzuwachs von 174 Prozent hatte der Neue Markt im Jahr 1998 alle anderen Segmente weit hinter sich gelassen.

> Unter *Marktkapitalisierung*, auch Börsenkapitalisierung, versteht man den Gesamtkurswert der ausgegebenen Aktien.

Die Folge: Die Aspiranten für Börsengänge drängelten sich nur so, auf der anderen Seite gierten die Investoren förmlich danach, den Unternehmen beim Initial Public Offering (IPO) oder einer späteren Kapitalerhöhung ihr Geld nachzuwerfen. Die Präsenz der Hightechs in den Medien war enorm. Gleichzeitig konnte es sich die Deutsche Börse – als Initiator – jetzt leisten, Unternehmen für den Neuen Markt abzulehnen.

> Als *Initial Public Offering* bezeichnet man den Börsengang eines Unternehmens. Voraussetzung dafür ist die Zulassung durch die Aufsichtsbehörden.

In der allerersten Phase des Neuen Marktes hatten es hingegen Unternehmen an den Neuen Markt geschafft, die mit innovativen Prozessen oder Produkten nur im weitesten Sinn in Verbindung zu bringen waren. Zu nennen sind exemplarisch der Baustoffhändler Mühl, der Seniorenheimbetreiber Refugium oder die Entsorgungsunternehmen Lösch und Sero.

Mit Blick auf das überwältigende Interesse und den unbestreitbaren wirtschaftlichen Erfolg des Neuen Marktes lag es nahe, das Modell zu kopieren und auf andere »Underdogs« anzuwenden, wie es Start-ups aus dem Hightech-Bereich wenige Jahren zuvor in der Börsenwelt auch noch gewesen waren. Diese krankten vormals schließlich ebenfalls an mangelnder Transparenz und Liquidität – eine Situation, in der sich 1999 auch Nebenwerte aus der Old Economy befanden. Der SMAX entstand, die Small Cap Exchange, die Börse für gering kapitalisierte Werte also.

Damit schuf die Deutsche Börse AG ein weiteres Segment, das mit strengen Zulassungsbestimmungen die Anleger anlocken und ihr ein gutes Geschäft bescheren sollte.

Bühne frei für SMAX und SDAX

Am 26. April 1999 wurde feierlich der Startschuss für das Börsenleben des SMAX gegeben. Und das Kind konnte gleich mit einer beträchtlichen Größe aufwarten. Am ersten Handelstag waren 91 Unternehmen dabei, darunter 88 alte Hasen, die zuvor bereits im Amtlichen Handel oder dem Geregelten Markt notiert waren und lediglich eine Aufnahme in das neue Segment beantragt hatten. Aber auch drei Frischlinge waren vertreten, die ihren Börsengang auf die Geburtsstunde des SMAX terminiert hatten: Zapf Creation, Heinkel und Knorr Capital.

Die breite Akzeptanz des SMAX durch die Unternehmen war Ausdruck ihrer Hoffnung, womöglich ein ähnliches Interesse wie die Firmen des Neuen Marktes für sich zu gewinnen und von einer vergleichbaren Kursentwicklung zu profitieren. Genau einen Monat später war die Zahl der Unternehmen, die im SMAX gelistet waren, bereits auf 100 gestiegen.

Am 21. Juni 1999 erblickte dann der SDAX das Licht der Börsenwelt. In ihm waren jene 100 Unternehmen aus dem SMAX vertreten, die sowohl nach Marktkapitalisierung als auch nach Börsenumsatz zu den Top 100 gehörten. Zum Startzeitpunkt war diese Regelung nicht wirklich ernst zu nehmen, da sowieso nur 104 Firmen im SMAX notiert waren.

Es konnte also fast jeder mitmachen, bis auf vier bedauernswerte Außenseiter.

Im Oktober 1999, also ein halbes Jahr nach der Gründung des SMAX, zog die Deutsche Börse eine erste Zwischenbilanz, und diese fiel – zumindest in den Augen der Börse – positiv aus.

Wunsch und Wirklichkeit

Die Zahl der Unternehmen im SMAX war bis Oktober 1999 auf 108 gewachsen, so die Deutsche Börse in einer Pressemitteilung zum »Halbjährigen«. Die Kursentwicklung im ruhig verlaufenden Spätsommer 1999 war mit plus 7 Prozent überdurchschnittlich. Auch das Handelsvolumen der im SMAX gelisteten Unternehmen war im ersten halben Jahr des Segments im Mittel um 4 Prozent gegenüber der Zeit vor Gründung des SMAX gestiegen. Die Trading-Aktivitäten im CDAX nahmen im gleichen Zeitraum lediglich um 1 Prozent zu, vermeldete die Deutsche Börse stolz. In absoluten Zahlen stieg der Umsatz in allen SMAX-Werten von 484 Millionen Euro im Monat April auf 501 Millionen Euro im September 1999. Allerdings nahm auch die Zahl der gehandelten Werte zu.

So positiv sich die Verlautbarungen der Deutschen Börse im Oktober 1999 auch ausnahmen, in der Folge sprachen die Zahlen eine andere Sprache. Die Zahlen für 2001 zeigen – gerade in Relation zu jenen für das Jahr 1999 – den rapiden Fall in die Bedeutungslosigkeit, den der SMAX in den folgenden Jahren durchmachte.

Im April 2001 wurden nur noch 253 Millionen Euro in SMAX-Werten umgesetzt, im September 2001 waren es sogar nur 177 Millionen Euro und im Gesamtjahr 2001 knapp 3,1 Milliarden Euro. Im Vergleich dazu wurden 2001 mit lediglich 70 Titeln aus dem MDAX immerhin 37,6 Milliarden Euro umgesetzt, die 30 Blue Chips aus dem DAX brachten es sogar auf 883 Milliarden Euro. Auch der NEMAX-All-Share-Index, der Ende 2001 rund dreimal so viele Titel wie der SMAX umfasste, zeigte sich mit einem Börsenumsatz, der immerhin fast das Achtzehnfache des SMAX betrug, deutlich liquider als die Nebenwerte.

Auch bei der Marktkapitalisierung zeigte sich der SMAX Ende 2001 als Fliegengewicht. Die organisierten Nebenwerte brachten es in der Summe lediglich auf gut 12 Milliarden Euro. Damit wurde die Gesamtheit der mehr als 120 Gesellschaften locker auch von einem mittelgroßen DAX-Wert ausgestochen.

Die Gründe für den schwachen Start

Die mangelnde Liquidität in Titeln des SMAX führte nicht zuletzt dazu, dass das Segment sich weder bei privaten noch bei institutionellen Investoren allzu großer Beliebtheit erfreute. Zwar gab es Anfang 2002 knapp eine Hand voll Fonds, die sich im SMAX tummelten, doch ihre Mittel bleiben bescheiden und die Wertentwicklung oft auch. Der SMAX-Pionier, Karl Fickel, der als Erster mit seiner Kapitalanlagegesellschaft Lupus Alpha zum Jahresauftakt 2001 einen SMAX-Fonds auflegte, musste nach gut einem Jahr eingestehen, dass sein Fonds sich mit einem Verlust von 28 Prozent seit Auflegung spürbar schlechter entwickelt hatte als der SMAX insgesamt, dessen Verlust im gleichen Zeitraum »nur« 22 Prozent betrug.

Fickel führte diese Entwicklung – in bemerkenswert selbstkritischer Weise – nicht darauf zurück, dass Nebenwertefonds es grundsätzlich schwer haben, sondern führte eigene strategische Fehler bei der Investmententscheidung ins Feld. Gleichzeitig verwahrte sich der renommierte Fondsmanager, der es in Diensten der Invesco einst zum »Fondsmanager des Jahres« gebracht hatte, gegen Vorschläge, bei den illiquiden Aktien des SMAX die Performance durch gezieltes »Pushen« einzelner Werte nach oben zu manipulieren.

Fallbeispiel: Wenn die Kurse (fast) wie von selbst steigen

Das Spiel mit der selbstgezauberten Performance wäre auch im SMAX denkbar einfach: Der Fonds sucht sich einige wenige, möglichst marktenge, Aktien aus und investiert hier massiv. Da nur wenige Stücke des ausgewählten Unternehmens frei handelbar sind, steigen die Notierungen quasi von selbst. Wenn diese Strategie perfektioniert werden soll, dann rührt der Fondsmanager unter Kollegen und vor allem in der Öffentlichkeit kräftig die Werbetrommel für seine Lieblinge, um damit zusätzliches Kaufinteresse zu wecken. Und ab geht die Post nach oben.

Dass dieses Spielchen eine Zeit lang bestens funktionieren kann, zeigte sich bereits in den Jahren 1999 und 2000 am Neuen Markt. Dort trieb eine Gruppe von Fondsmanagern mit genau diesem Vorgehen diverse Aktien in schwindelerregende Höhen. Als Kopf der Crew wurde Kurt Ochner, Fondsmanager bei Julius Bär, gesehen.

Ochner hatte einige Jahre zuvor bei seinem vorherigen Arbeitgeber; dem Bankhaus Schröder Münchmeyer Hengst AG, schon mal üben können. Dort managte Ochner den SMH-Special Fonds, der viele extrem illiquide Positionen hielt – so zum Beispiel Ölmühle Hamburg, Müller-Weingarten oder Leonische Drahtwerke. Ochner stand auf der Sonnenseite der Börse. Er galt wie später am Neuen Markt als Nebenwerte-Guru; bis sich das Klima für Nebenwerte ab 1992 merklich abkühlte.

Die Kurse fielen, und der SMH-Special schaffte es nicht, sich im allgemeinen Abwärtstrend aus seinen Positionen zu verabschieden. In der Folge entwickelte er sich drastisch schlechter als der Markt. Ochners Nachfolger bei SMH, Hans-Jürgen Segbers, formulierte es im Oktober 2000 im Spiegel deutlich: »Der Fonds war vor die Wand gefahren.«

Ein ähnliches Schicksal erlitt Ochner erneut, als der Neue Markt ab März 2000 in den freien Fall überging. Sein »Special German Stock Fund« bei Julius Bär rauschte noch schneller in die Tiefe als die Indizes des Neuen Marktes. Die Kritik am »System Ochner«, wie die Presse es mittlerweile nannte, wurde immer lauter. Jetzt meldeten sich auch jene zu Wort, die zuvor geschwiegen oder ihm gar als »Mister Neuer Markt« gehuldigt hatten, und kritisierten das abgestimmte Spiel mit marktengen Werten, verbunden mit publikumswirksamen Empfehlungen selbiger in den Medien.

Im April 2001 zog Ochners Arbeitgeber die Reißleine und setzte ihm den Stuhl vor die Tür. Noch einmal erbebte der Neue Markt ob dieses Ereignisses. Die Ochner-Lieblinge, wie beispielsweise die Caatoosee AG, stürzten am Tag nach Ochners Entlassung ab, weil Anleger befürchteten, seine Nachfolger würden diese Engagements um jeden Preis auflösen wollen.

Das hier geschilderte System wurde im SMAX bislang (noch) nicht praktiziert. Das Nebenwertesegment gilt deshalb auch nicht als unseriös, allenfalls als etwas langweilig und noch nicht wachgeküsst.

Unternehmen auf dem Rückzug

Keine berauschende Kursentwicklung, kein erhöhter Börsenumsatz, stattdessen aber hohe Kosten für Investor Relations und den so genannten Designated Sponsor – diese Fakten brachten 2001 immer mehr Unternehmen im Zusammenhang mit dem SMAX zum Nachdenken, und ein Teil davon kam zu einem klaren Ergebnis: Rückzug – raus aus dem SMAX!

> Als *Designated Sponsor* bezeichnet man Banken oder Finanzdienstleister, die gegen Honorar im Aktienmarkt temporäre Ungleichgewichte zwischen Angebot und Nachfrage ausgleichen, indem sie An- und Verkaufskurse für die von ihnen betreuten Aktien stellen. Damit sorgen sie für Liquidität und verbessern die Handelbarkeit.

Dieser Frustrationsprozess spielte sich bei der Bijou Brigitte AG am schnellsten ab und dauerte dort ganze neun Monate. Vor der Aufnahme in den SMAX im Mai 1999 hatte das Unternehmen am 29. April 1999 per Ad-hoc-Mitteilung noch verlauten lassen:

»Das Hamburger Modeschmuckunternehmen Bijou Brigitte modische Accessoires AG wird ab dem 3. Mai 1999 als Teilnehmer im neuen Marktsegment der Deutschen Börse, dem SMAX, vertreten sein. Die Deutsche Börse AG hat mit der Zulassung bestätigt, dass Bijou-Brigitte die hohen Qualitätsanforderungen des neuen Small-Cap-Segmentes erfüllt. ›Designated Sponsor‹ ist die Bayerische HypoVereinsbank AG in München.

Die Bijou Brigitte AG begrüßt die im SMAX vereinbarte erhöhte Transparenz der Berichterstattung und verspricht sich davon eine marktgerechtere Bewertung der Aktie. Die Bijou-Brigitte-Aktionäre profitieren damit nicht nur von der hohen Dividendenausschüttung für das Geschäftsjahr 1998, sondern können sich auch über die guten Perspektiven für einen höheren Börsenkurs freuen.«

Dieser hoffnungsfrohe Unterton, der den SMAX quasi als Garanten für steigende Kurse auswies, war im Februar 2000 komplett verflogen. In einer Pflichtmitteilung nach Wertpapierhandelsgesetz hieß es vielmehr ernüchtert:

»Die Teilnahme am SMAX war mit hohen Erwartungen verbunden. Trotz der hohen Eigenkapitalquote, der aktionärsfreundlichen Dividendenpolitik und der glänzenden Erfolge hat sich der Bijou-Brigitte-Börsenkurs enttäuschend entwickelt.

Die Erfüllung der SMAX-Vertragspflichten war für Bijou Brigitte bereits 1999 mit unverhältnismäßig hohem Aufwand verbunden. Da sich dieser Aufwand nicht in einem besseren Börsenkurs niederschlägt, ist es für Bijou Brigitte sinnlos, in diesem Segment zu verbleiben.«

Im März 2000 verabschiedete sich Bijou Brigitte, wie angekündigt, als erstes Unternehmen ohne vorangegangene Übernahme oder den Plan eines Aufstiegs in den MDAX aus dem SMAX. Eine Reihe anderer Firmen folgte, wobei vor allem 2001 die Rückzugsgelüste immer stärker wurden.

AdCapital, Adolf Ahlers, AHAG, Bijou Brigitte, Bien Haus, BMP, Creaton, Deutsche Steinzeug, Heinkel, Hymer, K&M, Kampa Haus, Kässbohrer, Kaufring, Neschen, Plettac, Schnigge, Schuler, Uzin Utz, WMF und Wünsche machten den Anfang, weitere Unternehmen folgten. Besonders symbolträchtig war zum Beispiel der Fall der Heinkel AG. Das Unternehmen gehörte schließlich zu jenen Firmen, die ihr Initial Public Offering symbolträchtig auf den Tag der SMAX-Einführung gelegt hatten. Am 18. Dezember 2001 wurde der Ausstieg mit Wirkung zum 15. März 2002 erklärt.

Alle Aussteiger störte ein aus ihrer Sicht unzureichendes Verhältnis von Kosten und Nutzen. Die Wünsche AG erklärte ihren Ausstieg aus dem SMAX Ende 2001 so:

»Begründet wird dieser Schritt mit den als unzureichend erachteten Ergebnissen des Marketings für dieses Börsensegment sowie den von den Designated Sponsors angekündigten Preiserhöhungen für deren Leistungen.«

Die Kritik der Aussteiger richtete sich an die Deutsche Börse und die Designated Sponsors, von denen jedes SMAX-Unternehmen mindestens einen haben muss. Diese Banken oder Finanzdienstleister setzten in den Jahren 2001 und 2002 saftige Preiserhöhungen durch. So wurden Fälle bekannt, in denen Gebühren schlicht von 50 000 D-Mark auf 50 000 Euro angehoben wurden. Andere Institute langten gleich kräftiger hin und forderten für ihre Dienste als Designated Sponsor bis zu 100 000 Euro. Hinzu kamen die Kosten für Investor Relations (IR) und internationale Rechnungslegung. Noch den kleinsten Teil der Kosten machen jene 7 500 Euro aus, die jedes Jahr direkt an die Deutsche Börse gezahlt werden müssen.

Unternehmen bezifferten die Gesamtkosten für die SMAX-Notiz Anfang 2002 auf rund 250 000 Euro pro Jahr. Sie setzen sich zusammen aus den Kosten für den Designated Sponsor, für einen IR-Mitarbeiter oder die entsprechende Agentur, erhöhten Personalbedarf im Rechnungswesen und die Ausrichtung einer Analystenkonferenz.

Henne oder Ei: Verschärfte Regelungen seit 2002

Der SMAX hatte ein Image-Problem, das merkte auch die Deutsche Börse. Unternehmen warfen ihr mangelnde Förderung des Segments vor, private Investoren zeigten kein Interesse und ausländische Anleger nahmen die Nebenwerte kaum in großem Stil zur Kenntnis. Der SDAX als Auswahlindex der kleinen Werte war auch nur beschränkt praxistauglich, da seine 100 Mitglieder Mitte 2001 80 Prozent aller SMAX-Titel ausmachten. Die Deutsche Börse beschloss deshalb für 2002 umfangreiche Änderungen für den SMAX und den SDAX.

Bis einschließlich 2001 konnten SMAX-Unternehmen wahlweise nach den Regeln des Handelsgesetzbuchs (HGB), den »International Accounting Standards« (IAS) oder den amerikanischen »Generally Accepted Accounting Principles« (US-GAAP) bilanzieren. Seit 1. Januar 2002 ist hingegen die Anwendung von US-GAAP oder IAS Pflicht, das HGB ist nicht mehr zulässig. Außerdem ist seit 2002 vorgeschrieben, dass die Jahres- und Quartalsberichte auch in einer englischsprachigen Fassung vorliegen müssen.

Fast pünktlich zum dritten Geburtstag des SMAX, nämlich zum 24. Juni 2002, erhielt auch der SDAX ein neues Gesicht: Der Index wurde auf 50 Werte zusammengestrichen mit dem Ziel, fortan dem Anspruch als Auswahlindex besser gerecht zu werden.

Zeitgleich mit der Schrumpfkur des SDAX von 100 auf 50 Mitglieder wurde bei der Indexgewichtung eines Unternehmens von der vorher üblichen Marktkapitalisierung auf die Kapitalisierung des Streubesitzes (Free Float) umgestellt. Bereits Ende 2001 hatte die US-Investmentbank Morgan Stanley dieses Prozedere in einem ersten Schritt bei ihrer Indexfamilie MSCI angewandt. Die Deutsche Börse AG zog für ihre Indizes, also DAX, MDAX, NEMAX und SDAX, nach. Dabei hatte die neue Regelung besonders bei den Nebenwerten merkliche Auswirkungen. Schließlich ist der

Streubesitz, also jener Teil der Aktien, der nicht in festen Händen liegt, sondern tatsächlich an der Börse gehandelt werden kann, bei den Small Caps oft besonders gering. Die Titel des SMAX bringen es im Durchschnitt lediglich auf etwa 30 Prozent Free Float.

Besonders hart traf die Umstellung Unternehmen, die gleich mit mehreren Aktiengattungen im SMAX unterwegs waren. Wer wie WMF sowohl Vorzüge (Vorzugsaktien) als auch Stämme (Stammaktien) an der Börse zugelassen hatte, konnte bei der Indexgewichtung nur noch mit einer dieser Aktiengattungen ins Rennen gehen. WMF zog deshalb die Konsequenzen und stieg Ende 2001 aus, wohl wissend, dass es für den verkleinerten SDAX nicht gereicht hätte. Auch Hymer und die Deutsche Steinzeug rechneten sich nur geringe Chancen aus, im SDAX einen Platz zu finden. Sie rangierten beide weit abgeschlagen am Schluss des Feldes und zogen deshalb ebenfalls die Reißleine. Insgesamt stiegen Ende 2001 gleich acht Unternehmen aus dem Nebenwerte-Segment aus.

Es lässt sich trefflich darüber streiten, ob die wachsende Zahl der Austritte aus dem SMAX eine direkte Folge der Neuregelungen der Deutschen Börse im Sommer 2002 war. Ebenso wie auf den ersten Blick kaum schlüssig zu beantworten ist, ob Henne oder Ei zuerst da waren. Die Deutsche Börse AG würde sich auf Nachfrage mit ziemlicher Sicherheit dagegen wehren, die Rolle des Verantwortlichen zugewiesen zu bekommen.

Zulassungskriterien zum SMAX – der Stand der Dinge

Wie bereits geschildert, ist die Mitgliedschaft im SMAX an einige Bedingungen gekoppelt. Dabei hat sich die Deutsche Börse als Betreiber an Vorgaben aus dem Regelwerk des Neuen Marktes gehalten und diese bei der Festlegung der Pflichten der SMAX-Firmen nur in Nuancen modifiziert. Mit den Regeln sollen vor allem zwei Voraussetzungen geschaffen werden: Transparenz und Liquidität! Die Rechte und Pflichten, die mit einer Notiz im SMAX verbunden sind, sind in einer privatrechtlichen Vereinbarung definiert, die jedes Unternehmen mit der Deutschen Börse abschließt.

Streubesitz: 20 Prozent müssen – 25 Prozent sollen

Den Streubesitz (Free Float) bilden jene Aktien, die tatsächlich für den Börsenhandel zur Verfügung stehen, die also nicht mit strategischer Absicht in festen Händen sind. Die Höhe des Streubesitzes ist ein Faktor, der die Handelbarkeit einer Aktie bestimmt.

Nehmen wir als Beispiel zwei Aktiengesellschaften, deren Grundkapital sich jeweils aus 5 Millionen Aktien zusammensetzt. Unterstellen wir zudem, dass bei AG Nummer 1 insgesamt 80 Prozent der Aktien vom Gründer gehalten werden, der einer Verkaufssperre (Lock-up) unterliegt. Die restlichen 20 Prozent, also 1 Million Stück, sind frei an der Börse handelbar. Bei AG Nummer 2 liegen in unserem Beispiel nur 10 Prozent in den Händen des Gründers, die restlichen 90 Prozent, also 4,5 Millionen Stück, stehen dem Kapitalmarkt zur Verfügung. Es bedarf keiner großen Vorstellungskraft, um sich klarzumachen, dass die Chance auf hohe Börsenumsätze bei Aktie 2 größer sind. Damit findet ein potenzieller Investor dort aller Voraussicht nach einen liquideren Handel vor, der einen Ein- und Ausstieg in vertretbarer Zeit eher sicherstellt.

Um beurteilen zu können, welche Aktien tatsächlich dem breit gefächerten Streubesitz zuzurechnen sind, muss man wissen, welche Stücke nicht als größere Pakete gehalten werden, also nicht bei Gründern, deren Familien oder anderen Groß- oder sogar Mehrheitsaktionären liegen. Besonders in Deutschland ist der Streubesitz von Aktien im internationalen Vergleich immer noch unterdurchschnittlich. Dies liegt an den vielfachen Überkreuzverflechtungen von Unternehmen und an den relativ großen Aktienpaketen, die der Staat immer noch an verschiedenen Gesellschaften wie zum Beispiel der Deutschen Telekom hält.

Mitarbeiteraktien mindern den Free Float. Zum einen werden sie aus strategischen Überlegungen platziert, auf der anderen Seite unterliegen sie üblicherweise bestimmten Sperrfristen, innerhalb deren sie nicht verkauft werden dürfen. Darüber hinaus werden solche Papiere nicht zum Streubesitz gerechnet, die beim IPO im Rahmen so genannter Friends-and-Family-Programme vergeben werden. Diese Programme sehen eine bevorrechtigte Zuteilung für Freunde, Mitarbeiter und Geschäftspartner vor. Teil des Streubesitzes sind hingegen Aktien, die von Investmentfonds gehalten werden. Zwar kann es sich hierbei teilweise auch um erkleckliche Stückzahlen handeln, doch werden sie nicht aufgrund von langfristigen strategischen

Überlegungen gehalten, sondern dem Geschäftszweck der Fonds folgend an der Börse ge- und verkauft.

Wer im SMAX dabei sein will, muss einen Free Float von mindestens 20 Prozent vorweisen. Als bevorzugte Richtgröße nennt die Deutsche Börse sogar 25 Prozent. Der durchschnittliche Free Float im SMAX liegt bei rund 30 Prozent – nicht gerade viel vor dem Hintergrund der genannten Untergrenze. Zu erklären ist der geringe Streubesitz dadurch, dass die überwiegende Zahl der Unternehmen aus dem traditionellen Mittelstand stammt. Dort haben die Gründerfamilien das Heft und besonders die Aktienpakete noch fest in der Hand. Abgegeben wird nur ungern, einige Mittelständler empfinden die Börsennotiz mit ihren Publizitätsvorschriften ohnehin als gelinde gesagt lästig, da sollen nicht auch noch über Gebühr Fremde am Unternehmen beteiligt werden.

Guck mal, wer da verkauft: Aktienbesitz von Vorstand und Aufsichtsrat

Eine weitere Pflicht von SMAX-Unternehmen besteht darin, im Jahresbericht zu veröffentlichen, in welchem Umfang Aufsichtsräte und Vorstände Aktien des eigenen Unternehmens besitzen. Aus dem Vergleich der Jahresberichte sind dann Bestandsveränderungen ablesbar.

Was hat es nun zu bedeuten, wenn Vorstände in größerem Stil Papiere abgeben? Zwei unterschiedliche Argumentationen sind vorstellbar. Zum einen kann ein Anteilsverkauf positiv gesehen werden. Wenn dadurch der Streubesitz erhöht wird, steigt die Handelbarkeit der Aktie, und dies ist für Investoren vorteilhaft.

Die entgegengesetzte Sichtweise wertet Anteilsverkäufe als negativ. Dahinter steht die Vermutung, dass die Vorstände und Aufsichtsräte, die oft identisch mit den Gründern sind, sich aus dem Unternehmen verabschieden. Und dies geschieht, so die Schlussfolgerung, weil sie als intime Kenner des Unternehmens der weiteren Geschäftsentwicklung nicht mehr trauen und ihre Felle lieber ins Trockene bringen. Kurz gesagt, der Unternehmer hält andere Geldanlagen als die in der eigenen Firma für lukrativer. Viele Anleger wollen dann auch nicht mehr dabei sein.

An der Börse findet die zweite, negative Auslegung meistens eine größere Anhängerschar. Es kommt allerdings stark darauf an, wie ein Unternehmen entsprechende Transaktionen begründet. Die Abgabe eines Paketes an einen strategischen Investor, der auch das operative Geschäft voranbringen kann, wird kaum jemand übel nehmen. Auch die marktschonende Umplatzierung kleinerer Stückzahlen wird toleriert, denn auch mittelständische Unternehmer brauchen manchmal aus unterschiedlichsten Gründen Geld. Schlecht kommt hingegen an, wenn besonders Vorstände sich so schnell wie möglich nach dem Börsengang als Aktionäre aus dem Unternehmen verabschieden und dies in einer Art und Weise tun, die den Kurs in den Keller prügelt.

Qual im Quartal?

Alle drei Monate müssen Unternehmen, die im SMAX notiert sein wollen, die Öffentlichkeit über den Verlauf ihrer Geschäfte informieren. Die Quartalsberichte beschreiben den Zustand nach drei, sechs und neun Monaten des Geschäftsjahres und zum Jahresabschluss. Diese Quartalsberichte sind für Perioden nach dem 31. Dezember 2001 entsprechend internationaler Bilanzierungsgepflogenheiten zu erstellen, also nach IAS oder US-GAAP. Wie bereits erwähnt, wird auch eine englische Version des Berichtswerks von der Börse gefordert. Auch Ad-hoc-Mitteilungen müssen ab 2002 zusätzlich in englischer Sprache vorgelegt werden. Um übermäßiger Bummelei bei Quartals- und Jahresberichten vorzubeugen, hat die Deutsche Börse Fristen vorgegeben, innerhalb deren das Zahlenwerk publiziert werden muss. Einfache Quartalsberichte müssen zwei Monate nach Periodenende fertig gestellt sein, mit dem Jahresabschluss darf ein Unternehmen sich bis zu vier Monate Zeit lassen.

Fallbeispiel: Die Rebellen machen mobil

Über den Sinn und Unsinn von Quartalsberichten ist viel gestritten worden. Porsche hat diesen Zwist als MDAX-Unternehmen mit der Deutschen Börse ausgefochten. Der Autobauer weigerte sich, Quartalsberichte zu erstellen. Die Argumentation lautete, Porsche sei in einem derart saisonalen Geschäft tätig, dass Dreimonatsberichte einen verfälschenden Eindruck erwecken würden. Porsche zog den Kürzeren und musste sich aus dem Mid Cap Index verabschieden.

Auch der SMAX-Aussteiger Creaton führte die Pflicht zu Quartalsberichten als einen Grund für den Rückzug an. Der Dachziegelproduzent führt an, dass in der Baubranche das erste Quartal stark witterungsabhängig ist. Finanzchef Karsten Schüssler spitzte Anfang 2002 auf einer Veranstaltung in Frankfurt zu:

»Ob Sie im ersten Quartal einen Gewinn oder einen Verlust ausweisen, hängt einzig davon ab, wie das Wetter ist. Wenn es regnet und stürmt, fliegen den Leuten die Ziegel vom Dach und wir machen gute Geschäfte. Wenn es kalt und windstill ist, wird nicht gebaut und keine Ziegel fliegen vom Dach, dann läuft es bei uns weniger gut.«

Creaton will zwar weiter intensiv mit Investoren kommunizieren, der Bericht für das erste Quartal entfällt nach dem Weggang aus dem SMAX aber ersatzlos.

Unter dem Strich erhöhen Quartalsberichte die Transparenz. Es mag im Einzelfall immer wieder gute oder auch weniger gute Gründe geben, warum ein Unternehmen sich lieber in vornehmes Schweigen hüllen will. Insgesamt scheint es aber nicht zu viel verlangt, wenn die Geldgeber einer Firma – die Aktionäre nämlich – viermal pro Jahr informiert werden, was mit ihrem Geld passiert und wie die Geschäfte ihres Unternehmens sich entwickeln.

Analystenveranstaltungen sind Pflicht

Profis schauen sich eine Aktie in der Regel erst dann näher an, wenn das Unternehmen eine bestimmte Größe hat – eine Marktkapitalisierung von 100 Millionen Euro ist für viele die Hürde – und wenn ausreichend viele Informationen über die Firma verfügbar sind. Der letztgenannte Punkt soll im SMAX einerseits durch die geschilderten Berichtspflichten gewährleistet werden. Nun ist ein Quartalsabschluss zwar eine schöne Sache, noch hilfreicher ist es jedoch, wenn ein Fachmann die Zahlen näher unter die Lupe genommen und auch das Unternehmen operativ und strukturell auf Herz und Nieren geprüft hat. Dies ist die Aufgabe von Analysten.

Nebenwerte leiden traditionell aber unter fortgesetzter Missachtung durch Analysten, und dies ist recht einfach zu erklären. Die Researcher der Banken beschäftigen sich nämlich vorrangig mit Firmen, mit denen sich ein Geschäft machen lässt – entweder, indem die Bank größere Kauf- oder Verkaufsorders abwickeln kann, an denen sie verdient, oder indem eine Kapitalerhöhung platziert wird. Bei Small Caps fallen nun leider selten Großorders an, und auch Kapitalerhöhungen sind nicht die Regel. Folglich wenden Analysten sich lukrativeren Objekten ihres Interesses zu. Beispielsweise kann eine Gesellschaft des Neuen Marktes im Mittel fünfmal so viele Analystenreports vorweisen wie ein SMAX-Unternehmen.

Die Pflicht für jedes einzelne Unternehmen, dennoch einmal im Jahr eine Veranstaltung für die Analysten auszurichten, soll da zumindest etwas Abhilfe schaffen. Üblicherweise kommt hier die DVFA, die Deutsche Vereinigung für Finanzanalyse und Asset Management, ins Spiel. Dieser Berufsverband der Analysten organisiert die Veranstaltungen und lädt dazu ein.

Die Resonanz auf die Einladungen zu solchen Treffen ist unterschiedlich. Bei einigen DVFA-Veranstaltungen für SMAX-Unternehmen verliert sich ein Häuflein von zwei oder drei Analysten mit ebenso vielen Unternehmensvertretern in großen Sitzungssälen. Ein entmutigendes Bild, welches auch bei den Firmen nicht gerade Anreize für weitere umfangreiche Investor-Relations-Aktivitäten bietet.

Normalerweise läuft ein Analysten-Meeting immer nach demselben Schema ab. Zunächst stellt das Unternehmen sein Geschäft kurz vor und geht auf jüngste Entwicklungen ein. Dabei werden beispielsweise Motive für eine möglicherweise gerade erfolgte Akquisition erläutert oder neue Produkte näher vorgestellt. Daran anschließend werden die Zahlen der Firma im Detail präsentiert und interpretiert. Häufig teilen sich der Vorstandsvorsitzende, der CEO, und der Finanzvorstand, der CFO, diese Aufgabe. Nach etwa 45 bis 60 Minuten ist der erste Teil der Veranstaltung abgeschlossen. Im Anschluss hat die versammelte Analystenriege Gelegenheit, ihre Fragen an die Entscheidungsträger des Unternehmens loszuwerden. Nach insgesamt 90 Minuten ist der offizielle Teil vorbei. Oft schließt sich ein kleiner Imbiss an, bei dem noch einmal Einzelgespräche, so genannte *One on Ones*, möglich sind.

Unternehmen, die sich mehr als einmal im Jahr mit den Analysten austauschen möchten, können entweder mehrere Präsenzveranstaltungen abhalten oder eine Telefonkonferenz ansetzen.

Dass bei der teilweise geringen Präsenz überhaupt noch Analysten anwesend sind, ist dem Umstand zu verdanken, dass zumindest der Designated Sponsor einen Vertreter schickt. Dies geschieht allerdings nicht aus Menschenfreundlichkeit, sondern weil oft vertraglich fixiert ist, dass der Designated Sponsor einmal pro Jahr eine Studie abliefern muss. Diese ist mit »Kaufen« oder – bei weniger gutem Willen – mit »Halten« überschrieben, und mit allzu tief schürfenden Erkenntnissen sollte der Leser nicht rechnen.

Es gibt allerdings auch einige Glückskinder im SMAX, die sich über mangelnde Beobachtung durch Analysten, so genannte Coverage, nicht beklagen müssen. Ein derartiger Fall war die Loewe AG, die inzwischen in den MDAX aufgestiegen ist. Die Fernsehgeräte-Firma aus Kronach war aufgrund ihrer Größe und ihrer Positionierung innerhalb der Branche für Analysten stets attraktiv. Hinzu kam eine engagierte IR-Arbeit. All dies führte dazu, dass Loewe auch zu SMAX-Zeiten schon von acht bis zehn Analysten regelmäßig mit Studien bedacht wurde und die DVFA-Veranstaltungen entsprechend besser besucht waren.

Insgesamt allerdings bleibt die Coverage von Small Caps bescheiden. Lediglich Independent Research aus Frankfurt veröffentlicht einmal pro Jahr eine umfassende Studie zum SMAX, in der alle gelisteten Werte unter die Lupe genommen werden. Wie lange Independent Research sich diesen Luxus noch leistet, ist ungewiss.

Designated Sponsors: Auf der Suche nach der Liquidität

Jedes Mitglied im SMAX muss mindestens einen so genannten »Designated Sponsor« haben. Auch die Funktion des Designated Sponsors haben sich die Schöpfer des SMAX beim Neuen Markt abgeguckt, der wiederum hat die »Market Maker« von den US-Börsen als Vorbild genommen.

In der Frühphase des Neuen Marktes hießen die Designated Sponsors noch schlicht »Betreuer«, bei den Small Caps traten sie gleich unter ihrem neuen Titel auf – die Aufgaben sind aber dieselben. Der Designated Sponsor soll den Handel möglichst liquide und damit effizient machen. Nur wenn Investoren Positionen in überschaubaren Zeiträumen aufbauen und später auch weitgehend problemlos wieder auflösen können, können die entsprechenden Aktien auf nachhaltiges Interesse gerade bei Profis hoffen.

Die Funktion des Designated Sponsors wird von Banken und Wertpapierhandelshäusern wahrgenommen. Ein Designated Sponsor kann natürlich für mehrere Unternehmen als Betreuer fungieren.

Von Quotes, Spreads und Mindestvolumen

Der Designated Sponsor ist verpflichtet, auf elektronische Anfrage einen so genannten Quote Request, verbindliche Kauf- und Verkaufskurse im elektronischen Handelssystem XETRA, zu stellen. Mit seiner Antwort auf den Quote Request darf sich der Designated Sponsor nicht länger als zwei Minuten Zeit lassen. Auf Basis der gestellten Kauf- und Verkaufskurse müssen bei Bedarf vom Sponsor zum »Geld«-Kurs Aktien gekauft werden können, und umgekehrt muss der Sponsor zum »Brief«-Kurs Aktien verkaufen. Die Spanne zwischen Geld- und Briefkurs, der Fachausdruck hierfür ist »Spread«, darf bei SMAX-Titeln nicht mehr als 5 Prozent betragen. Bei Aktienkursen unter 5 Euro erhöht sich der zulässige Spread auf 10 Prozent, bei Kursen unter einem Euro darf die Spanne sogar 10 Cent betragen.

Auch das Mindestvolumen, welches das Kauf- und Verkaufsangebot haben müssen, ist geregelt. Im SMAX muss der Designated Sponsor für Aktien im Wert von 10 000 Euro geradestehen.

Die Institution des Designated Sponsors soll den Markt auf XETRA im SMAX liquider machen.

> Ein *liquider Markt* bedeutet, bezogen auf die Börse, dass die Marktteilnehmer Handelsmöglichkeiten und ein ausreichendes Volumen in der Nähe der aktuellen Kurse vorfinden.

Im SMAX ist dies bisher noch nicht umfassend gelungen. Dazu ist das handelbare Volumen aufgrund des geringen Free Float oft zu gering. Auch die Ordergrößen, mit denen der Sponsor einstehen muss, sind nicht groß genug, um für die Transaktionen institutioneller Anleger wirklich relevant zu sein. Den Designated Sponsor trifft dennoch die geringste Schuld am Dornröschenschlaf des SMAX.

»Ja« zum Übernahmekodex

Ohne ein uneingeschränktes »Ja« zum Übernahmekodex, den die Börsensachverständigenkommission beim Bundesministerium der Finanzen erarbeitet hat, gibt es keinen Platz im SMAX. Der Kodex ist freiwilliger Natur und regelt das Verhalten von Bietern und Zielunternehmen im Falle einer geplanten Übernahme.

Die wichtigsten Kernpunkte des Kodex sorgen dafür, dass ein öffentliches Übernahmeangebot die wichtigsten Informationen enthält. Zudem wird sichergestellt, dass alle Inhaber einer Aktiengattung gleich behandelt werden. Das Management des Zielunternehmens muss anderen ernsthaft interessierten potenziellen Bietern die gleichen Informationen zur Verfügung stellen wie dem ursprünglichen Bieter. Wenn der Bieter sein Angebot innerhalb einer bestimmten Frist nachbessert, so gelten die neuen Konditionen auch für jene Aktionäre der Zielgesellschaft, welche die ursprüngliche Offerte bereits akzeptiert haben. Und ein wichtiger Punkt: Wenn ein Übernehmer die Stimmrechtsmehrheit an einer Gesellschaft erworben hat, zum Beispiel durch den außerbörslichen Kauf eines Aktienpakets, dann muss er allen anderen Anteilseignern ein öffentliches Übernahmeangebot, ein so genanntes Pflichtangebot, machen. Inwieweit der deutsche Übernahmekodex im europäischen Kontext langfristig Bestand haben wird, ist noch nicht absehbar.

Nebenwerte haben eine Menge zu bieten

Auf den vorangegangenen Seiten war viel die Rede vom stotternden Start des SMAX, vom mangelnden Interesse an Nebenwerten und von der Enttäuschung der Unternehmen. Grund genug, um den Kopf in den Sand zu stecken? Nein! Wer die Entwicklung der Vergangenheit ohne weiteres in die Zukunft fortschreiben will, der hat an der Börse oft schlechte Karten.

Es gibt durchaus gute Argumente, die dafür sprechen, dass sich diverse Small-Cap-Frösche in kleine Prinzen verwandeln werden. Das Mauerblümchendasein der Nebenwerte hat nämlich einen Nebeneffekt, der für Anleger attraktiv ist: Viele sind ausgesprochen günstig bewertet – so günstig, dass dies auf faktisch hochgradig ineffiziente Märkte hindeutet!

Kennzahlen sprechen eine deutliche Sprache

Am augenfälligsten wird die günstige Bewertung an der Tatsache, dass viele Werte an der Börse unterhalb ihrer Buchwerte gehandelt werden. Anfang 2002 lag die Marktkapitalisierung bei 61 SMAX-Firmen unterhalb ihres Substanzwertes. Zu diesem Zeitpunkt waren im Segment 121 Gesellschaften vertreten. Bei etwas mehr als der Hälfte also hätten die Aktionäre bei der Einstellung des Geschäftsbetriebes und anschließender Zerschlagung pro Aktie theoretisch mehr Geld erhalten als der Börsenkurs widerspiegelte. Und auch außerhalb des SMAX finden sich solche Fälle.

Nun mag sich dagegen einwenden lassen, dass es mit Buchwerten so eine Sache ist. Bei genauerem Hinschauen stellt sich manchmal heraus, dass die Schulden zwar in korrekter Höhe in der Bilanz aufgeführt sind, die Aktivseite aber bei weitem zu positiv gestaltet ist. Manchmal summieren sich da ein zusätzlicher Wertberichtigungsbedarf bei den materiellen Vermögensgütern und eine außerordentliche Abschreibung bei den immateriellen Vermögensgütern zu stattlichen Beträgen, die den Buchwert wie Eis in der Sonne schmelzen lassen.

Dieses Phänomen kennen viele Anleger, die in der New Economy investiert waren, aufgrund ihrer Erfahrungen mit den so genannten Wachstumsunternehmen. Im SMAX allerdings sind weniger Gesellschaften gelistet, die unter die enge Auslegung der Kategorie »Growth« fallen, dort dominiert eher »Value«. Und bei diesen Titeln sind Aktiva häufig sogar eher zu niedrig bilanziert, sodass stille Reserven schlummern. Selbst wenn also der SMAX die eine oder andere faule Nuss beherbergt, so wird auf der anderen Seite die Substanz vieler Werte durch den Börsenkurs (noch) nicht abgebildet.

> *Value-Werte* sind Substanzaktien, die eine stetige Performance ohne hohe Kursausschläge aufweisen und deren Bewertung sich anhand der Fundamentaldaten nachvollziehen lässt. Das Gegenteil dazu sind *Growth*- oder *Wachstumswerte*.

Auch andere Kenngrößen bei Small Caps signalisieren »günstig«. Ein Beispiel bietet in diesem Zusammenhang das Kurs-Gewinn-Verhältnis (KGV). Es betrug Anfang 2002 im SMAX auf Basis der Gewinnschätzungen für eben dieses Jahr gerade mal 13. Zum Vergleich: Der Neue Markt brachte es zu diesem Zeitpunkt auf mehr als 30 und der DAX auf 30. Ein gewisser Abschlag ist für den SMAX natürlich angebracht – zum einen wegen der fehlenden Größe bei vielen Firmen und zum anderen wegen des weniger liquiden Marktes. Dennoch gibt es Schnäppchen.

Eine ähnliche Sprache spricht die Dividendenrendite. Im SMAX liegt sie mit 2,9 Prozent deutlich höher als in anderen Segmenten und überdies bei vielen Werten oberhalb der Rendite von Unternehmensanleihen. Vorausgesetzt natürlich, die tatsächlich gezahlte Dividende entspricht den Schätzungen, auf denen die Renditeberechung basiert.

> Die Dividendenrendite *ist die Dividende pro Aktie, ausgedrückt als Prozentsatz des Kurses der Aktie.*

Weltmarktführer im Angebot

So mancher Anleger wird sich bei dem Wort »Weltmarktführer« Augen und Ohren zuhalten, entnervt von der Fülle von selbst ernannten Weltmarktführern bei den Hightech-Aktien. Unter den Nebenwerten gibt es sie aber tatsächlich, und zwar nicht nur im SMAX. Die Schuler AG beispielsweise ist führend in der Welt im Bereich Umformtechnik, der Rational AG macht bei Geräten zur thermischen Speisezubereitung global niemand etwas vor, und Gardena ist führend bei Gartengeräten.

Zugegeben, es steht nirgendwo (glaubhaft) geschrieben, dass Weltmarktführer kurzfristig immer mit steigenden Kursen glänzen müssen. Auf lange Sicht sind ihre Chancen im operativen Geschäft aber deutlich besser als bei kleineren Wettbewerbern. Die Suche lohnt sich also, zumal die Weltmarktführer unter den Nebenwerten oft noch günstig sind.

Performance, die (manchmal) doch begeistert

Die Jahre 2000 und 2001 waren für die Börse extrem schlechte Jahre. Die Indizes fielen mit einer Geschwindigkeit, die den Investoren den Atem nahm. In Deutschland lagen in diesem Zeitraum alle Indizes im Minus – mehr oder weniger. Der Blick auf die Nebenwerte aus der Old Economy zeigt, dass diese sich letztlich doch passabel geschlagen haben (siehe Abbildung 1). Von März 2001 bis März 2002 büßte der NEMAX-All-Share-Index mehr als die Hälfte seines Wertes ein. Der Deutsche Aktienindex mit seinen Standardwerten fuhr einen Verlust von knapp 20 Prozent ein. Der SDAX verminderte seinen Wert um rund 25 Prozent und schlug sich damit relativ passabel. Der MDAX, dessen Mitglieder zum Teil auch unter die Kategorie »Nebenwerte« fallen, macht mit Abstand die beste Figur. Die Titel der zweiten Reihe mussten im Durchschnitt zwischen März 2001 und 2002 nur etwa 10 Prozent abgeben.

Nun liegt hier der Schluss nahe, dass Nebenwerte eine langweilige Veranstaltung sind, mit denen zwar möglicherweise die Verluste in Abschwungphasen der Börse geringer ausfallen als bei Hightechs, die aber auf der anderen Seite für Kursgewinne wenig taugen. Diese Vermutung ist falsch!

Im DAX lagen zwischen Frühjahr 2001 und 2002 lediglich eine Hand voll Aktien im Plus. Bester Titel war dabei Schering, die es trotz Börsenschwäche auf einen Wertzuwachs von fast 25 Prozent brachten. BMW auf

Abbildung 1: Hightechs klar übertrofffen: SDAX versus NEMAX

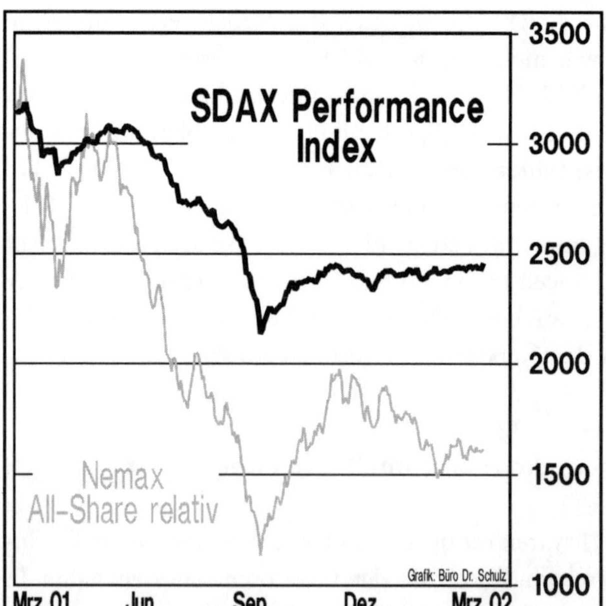

Rang zwei konnte immerhin noch einen halb so hohen Kursgewinn aufweisen. Insgesamt konnten gut 16 Prozent der Indexfirmen im DAX mit steigenden Kursen aufwarten.

Auf eine noch etwas höhere hohe Quote brachte es der SMAX. Hier betrug der Anteil der »kurspositiven« Unternehmen im gleichen Zeitraum rund 20 Prozent. Der Spitzenreiter bei der Performance im SMAX, die Köhler & Krenzer AG, konnte im Rahmen der allgemeinen Katerstimmung an den Börsen innerhalb von zwölf Monaten einen Kurszuwachs von 54 Prozent vorweisen. Auf einen ähnlichen Wert brachte es die Nummer Zwei, Möbel Walther, deren Stammaktien 53 Prozent an Wert gewannen. Auch Brau und Brunnen, mit 49 Prozent Kursgewinn auf Platz 3 im SMAX, braucht sich wirklich nicht zu verstecken – die genannten Kursgewinne hätten Anleger wohl auch in weniger katastrophalen Börsenphasen begeistert.

Der MDAX nimmt auch in dieser Betrachtung den Spitzenplatz ein. 30 Prozent der 70 Unternehmen schafften in den zwölf Monaten ab März 2001 ein Plus. Und die Puma-Aktie schlug mit einer Kurssteigerung von 160 Prozent alle Rekorde. Die mit weitem Abstand folgende Stada konnte immer noch mit einem um 70 Prozent gestiegenen Aktienpreis glänzen.

Die Hightechs, die ehemaligen Wunderkinder der Börse, sehen vergleichsweise schlecht aus. Ganze 7 Prozent aller Titel im NEMAX All Share brachten ein Plus zustande. Das beste Pferd im NEMAX-Stall in den fraglichen zwölf Monaten, die SoftM AG, sieht mit einem Kursgewinn von 123 Prozent zwar sehr gut aus, aber schon die dahinter folgende Syskoplan hätte es im viel kleineren SMAX nicht geschafft, sich unter den drei Top-Performern zu platzieren.

Kapitel 2
Die Segmente

Die Börse – Ordnungsrahmen und Transparenz senken Kosten

Der vorbörsliche Einstieg in Unternehmen ist riskant, und so halten sich denn auch die meisten Anleger davon fern. Um Aktien zu kaufen und zu verkaufen, gibt es ja schließlich auch die Börse.

Die Börse bietet einen Ordnungsrahmen für den Handel an, sodass Angebot und Nachfrage einfacher zueinander finden. Das Handelsverfahren ist standardisiert, jeder Teilnehmer weiß also, worauf er sich einlässt. Die Unternehmen müssen bestimmte Voraussetzungen erfüllen, um an der Börse zugelassen zu werden. Auch wenn eine Firma es auf das Parkett geschafft hat, muss sie weiterhin bestimmte Pflichten, so genannte Folgepflichten, erfüllen.

Insgesamt ist die Transparenz an der Börse höher als im vorbörslichen Handel. Dadurch sinken die Gesamtkosten von Aktientransaktionen, so zumindest die Theorie. Diese Gesamtkosten bestehen für den Käufer nicht nur aus den Zahlungen an die Bank für die Abwicklung einer Order und aus der eventuell zu entrichtenden Maklercourtage. Vielmehr muss dabei in Form von so genannten »Opportunitätskosten« auch jener Aufwand berücksichtigt werden, den der Käufer sich an der Börse erspart.

Ein Käufer muss sich nicht um die Suche nach einem Partner kümmern, der ihm die Aktien verkauft. Er muss auch nicht über den Preis nach klassischer Art, wie auf dem Basar, verhandeln, noch braucht er darum zu bangen, dass er die gewünschten Aktien auch bekommt. Die Zeit, die ein Investor für die Suche nach Informationen über ein Unternehmen aufwenden muss, sinkt, weil die Börse vorschreibt, dass bestimmte Dinge, wie beispielsweise ein Geschäftsbericht, von der Gesellschaft geliefert werden müssen. All dies gilt natürlich mit umgekehrten Vorzeichen für den Verkäufer.

Die wichtigsten rechtlichen Grundlagen für den Börsenhandel bilden das Börsengesetz, das Börsenzulassungsgesetz, das Verkaufsprospektgesetz und das Wertpapierhandelsgesetz.

Aller guten Dinge sind drei – die Börsensegmente

Der erwähnte Ordnungsrahmen für den Aktienhandel ist nicht bei allen Papieren gleich. Es haben sich – geleitet von Risikoanforderungen einzelner Anleger und Kostenüberlegungen der notierten Unternehmen – drei unterschiedliche Segmente herausgebildet. Sie unterscheiden sich merklich voneinander, auch finden die genannten gesetzlichen Regelungen unterschiedlich stark Anwendung. Am wenigsten reglementiert geht es im Freiverkehr zu, es folgt der Geregelte Markt, und die strengsten Vorschriften gelten im Amtlichen Handel. Das Vierte Finanzmarktförderungsgesetz wird allerdings für merkliche Änderungen sorgen.

Unabhängig von der grundsätzlichen Abstufung der Regelungsdichte hat die Deutsche Börse auf der Basis der einzelnen Segmente immer wieder »Sonderveranstaltungen« ins Programm gehoben, die mit deutlich strafferen Regeln aufwarten. Der Neue Markt beispielsweise ist entgegen einer oft geäußerten Meinung kein eigenständiges Börsensegment. Vielmehr ist er Teil des Freiverkehrs. Dennoch wird den Unternehmen bei Publizität und Transparenz mehr abverlangt als im Geregelten Markt und im Amtlichen Handel. Auch der SMAX ist kein eigenständiges Segment, sondern um hier mit dabei zu sein, ist für die Unternehmen eine Notiz im Amtlichen Handel oder im Geregelten Markt erforderlich, darüber hinaus stellt das Regelwerk weitergehende Anforderungen (siehe Kapitel 1).

Im Jahr 2000 waren von den deutschen Unternehmen insgesamt 42,2 Prozent im Amtlichen Handel notiert. Auf Platz 2 rangierte der Neue Markt mit 26,6 Prozent, der »klassische« Freiverkehr brachte es auf 17,4 Prozent und der Geregelte Markt bildete das Schlusslicht mit lediglich 13,8 Prozent. Der reinen Theorie zufolge müssten die Zahlen für den Neuen Markt noch zu denen für den Freiverkehr addiert werden, dann hätte dieses Segment zumindest nach der Zahl der Unternehmen die Spitzenposition übernommen.

Freiverkehr: Hohes Risiko – immer wieder Chancen

Freiverkehr, das galt lange Zeit als die Börsennotiz auf die leichte Art, und in Teilbereichen ist dies immer noch so. Bei Titeln aus dem Freiverkehr ist die Liquidität oft noch etwas geringer als in anderen Segmenten, bei Titeln aus dem Freiverkehr fließen die Informationen oft noch etwas spärlicher als in anderen Segmenten, und bei Titeln aus dem Freiverkehr ist das Risiko, mit dem Investment Schiffbruch zu erleiden, oft noch etwas größer als in anderen Segmenten.

Entsprechend schlecht ist der Ruf des Freiverkehrs. Institutionellen Investoren wird der Anleger hier kaum begegnen. Banken und Versicherungen bleiben wegen der vielfach geringen Unternehmensgrößen außen vor, ebenso wie die Fonds, denen aufgrund ihrer Richtlinien Engagements in diesem Segment untersagt sind.

Der Freiverkehr in seiner heutigen Form entstand im Mai 1987, als der bis dahin existierende »geregelte Freiverkehr« mit dem »ungeregelten Freiverkehr« zusammen gelegt wurde.

Fallbeispiel: Geschäfte im Graubereich – der Fall Aquaplan

Eine Vielzahl von Fällen, die sich am Rande des Anlagebetrugs – oder sogar jenseits dieser Grenze – abspielten, hat auch viele private Investoren verschreckt.

Unvergessen ist der Fall der Aquaplan Inc., die in den Jahren 1998 und 1999 traurige Berühmtheit im Berliner Freiverkehr erlangte. Der deutsche Firmengründer, der auf den schönen Namen Uwe Sonnenrein hört, machte Anlegern mit seiner Geschäftsidee den Mund wässrig. Sonnenrein kündigte an, mit Aquaplan in der texanischen Wüste Shrimps-Farmen bauen zu wollen. Seine ehrgeizigen Pläne zielten darauf ab, die weltweiten Ernährungsprobleme zu lösen. Bereits für das Jahr 1999 lauteten die Firmenprognosen auf 100 Millionen Dollar Umsatz.

Seriöse Zeitschriften wie beispielsweise die *WirtschaftsWoche* berichteten groß angelegt über den Erfinder und Unternehmer aus Delbrück. Kein Wunder also, dass die Anleger begeistert waren, als Aquaplan im Dezember 1998 seine Aktien im Freiverkehr der Berliner Börse listen ließ. Die Firma brachte es zwischenzeitlich auf eine Marktbewertung von mehreren hundert Millionen Euro. Schließlich wurde die Aquaplan Inc. knallhart als Biotechnologie-Unternehmen verkauft, das zog schon damals. Nach dem Börsengang spekulierten die Medien sogar über einen geplanten Wechsel an den Neuen Markt und lieferten damit zusätzlichen Treibstoff für die Kurse.

In der Berichterstattung tauchten Herr Sonnenrein und Aquaplan auch später auf, allerdings mit deutlich negativem Tenor. Die Prognosen wurden meilenweit verfehlt, auch die üppigen Gewinne wurden nie Realität. Versprochen wurde viel, erreicht wenig, mitgeteilt über die tatsächlichen Zahlen noch weniger.

Das dicke Ende kam schnell. Der Aktienkurs stürzte erst ins Bodenlose, dann wurde die Notiz im Freiverkehr von der Berliner Börse gestrichen, dann ging Aquaplan Pleite. Vorstandschef Uwe Sonnenrein wurde zu vier Jahren Haft wegen Subventionsbetrugs und Betrugs in drei weiteren Fällen verurteilt. Er hatte Investoren feste Aufträge zum Bau von Anlagen vorgespiegelt, die es überhaupt nicht gab.

Das System, mit dessen Hilfe Aquaplan sich an die Börse katapultierte, war denkbar einfach und oft erprobt. Wer – möglicherweise mit betrügerischer Absicht – schnell in den Genuss einer deutschen Börsennotiz kommen wollte, richtete den Blick zunächst auf die Praxis in den Vereinigten Staaten. Dort im OTC-Markt (OTC = Over the Counter, das heißt außerbörslich) wurde kurzerhand der Firmenmantel eines Unternehmens gekauft. Ein paar Sacheinlagen wurden eingebracht, und schon konnte es nach Deutschland gehen. Die OTC-Notierung war der Freifahrschein für ein Listing im Freiverkehr, das ohne große Formalien möglich war. Fertig war die Börsennotiz, mit der sich deutsche Investoren locken ließen. Erleichternd kam hinzu, dass die amerikanischen OTC-Regelungen auf Berichte und Meldepflichten lange Zeit verzichteten, sodass auch in Deutschland die Kommunikation mit den Investoren zu vernachlässigen war.

Die Situation änderte sich erst, nachdem auch im OTC-Handel Quartalsberichte vorgeschrieben wurden. Nach dieser neuen Regelung zogen sich gleich mehrere tausend US-Firmen aus dem OTC-Handel zurück. Dieser Bodensatz landete bei den so genannten Pink Sheets, die in etwa mit den Gesellschaften im deutschen Telefonhandel vergleichbar sind. Pink Sheets sind mittlerweile aber nicht mehr ohne weiteres zum Freiverkehr zugelassen – ein Schritt in die richtige Richtung.

Internationales Publikum

Dennoch kann der Freiverkehr seinen Reiz für Small-Cap-Investoren haben. Zum einen verbirgt sich im Schlamm der Hunderte von Mini-Caps die eine oder andere Perle, die später in anderen Segmenten wieder auftaucht. Wer sich frühzeitig engagiert, kann überdurchschnittliche Renditen einfahren. Zum anderen sind im deutschen Freiverkehr zum Teil hoch respektable und international bekannte Unternehmen gelistet. Schließlich haben Namen wie Microsoft oder Intel durchaus Klang. Diese Firmen sind hierzulande auch im Freiverkehr zu haben.

Neben den internationalen Blue Chips tummeln sich aber auch kleine Werte aus fast allen Regionen der Welt im Freiverkehr. Allein von den im Freiverkehr der Berliner Börse gehandelten gut 10 000 Gesellschaften stammen mehr als 90 Prozent aus dem Ausland. Insgesamt sind rund 60 Nationen vertreten, von den USA über Südamerika bis Südostasien und Osteuropa. Der Berliner Freiverkehr weist damit eine deutlich größere Anzahl von gelisteten Unternehmen auf als die Frankfurter Wertpapierbörse in ihrem entsprechenden Segment.

Neben Aktien werden im Freiverkehr der einzelnen Börsen auch andere Wertpapiere gehandelt, so zum Beispiel Anleihen oder Optionsscheine. Die Regionalbörsen nutzen den Freiverkehr, um sich Nischen zu suchen, in denen sie trotz der Übermacht des elektronischen Handels auf XETRA ihre Daseinsberechtigung unter Beweis stellen und überleben können. Berlin hat sich – wie bereits erwähnt – stark auf den Handel mit ausländischen Aktien spezialisiert, während Stuttgart in Deutschland eine führende Position beim Optionsscheinhandel errungen hat. Es ist auch durchaus möglich, dass ein Wertpapier an einer Börse im Amtlichen Handel, an einer anderen aber nur im Freiverkehr gelistet ist.

Zulassungsvoraussetzungen und Folgepflichten

Im Gegensatz zum Amtlichen Handel und dem Geregelten Markt, die beide öffentlich-rechtlich organisiert sind, fußt der Freiverkehr auf privatrechtlicher Grundlage, das heißt auf Geschäftsbedingungen, die zwischen der jeweiligen Börse und den beteiligten Unternehmen vereinbart werden. Die Kursfeststellung erfolgt nicht durch amtlich bestellte Kursmakler, sondern durch so genannte Freimakler. Wegen der privatrechtlichen Struktur sind die Zulassungsvoraussetzungen und die Folgepflichten in Berlin, Bremen, Frankfurt, Hamburg, Hannover, Düsseldorf, München und Stuttgart nicht immer deckungsgleich.

Üblicherweise muss für ein Listing im Freiverkehr lediglich ein Antrag bei der entsprechenden Börse gestellt werden, dem ein Exposé beigefügt ist, welches die Beurteilung des Unternehmens ermöglicht. Auch muss ein Verkaufsprospekt veröffentlicht werden, der von der Bundesanstalt für Finanzdienstleistungsaufsicht (BAFin) genehmigt werden muss, was sich allerdings in der Regel als reine Formalie herausstellt. Das Bundesaufsichtsamt für den Wertpapierhandel wurde zum Mai 2002 in die Bundesanstalt für Finanzdienstleistungsaufsicht (BAFin) integriert. Besondere Anforderungen an das Alter des Unternehmens oder sein Grundkapital werden nicht gestellt. Auch die Höhe des Emissionsvolumens unterliegt keinen Regeln. Insofern können auch kleinste Aktienstückzahlen von Miniunternehmen an den Markt gebracht werden. Lediglich ein »ordnungsgemäßer Handel« muss gewährleistet sein. Dieser Begriff ist allerdings mehr als dehnbar und hat sich bislang für kein einziges Unternehmen als Hürde erwiesen.

Ist die Firma einmal im Freiverkehr notiert, sind kaum nennenswerte Folgepflichten zu erfüllen. Quartalsberichte? Nicht nötig. Halbjahresberichte? Nicht nötig. Ad-hoc-Publizität? Auch nicht nötig. Lediglich Jahresberichte sind zu erstellen. Der Freiverkehr kann somit als Schmalspur-Börsennotiz gelten. Dieses wenig schmeichelhafte Image hat dazu geführt, dass Investoren hier üblicherweise deutliche Bewertungsabschläge bei den Aktien vornehmen.

Um den schlechten Ruf aufzupolieren, sind insbesondere einige Regionalbörsen aktiv geworden und haben innerhalb des Freiverkehrs einzelne Untersegmente geschaffen, die mit erhöhten Anforderungen das Vertrauen der Investoren gewinnen und zugleich börsenwillige Unternehmen anlocken sollen. Mit Letzteren sind all jene Gesellschaften angesprochen, die für den Neuen Markt nicht geeignet sind oder die die dortige Notiz scheuen, denen der Freiverkehr aber zu »schmuddelig« ist.

Sondersegmente

Wie bereits erwähnt, ist auch der Neue Markt formal dem Freiverkehr zugeordnet. Berlin, Hamburg, München und Stuttgart gehen also nur einen ähnlichen Weg, wie ihn Frankfurt 1997 bereits mit großem Anfangserfolg eingeschlagen hat. Der IPO-Markt in Berlin, der Start-up-Markt in Hamburg und der Stuttgarter Markt für Wagniskapital richten sich dabei allerdings ausschließlich an Unternehmen, die neu an die Börse gehen wollen. Nur beim Prädikatsmarkt in München sieht das Regelwerk die Verleihung des »Prädikats« auch an Gesellschaften vor, die bereits gelistet sind.

Die Sondersegmente in Berlin, Hamburg, München und Stuttgart stellen beim Grundkapital und beim Emissionsvolumen spürbar geringere Anforderungen als der Neue Markt, machen aber ähnlich strenge Publizitätsvorschriften geltend, wobei sich die einzelnen Premium-Segmente im Freiverkehr der Regionalbörsen voneinander unterscheiden. München hat übrigens den Prädikatsmarkt im Freiverkehr ergänzt: zum einen um den »Prädikatsmarkt Select«, der zum Geregelten Markt gehört, und zum anderen um den »Top Quality Market« als Teil des Amtlichen Handels.

Gemessen am Branchenmix, stellen die Premium-Segmente im Freiverkehr der Regionalbörsen eine Synthese aus der New Economy am Neuen Markt und der Old Economy im SMAX dar. Berlin weist zum Beispiel eine starke Orientierung in Richtung Software, Internet und Biotechnologie auf, während München eher auf den traditionellen Mittelstand schielt, der im Prädikatsmarkt beispielsweise durch die Allgäuer Alpenwasser AG vertreten ist.

Ein gewisses *Mindestalter* eines Unternehmens, welches an die Börse geht, sieht lediglich der IPO-Markt in Berlin vor, der als Benchmark ein Jahr nennt. Bezüglich der *Höhe des Grundkapitals* sind in Berlin und Stuttgart keine Voraussetzungen festgelegt, in Hamburg beträgt die kritische Größe 0,25 Millionen Euro, und in München ist ein Unternehmen mit 1 Million Euro dabei.

Das *Emissionsvolumen* muss in Berlin nominal bei 250 000 Euro mindestens liegen, bezüglich des Kurswerts der Aktien, die an den Markt kommen, werden 1,5 Millionen Euro gefordert. In München müssen ebenso wie in Hamburg mindestens 25 Prozent des Grundkapitals in den Handel gebracht werden, und in Stuttgart wird eine Mindeststückzahl gefordert, nämlich 50 000 Aktien.

Damit nicht nur Altaktionäre Kasse machen, sondern den Firmen durch den Börsengang auch Geld zufließt, haben Berlin, München und Stuttgart hierfür ebenfalls Regelungen getroffen. Für die jungen Start-ups, die sich in Stuttgart zum Teil in einem sehr frühen Stadium an Investoren wenden, sind mindestens 75 Prozent des Emissionsvolumens aus einer *Kapitalerhöhung* zu bestreiten. In Berlin sind es (analog zum Neuen Markt) 50 Prozent, München fordert als absolute Summe 250 000 Euro, Hamburg macht keine Angaben.

Alle vier Märkte fordern von ihren Mitgliedern nach dem Börsengang, dass kursrelevante Tatsachen, die das Unternehmen betreffen, per *Ad-hoc-Mitteilung* veröffentlicht werden.

Im Hinblick auf eine regelmäßige Kommunikation mit den Investoren sind *Quartalsberichte* zwar überall gern gesehen, aber nur in Hamburg und Stuttgart verpflichtend. In Berlin muss zumindest zum Halbjahr ein Zwischenbericht präsentiert werden, und ein Quartalsbericht gilt als »erwünscht«. Am Münchener Prädikatsmarkt muss ein Unternehmen seine Investoren zwar auch alle drei Monate informieren, zu diesem Zweck reicht jedoch ein vierteljährlicher Aktionärsbrief aus.

Die Zukunft des Freiverkehrs

Die Ansätze für die neuen Nebenwerte-Segmente haben dem Freiverkehr zu höheren Standards verholfen. Ihr Erfolg bei Anlegern und Emittenten ist allerdings bislang noch mäßig. In Hamburg waren Anfang 2002 lediglich zwei Unternehmen im Start-up-Markt vertreten. Auch Berlin und Stuttgart, ihnen voran München, brachten es jeweils nur auf maximal ein Dutzend gehandelter Untenehmen.

Als der Neue Markt boomte, stürzten sich Unternehmen und Anleger gleichermaßen auf dieses Segment. Schließlich konnten die Gesellschaften hier deutlich höhere Bewertungsniveaus als in Berlin oder München durchsetzen. Dies freute eventuell die abgebenden Altaktionäre und sorgte natürlich für einen höheren Mittelzufluss beim Unternehmen. Auch die Investoren wurden von den Kurssteigerungen des Neuen Marktes stärker angezogen.

Das Vierte Finanzmarktförderungsgesetz hat auch Auswirkungen auf den Freiverkehr. Der Amtliche Handel soll nach den Vorgaben dieses Gesetzes in ein so genanntes »erstes Segment« übergehen, während der Geregelte Markt das »zweite Segment« bildet. In dieses zweite Segment sollen unter erleichterten Bedingungen auch Aktien einbezogen werden, die bisher im Freiverkehr notieren. Es ist also damit zu rechnen, dass ein Teil der Unternehmen aus dem Freiverkehr dorthin wechselt.

Spekulationsmöglichkeiten

Aufgrund der geringen Regulierung und Transparenz im Freiverkehr folgen Spekulationsmöglichkeiten ihren eigenen Gesetzen. Dabei spielt es immer wieder eine entscheidende Rolle, dass neben den raren Informationen jede Menge Gerüchte ins Kraut schießen.

Börsengerüchte und ihr gezielter Einsatz zur Kursmanipulation sind keine neue Erfindung. Als erste Aktiengesellschaft der Welt wird vielfach die Holländisch-Ostindische Kompanie gesehen, die 1602 gegründet wurde und deren Anteile ab 1611 an der Börse in Amsterdam gehandelt wurden. Die Seefahrten zu den Stützpunkten der Gesellschaft im südostasiatischen Raum und in Afrika waren langwierige Angelegenheiten, über die Informationen nur spärlich und vor allem spät nach Amsterdam gelangten. Gleichzeitig war das Geschäft hochriskant, konnte doch auf einer solchen Fahrt alles Mögliche passieren, bis hin zum Verlust des Schiffs. Schon damals machten sich Zeitgenossen dieses Szenario zunutze und streuten immer wieder Gerüchte, um den Aktienkurs der Holländisch-Ostindischen Kompanie gezielt in die gewünschte Richtung zu lenken. Das funktionierte für eine begrenzte Dauer recht gut.

Doch zurück zum Freiverkehr heute. Die Zahl der Aktien im Streubesitz ist in vielen Fällen begrenzt. Der Anleger muss also ins Kalkül mit einbeziehen, dass er seine Positionen nicht immer sofort auflösen kann. Auch der Aufbau von Engagements zu vertretbaren Kursen ist nicht immer ganz einfach.

Hochriskant ist die Strategie, in überhitzten Phasen bei bestimmten Einzelwerten ohne fundamentale Betrachtung auf fahrende Züge aufzuspringen, wenn der Aktienkurs an Momentum gewinnt. Das Verlustrisiko ist immens, zudem befindet sich der Anleger manchmal in einem Umfeld von extrem marktengen Werten, in dem möglicherweise einige Teilnehmer mit gezinkten Karten spielen.

Das *Momentum*, engl. für »Schwungkraft«, ist ein Maß für die Dynamik, die in einer Kursbewegung steckt. Nimmt das Momentum ab, ist zu erwarten, dass auch die vorherrschende Kursbewegung, zum Beispiel ein Anstieg, zu Ende gehen wird.

Fallbeispiel: Zucker & Co. – Saure Mienen statt süßer Renditen

Ein Beispiel für eine möglicherweise in Teilen unsaubere Spekulation ist die Zucker & Co. Vermögensverwaltung. Sie notiert im Freiverkehr der Börsen in München und Stuttgart.

Zucker ist ein altes Unternehmen, gegründet 1899 mit dem Geschäftszweck, Großbuchbinderei- und Kartonagenerzeugnisse herzustellen und zu vertreiben. Die Geschäfte liefen im Laufe der Jahrzehnte mehr schlecht als recht. 1990 wurde der Geschäftszweck von Zucker dahingehend geändert, dass das eigene Vermögen verwaltet werden sollte. Dieses bestand Ende der neunziger Jahre einzig aus zwei Immobilien: einem Wohnhaus in Magdeburg und einem Wohn- und Geschäftshaus in Dortmund.

Aus Kapitalmarktsicht also eine Geschichte ohne jegliche Spannung. Wenn, ja wenn nicht einige Punkte Zucker & Co. für einige Monate an der Börse zu einem Shooting Star gemacht hätten (vergleiche Abbildung 2, S. 44).

Die Gründe für den kurzen, aber steilen Höhenflug der Zucker-Aktie waren:

- die geringe Zahl der Aktien,
- gezielte Aktionen im Internet mit dem Ziel, den Kurs in die Höhe zu treiben,
- die Gründung der Tochtergesellschaft »Neue Märkte Venture AG«.

Das Grundkapital der Zucker AG besteht lediglich aus 174 800 Aktien. Ein Winzling also. 1993 kaufte sich die umstrittene Göttinger Gruppe bei Zucker ein. Die im Streubesitz befindlichen Aktien summierten sich in der zweiten Hälfte der neunziger Jahre auf nur noch rund 50 000 Stück, die täglichen Börsenumsätze reichten selten an mehr als 200 Stück heran. Schon mit kleinen Stückzahlen ließ sich der Kurs der Aktien in nahezu jede gewünschte Richtung treiben.

1998 machten einige Schreiber in Internet-Boards mobil. In den Aktiendiskussionsforen wurde ein brandheißer Tipp gehandelt: Zucker & Co.

Abbildung 2: Kursentwicklung der Zucker & Co. Vermögensverwaltung

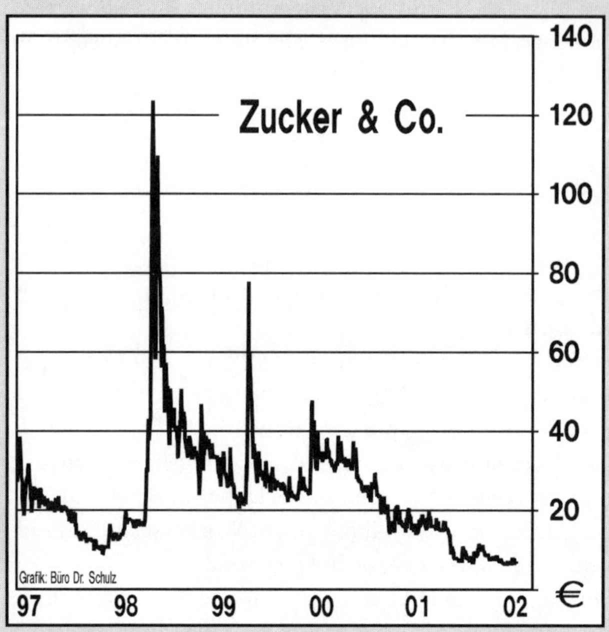

Und es fanden sich tatsächlich Kaufwillige. Die Umsätze zogen Mitte 1998 an, auf einmal wurden mehrere tausend Aktien pro Tag gehandelt, der Kurs der Zucker-Aktie versechsfachte sich innerhalb einiger Wochen. Ausgehend von deutlich unter (umgerechnet) 20 Euro, schoss die Aktie auf über 120 Euro. Die kleine Zucker AG, die in ihren beiden Immobilien lediglich Quadratmeter-Mietpreise von gut 8 bis 11 D-Mark durchsetzen konnte und die 1998 gerade mal einen Jahresüberschuss von 33 937 Euro ausweisen sollte, wurde plötzlich an der Börse mit mehr als 21 Millionen Euro bewertet.

Mit ziemlicher Sicherheit ist davon auszugehen, dass von den Initiatoren der kurstreibenden Internet-Postings ein falsches Spiel gespielt wurde. Sie dürften sich zuvor über Monate hinweg mit Papieren eingedeckt haben, um dann in das selbst ausgelöste Kursgewitter hinein zu verkaufen. Ein Verhalten, das allenfalls im Randbereich des Erlaubten anzusiedeln ist, sich in vielen Fällen aber wohl jenseits der Grenze zur Illegalität abspielte.

Außenstehenden Anlegern, die tatsächlich nur von den steigenden Kursen angelockt wurden, blieb nur ein geringes Zeitfenster, um tatsächlich Gewinn mit Zucker zu machen. Letztlich mussten sie innerhalb weniger

Tage handeln, denn fast genauso schnell, wie sie gestiegen war, fiel die Aktie von Zucker & Co. wieder zurück. Für jene Aktionäre, die sich der Aktie im Vertrauen auf einen effizienten und transparenten Markt näherten, gab es also kaum eine Chance. Auch das mittelbare und unmittelbare Engagement der Göttinger Gruppe bei Zucker wurde übrigens in den Hype-Phasen der Aktie immer weiter reduziert. Die offizielle Begründung: Der Free Float sollte erhöht werden, um einen liquideren Handel zu ermöglichen.

Mitte 1999 gab es noch einmal kurzzeitig Hoffnung für die gebeutelten Aktionäre der Freiverkehrsaktie. Wieder dauerte es nur ganz wenige Wochen, bis sich der Aktienkurs, ausgehend von seinem ermäßigten Niveau, noch einmal vervierfachte. Was vorher schon gerüchteweise im Markt umhergegeistert hatte, wurde nun offiziell verkündet: Zucker gründete unter dem Namen »Neue Märkte Venture AG« eine Tochtergesellschaft, die ins Wagniskapital- und Beteiligungsgeschäft einsteigen sollte.

Das nötige Kleingeld zum Investieren sollte in Form von stillem Beteiligungskapital hereingeholt werden. Der Vertrieb der Göttinger Gruppe sollte hierbei eine entscheidende Rolle spielen, sodass für 1999 bereits ein Investitionsvolumen von rund 250 Millionen Euro an Bord sein sollte, und für das Jahr 2000 lautete die vollmundig verkündete Zielgröße sogar auf 375 Millionen Euro.

Von den glanzvollen Ankündigungen blieb in der Praxis wenig übrig: 1999 wurden knapp 9 Millionen Euro Investitionskapital eingespielt, und im Jahr 2000 wurde der Plan ähnlich deutlich verfehlt. Der Kurs der Zucker & Co. schaltete schon in der zweiten Jahreshälfte 1999 wieder in den Rückwärtsgang. Da halfen auch keine Fusionsgerüchte mit der »Göttinger« Vertriebssparte Securenta. Die sollte – angeblich – auf diese Weise in den Freiverkehr gebracht werden. Zucker als Mantelspekulation – ein weiteres Thema für das World Wide Web.

Allmählich wurde es im Internet ruhiger um Zucker. Ganz offensichtlich hatten all jene »Sugar Boys« ihr Ziel erreicht, die den Aktienkurs vorher immer aufs Neue nach oben gepusht hatten. Auch die Göttinger Gruppe (GG) war immer stärker in die Kritik der Öffentlichkeit geraten und hatte massive Probleme mit der Bankenaufsicht bekommen. Im November 2001 stellte ein Internetnutzer mit dem Pseudonym »azra« im Nebenwerteforum der Internet-Community wallstreet:online ernüchtert fest:

»Es sind da schon so viele leere Versprechungen beziehungsweise Aussagen aus dem Kreis der GG über die (weitere Ausrichtung) der Zucker AG getätigt worden, dass ich jetzt langsam überlege, das Geld anderweitig anzulegen...«

Anfang 2002 notierte die Aktie der Zucker & Co. Vermögensverwaltung bei 7 Euro.

Anlagestrategie im Freiverkehr

Der Investor sollte stets versuchen, sich so viele Informationen wie möglich zu beschaffen. Auch der direkte Unternehmenskontakt kann dazu dienen. Wenn der Verdacht besteht, zum Beispiel ausgelöst durch starke Kursbewegungen, dass operative Veränderungen stattgefunden haben, greifen Sie ruhig zum Telefon und fragen Sie beim Unternehmen nach.

Der Anleger sollte sich sehr genau über die Aktionärsstruktur ins Bild setzen, die Höhe des Free Float ist hierbei von größter Bedeutung. Auch gilt es zu klären, ob zu befürchten ist, dass Großaktionäre sich aus dem Wert verabschieden.

Bei allen Informationen ist größte Vorsicht angebracht, wenn sie aus anonymen Quellen stammen. Die folgenden drei Fragen sollten Sie immer stellen:

- Stimmt die Information?
- Welches Interesse hat die Quelle, die (richtige oder falsche) Information weiterzugeben?
- Wer weiß noch Bescheid und hat unter Umständen bereits entsprechend disponiert?

Auf keinen Fall sollten Investoren selbst versuchen, Kurse durch gezielte Postings im Internet oder an anderer Stelle in eine bestimmte Richtung zu treiben. Sie riskieren damit, dass der Staatsanwalt irgendwann vor der Tür steht. Auch passt dieses Verhalten nicht zu einem seriösen Anleger, der auf saubere Art Geld mit Nebenwerten verdienen möchte. Solche Aktionen haben vielmehr den schlechten Ruf von Nebenwerten mit bedingt.

Wer in engen Märkten unterwegs ist, sollte sich stets bewusst machen, dass Aufbau und Abbau von Aktienpositionen eine oft zeitaufwändige Angelegenheit sind. Der Einstieg in kleinen Schritten ist anzuraten. Dabei sollte die Aktienzahl durchaus testweise variiert werden. Wenn bei ansonsten dünnen Umsätzen immer sofort Stücke in entsprechender Höhe zur Verfügung stehen, deutet dies eventuell darauf hin, dass eine andere Adresse sich gerne von ihren Anteilen trennt – und möglicherweise gute Gründe dafür hat. Stop-Loss-Strategien sind bei sehr marktengen Nebenwerten selten sinnvoll. Bei einem solchen Vorgehen erhält die Bank den Auftrag, die Position zum nächstmöglichen Kurs glattzustellen beziehungsweise aufzulösen, wenn ein bestimmtes Kursniveau unterschritten wurde. Bei umfangreicheren Engagements und illiquiden Werten verstärkt dies den Kursrutsch. Vielmehr ist es wichtig, sich selbst im Geiste Kursmarken zu setzen, unterhalb derer man dann verkauft. Diese Marken sollten strikt eingehalten werden. Oft belügen Investoren sich in solchen Fälle nämlich selber. »Bei den jetzt niedrigen Kursen zu verkaufen, wäre ja dumm, schon sehr bald wird die Aktie wieder steigen.« Mit solchen Argumenten wird der Verkauf dann verschoben, was sich meistens bitter rächt. Ist einmal die Verkaufsentscheidung gefallen, so sollte die Position langsam in den Markt gegeben werden.

Ein Blick auf die aktuellen Geld- und Briefkurse ist hilfreich und lässt sich im Internet erhaschen. Allerdings sind diese Angebote der Freimakler alles andere als verbindlich. Oft genug werden Sie als Anleger erleben, dass der angebotene Geldkurs blitzschnell geändert wird, wenn die eigene, auf diesen Preis limitierte Verkaufsorder abgegeben wird. Teilweise verschwinden die Geld- und Briefkurse dann auch ganz. Bindende Kurse müssen von Designated Sponsors bei Nebenwerten nur im elektronischen Handel im SMAX gestellt werden. Im Freiverkehr besteht diese Pflicht nicht. Einige Makler nutzen Geld- und Briefkurse nur, um Kauf- oder Verkaufsinteresse zu simulieren, welches in Wirklichkeit gar nicht besteht.

Geregelter Markt – dem Mittelstand auf der Spur

Zwischen dem Freiverkehr auf der einen und dem Amtlichen Handel auf der anderen Seite findet sich in der deutschen Börsenlandschaft der Geregelte Markt. Aufgrund seiner öffentlich-rechtlichen Struktur weist der

Geregelte Markt allerdings eine größere Nähe zum Amtlichen Handel auf.

Die große Lücke, die zwischen dem Wildwuchs im Freiverkehr und dem stark regulierten Amtlichen Handel bestand, rief 1987 die Deutsche Börse auf den Plan. Sie gründete am 1. Mai 1987 den Geregelten Markt. Schon damals verfolgte die Deutsche Börse damit eine ähnliche Idee wie später mit dem SMAX: Der Kapitalmarkt sollte für kleinere und mittlere Unternehmen attraktiver gemacht werden. Während das Konzept für den SMAX allerdings vorsah, durch relativ strenge Regeln die Small- und MidCaps für den Anleger interessant zu machen und so den Firmen Zugang zu Eigenkapital zu verschaffen, wurden 1987 im Umkehrschritt die Hürden für den Gang an die Börse verringert.

Davon versprach sich die Börse zum einen mehr Geschäft, andererseits waren mehr Firmen am Kapitalmarkt auch volkswirtschaftlich sinnvoll. In den achtziger Jahren hinkte Deutschland bei der Eigenkapitalausstattung von Firmen im internationalen Vergleich noch stärker zurück als heute. Die Börse als Mittel, um sich Eigenkapital zu besorgen, war gerade im Mittelstand nicht akzeptiert. Untersuchungen des Deutschen Aktieninstituts (DAI) zeigten, dass Firmen, die an die Börse gehen, auch für Beschäftigungsimpulse gut sind. Eine Erhebung für die IPOs in der Zeit von 1987 bis 1997 führte zu dem Ergebnis, dass die Zahl der Mitarbeiter in den beteiligten Gesellschaften während der drei Jahre vor und nach dem Going Public um durchschnittlich 70 Prozent stieg, mit der stärksten Zunahme im Jahr des Börsengangs selbst.

Den ganz großen, erhofften Schub bei Börsengängen löste der Geregelte Markt allerdings nicht aus. Die Zahl der Börsengänge lag zwischen 1983 und 1996 ohne signifikante Veränderung durch den Geregelten Markt bei durchschnittlich 16 pro Jahr. Erst ab 1997 ging der Trend nach oben und gewann dann immer mehr an Fahrt. Dafür waren das gestiegene Interesse an Aktien durch den Börsengang der Deutschen Telekom im November 1996 und die Einführung des Neuen Marktes im März 1997 verantwortlich.

Tabelle 1: Börsengänge 1983 bis 1996

Jahr	Zahl der Börsengänge	Emissionsvolumen in Mio. Euro
1996	11	10 659
1995	20	4 230
1994	10	571
1993	9	495
1992	8	411
1991	19	1 626
1990	24	1 571
1989	24	1 226
1988	14	418
1987	19	904
1986	27	2 499
1985	11	897
1984	21	879
1983	10	161

Auch die Bedeutung des Geregelten Marktes als so genannter Sekundärmarkt, das heißt als Handelsplatz für schon im Umlauf befindliche Papiere, blieb eher bescheiden.

> Der *Primärmarkt* ist der Handelsplatz, auf dem Aktien erstmals dem Publikum angeboten werden. Der Folgehandel wird als *Sekundärmarkt* bezeichnet.

Ausländischen Pendants zum Geregelten Markt geht es übrigens wenig besser. Der »Second Marché« in Frankreich und der »Unlisted Securities Market« in Großbritannien teilen ein ähnliches Schicksal.

Zulassungsvoraussetzungen und Folgepflichten

Im Gegensatz zum Amtlichen Handel ist für Unternehmen, die an den Geregelten Markt wollen, kein *Mindestalter* vorgeschrieben. Dies ist Teil der bereits erwähnten Erleichterungen, mit denen seit 1987 Mittelständler über das Vehikel Geregelter Markt an die Börse gelockt werden sollen.

Auch die *Höhe des Eigenkapitals* einer Unternehmung im Geregelten Markt ist nicht reglementiert. Die einzige Voraussetzung besteht darin, dass die Zahl der Aktien, die an den Markt gebracht werden, einem Nennwert von 0,25 Millionen Euro entsprechen muss. In der Regel bedeutet dies, dass mindestens 0,25 Millionen Stücke offeriert werden. Dabei ist es nicht von Bedeutung, wie hoch der *Streubesitz* zum Zeitpunkt des Börsengangs ist.

Die Zulassung zum Geregelten Markt erfolgt auf der Grundlage eines Zulassungsantrags durch den Zulassungsausschuss der Börse. Zur Zulassung muss – anders als im Amtlichen Handel – kein Börsenzulassungsprospekt vorgelegt werden, sondern nur ein Unternehmensbericht, der alle erforderlichen Informationen enthält, damit sich potenzielle Investoren ein treffendes Bild über das Unternehmen und dessen Aktien machen können.

Die Gesellschaften müssen, wenn sie zugelassen sind, einen Jahresbericht und einen Zwischenbericht vorlegen. Außerdem unterwerfen sie sich der Ad-hoc-Publizität. Also auch sie müssen nach § 15 des Wertpapierhandelsgesetzes kursrelevante Tatsachen mittels Pflichtmitteilung der breiten Öffentlichkeit zur Kenntnis bringen.

Der Geregelte Markt wird mit der Einführung des vierten Finanzmarktförderungsgesetzes zum »zweiten Segment« an der Börse. In diesem Segment sollen auch einige Werte aus dem bisherigen Freiverkehr unter gelockerten Bedingungen zugelassen werden.

Hochoffiziell – Der Amtliche Handel

Der Amtliche Handel ist das Flaggschiff unter den Börsensegmenten. In ihm finden rund 90 Prozent aller Börsenumsätze in Deutschland statt. Sein Name rührt daher, dass hier amtlich bestellte Kursmakler die Preisfindung regeln, zudem ist das Segment im Börsengesetz in §§ 36 bis 49 geregelt. Allerdings befindet sich der Amtliche Handel durch das Vierte Finanzmarktförderungsgesetz im Umbruch, und mit ihm auch Institutionen wie die amtlichen Kursmakler.

Der amtliche Kursmakler – eine Institution mit Tradition

Die Kursmakler werden von den Regierungen der jeweiligen Bundesländer bestellt und vereidigt. Die Bestellung gilt auf Lebenszeit. Der amtliche Kursmakler darf Geschäfte auf eigene Rechnung nur in eng begrenztem Umfang – zum Spitzenausgleich – machen, und dies unterscheidet ihn unter anderem von den Freimaklern. Das Verbot von umfassenden Eigengeschäften soll die Neutralität des amtlichen Maklers bei der Preisermittlung fördern.

Die Rolle des amtlichen Kursmaklers geht auf das Börsengesetz von 1896 für das Deutsche Reich zurück. Damals wurde der Makler noch als Hilfsperson definiert, der den Börsenvorstand bei der Kursfindung unterstützen sollte. Erst in den dreißiger Jahren ging die Feststellung der amtlichen Kurse vollständig in den Aufgabenbereich der amtlichen Makler über.

Die Tage des amtlichen Kursmaklers sind allerdings durch das vierte Finanzmarktförderungsgesetz gezählt. Wenn es in Kraft tritt, der Amtliche Handel damit zum so genannten »ersten Segment« wird, entfällt die amtliche Kursfeststellung durch den amtlichen Kursmakler.

Zulassungsvoraussetzungen und Folgepflichten

Ein Unternehmen, das in den Amtlichen Handel will, muss bei der Zulassungsstelle der Börse zusammen mit einem begleitenden Kreditinstitut oder Finanzdienstleister einen entsprechenden Antrag stellen. Dies können nur Unternehmen, die schon *mindestens drei Jahre lang* bestehen. Das *Emissionsvolumen* muss bei mindestens 1,25 Millionen Euro liegen, der *Streubesitz* nach Börsengang bei mindestens 25 Prozent.

Außerdem muss der Emittent einen detaillierten Zulassungsprospekt vorlegen und später der Öffentlichkeit zugänglich machen. Dieses Dokument muss alle Informationen über die wirtschaftlichen und rechtlichen Verhältnisse der Firma enthalten, die notwendig sind, damit ein möglicher Investor die Aktien beurteilen kann. Insbesondere müssen die Bilanzen und die Gewinn-und-Verlust-Rechnungen der letzten drei Jahre sowie der Anhang im Geschäftsbericht des letzten Jahres enthalten sein.

Den Inhalt des Zulassungsprospekts dürfen weder das Unternehmen noch die begleitende Bank auf die leichte Schulter nehmen. Beide haften nämlich über einen Zeitraum von fünf Jahren für unrichtige beziehungsweise unvollständige Angaben.

Einmal am Markt, muss die Firma sich den Regelungen zur *Ad-hoc-Publizität* (§ 15 des Wertpapierhandelsgesetzes) unterwerfen und neben dem obligatorischen Jahresabschluss auch mindestens einen Zwischenbericht veröffentlichen. In dieser Hinsicht gleichen sich Amtlicher Handel und Geregelter Markt.

Nur Blue Chips im Amtlichen Handel?

Die großen deutschen börsennotierten Unternehmen finden sich im Amtlichen Handel. Das heißt aber im Umkehrschluss noch nicht, dass Small Caps in diesem Segment nicht zu finden wären. Der Amtliche Handel hat vom Grundgesetz her die strengsten Anforderungen. Sie lauten: Mindestens 3 Jahre alt, mindestens 1,25 Mio. Euro Eigenkapital, mindestens 25 % Streubesitz. All das muss zum Börsengang erfüllt sein, bei dem außerdem ein umfangreicher Zulassungsprospekt vorliegen muss. Während des weiteren Börsenlebens müssen die Investoren mindestens durch Halbjahresberichte auf dem Laufenden gehalten werden und durch Ad-Hoc-Mitteilungen nach § 15 des Wertpapierhandelsgesetzes über wichtige, kursrelevante Tatsachen informiert werden. Ohne Notiz im Amtlichen Handel ist eine Aufnahme in den DAX und MDAX nicht möglich. Dazu müssen dann weitere Kriterien erfüllt sein. Die Marktkapitalisierung des Streubesitzes muss bestimmte relative Größen übersteigen, ebenso wie der Börsenumsatz. Quartalsberichte sind Pflicht, und der Übernahmekodex muss anerkannt werden.

Der Geregelte Markt ist eine »Schwierigkeitsstufe« unter dem Amtlichen Handel anzusetzen. Hier müssen lediglich Aktien im Nennwert von mindestens 250 000 Euro für die Anleger zur Zeichnung zur Verfügung stehen. Zum IPO muss ein Unternehmensbericht vorgelegt werden, und die im Amtlichen Handel geltenden Berichts- und Ad-Hoc-Bestimmungen finden auch im Geregelten Markt Anwendung.

Interview mit Rainer Riess, Head of Primary Markets der Deutsche Börse AG

Rainer Riess leitet seit 1. Oktober 2000 die Abteilung Primary Markets bei der Deutsche Börse AG in Frankfurt am Main. Im Vordergrund stehen dabei Beratung und Begleitung von Emittenten im Zuge der Börseneinführung sowie, in Zusammenarbeit mit Banken und anderen Finanzdienstleistern, die allgemeine Beratung von Unternehmen zum Thema Eigenkapital. Eine seiner Hauptaufgaben ist der Neue Markt, Europas führender Markt für Technologie- und Wachstumsunternehmen.

Riess' vorherige Aufgaben bei der Deutschen Börse beinhalteten unter anderem den Aufbau des Neuen Marktes, die Internationalisierungsstrategie der Deutschen Börse und die Implementierung des Eurex-Systems an der CBOT als Mitglied des Management Committee der Allianz von CBOT/Eurex a/c/e.

Rainer Riess ist Diplom-Volkswirt und hat im Rahmen eines Fulbright-Stipendiums einen M.B.A. der University of Miami erworben.

Die Aufmerksamkeit der Anleger konzentriert sich vor allem auf zwei Segmente, den Amtlichen Handel und den Neuen Markt. War die Einführung des Geregelten Marktes ein Flop?

Rainer Riess: Der Geregelte Markt ist ein Zulassungssegment, das der Gesetzgeber in das Börsengesetz eingeführt hat und das damals sicher begründet war. Nach unserer Erfahrung orientieren sich Investoren allerdings nicht an den Zulassungssegmenten, sondern an der Marktsegmenten, die wir unabhängig davon geschaffen haben.

Warum halten Sie überhaupt unterschiedliche Segmente für nötig?

Riess: Die Aktienmarktsegmentierung, die durch das Börsengesetz vorgegeben ist, bietet Investoren und Emittenten nur sehr bedingt Unterscheidungsmerkmale. Die Segmentierung der Aktienmärkte durch Handels-Segmente wie den Neuen Markt bzw. durch Indizes bietet auf einer Seite den Anlegern eine Orientierungshilfe für ihre Anlageentscheidungen, und auf der anderen Seite bietet sie Unternehmen eine Möglichkeit, sich zu positionieren.

Die Deutsche Börse denkt nach eigenen Angaben stets über eine weitere Segmentierung nach. Wie könnte die aussehen?

Riess: Wir arbeiten aktuell an einem neuen Modell für die Aktienmarktsegmentierung. Wir werden damit vor allem die Möglichkeiten ausschöpfen, die uns das Vierte Finanzmarktfördergesetz eröffnen sollte. Details der Ausgestaltung und der Einführungszeitpunkt sind allerdings noch offen.

Wie wird sich das Vierte Finanzmarktförderungsgesetz auf die Akzeptanz der Segmente auswirken?

Riess: Das Vierte Finanzmarktförderungsgesetz soll die Börsen ermächtigen, für Teilbereiche des Amtlichen Marktes und Geregelten Marktes weitere Unterrichtungspflichten vorzusehen. Das schafft die Möglichkeit, über die gesetzlichen Vorgaben hinaus zusätzliche Transparenzpflichten für Emittenten einzuführen. Eine andere wesentliche Neuerung ist die Ermächtigung der Börse zur Normierung zusätzlicher Zulassungsvoraussetzungen durch die Börsenordnung für Teilbereiche des geregelten Marktes. Hierdurch wird ermöglicht, Segmente vergleichbar dem Neuen Markt auf ausschließlich satzungsrechtlicher Grundlage zu normieren.

Im SMAX ist eine verstärkte Abwanderungsbewegung zu beobachten. Sieht die Deutsche Börse Handlungsbedarf, um diese zu stoppen?

Riess: Mit Segmenten wie SMAX und dem Neuen Markt bietet die Deutsche Börse den Unternehmen Plattformen, auf denen sie sich präsentieren können und Anleger effektiver ansprechen können. Wir garantieren den Investoren, dass SMAX-Unternehmen höhere Standards an Transparenz und Liquidität einhalten müssen. Zum Beispiel müssen alle SMAX-Unternehmen Quartalsberichte nach den internationalen Rechnungslegungsstandards IAS oder US-GAAP erstellen. Diese Vorschriften sind mit Kosten verbunden und in der derzeitigen Marktlage gibt es selbstverständlich Unternehmen, die die Kosten-Nutzen-Relation überprüfen. Das ist eine unternehmerische Entscheidung, die jedes Unternehmen treffen muss. Die Deutsche Börse als Marktorganisator kann und darf in diese unternehmerische Entscheidung nicht eingreifen. Entscheidet sich ein Emittent gegen eine Notierung im SMAX, bietet die Deutsche Börse Alternativen an. Allerdings sind Quartalsberichte tragenden Säulen einer effektiven Investor-Relations-Arbeit und damit der Transparenz. Außerdem nehmen wir hier zukünftige Gesetzesänderungen vorweg. Zum Beispiel müssen alle börsennotierten Unternehmen in der EU ohnehin ab 2005 nach IAS bilanzieren. SMAX-Unternehmen sind damit gut gerüstet für den internationalen Kapitalmarkt und profitieren von der erhöhten Wettbewerbsfähigkeit.

Viele Unternehmen fordern mehr Marketing von der Deutschen Börse für den SMAX. Gibt es derzeit dort Defizite?

Riess: Die Deutsche Börse bietet SMAX-Unternehmen umfangreiche Unterstützung, die das Profil eines Unternehmen für Investoren erhöhen kann. SMAX wird im Internet unter www.deutsche-boerse.com/smax präsentiert, wo zum Beispiel Unternehmensinformation sowie Quartalsberichte abrufbar sind. Hinzu kommen Präsentationen der SMAX-Unternehmen bei Roadshows, Investoren- und Analystenveranstaltungen. Letztlich müssen aber die SMAX-Unternehmen selbst durch gute Unternehmensnachrichten und eine aktive Investor-Relations-Arbeit Investoren von der eigenen Equity-Story überzeugen.

Ist der SMAX in der Zusammensetzung nicht zu heterogen, um wirklich von Investoren als einheitliches Segment wahrgenommen zu werden?

Riess: Einheitlichkeit ist gegeben durch die Standards, die alle Unternehmen erfüllen müssen. Der Anleger sollte bei seinen Investitionsentscheidungen immer die Einzelunternehmung betrachten.

Die Zahl der SDAX-Unternehmen wird von 100 auf 50 reduziert. Warum?

Riess: Der SDAX wurde auf 50 Werte verkleinert, um die Attraktivität des SMAX und des Auswahlindex SDAX zu erhöhen. Der Auswahlindex SDAX wird damit weiter an Bedeutung gewinnen.

Auf welche Frist können Unternehmen Ihrer Meinung damit rechnen, dass sich durch die Zugehörigkeit zum SMAX tatsächlich erhöhtes Interesse von Investoren einstellt?

Riess: SMAX ist als Segment mit erhöhtem Transparenzstandards etabliert. Investoren suchen solide Unternehmen, die auf fairer und ehrlicher

Basis mit dem Kapitalmarkt kommunizieren. Die Deutsche Börse stellt die Plattform bereit.

Wird von den andere Akteuren, also Banken und Unternehmen selbst, genug getan, damit der SMAX attraktiv ist?

Riess: Die Segmentierung eines Marktes schafft die Vorraussetzungen, die von allen Beteiligten in einer konzertierten Aktion ausgefüllt werden müssen.

Der Freiverkehr hat – zumindest was inländische Werte angeht – immer noch ein Schmuddelimage. Ist seine Existenz noch zeitgemäß?

Riess: Der Gesetzgeber sieht diese Handelsmöglichkeit weiterhin vor. Insbesondere für den Handel von Auslandstiteln ist dieses Segment weiterhin von großer Bedeutung und erlaubt so unter anderem den Handel vieler ausländischer Werte zu den geringeren inländischen Kostensätzen für Privatanleger. Allerdings ist der Anlegerschutz in diesem Segment durch die geringere Transparenz weitaus weniger geregelt. Investoren sollten daher ein Engagement in diesem Segment sorgfältig nach Chancen und Risiken abwägen.

Glauben Sie, dass Nebenwerte in Deutschland tatsächlich eine echte Chance bei Anlegern haben, und wenn, ja warum?

Riess: Kurze Antwort: ja! Investoren suchen attraktive Investments unabhängig davon, ob es Standardwerte oder Nebenwerte sind. Eines unsere Ziele ist, das Interesse der Investoren auch auf Nebenwerte zu lenken.

Kapitel 3
Bewertung

Große Rendite mit kleinen Werten – der Small-Firm-Effekt

Mit Nebenwerten lässt sich Geld verdienen, das ist statistisch belegt. In die Literatur hat der so genannte »Small-Firm-Effekt« Einzug gehalten. Er wurde in den achtziger Jahren des zwanzigsten Jahrhunderts in den USA beobachtet und erfasst. Demnach erwirtschaften Portfolios mit Werten, die eine geringe Marktkapitalisierung aufweisen, höhere Renditen als Blue Chips. Diese so genannten Überrenditen bleiben auch bestehen, wenn eine Risikoanpassung der Ergebnisse erfolgt. »Small is beautiful« heißt die Devise. Allerdings kehrt sich der Effekt bei den untersuchten Aktien nach ungefähr fünf Jahren um.

Eine schlüssige Erklärung für den *size effect*, wie das Phänomen auch genannt wird, liegt noch nicht vor. Vermutungen gehen dahin, dass den Investoren aufgrund der dünnen Informationen und des oft illiquiden Handels Überrenditen gezahlt werden müssen.

Wer sein Geld in Nebenwerte steckt, sollte aber nicht nur auf solche statistischen Weisheiten vertrauen. Vielmehr ist es noch wichtiger als bei Big Caps, dass das Investment auf Herz und Nieren geprüft wurde. Der zügige Ausstieg ist schließlich nur schwer möglich, und bei vielen Titeln sind die Transaktionskosten überdurchschnittlich hoch, sodass es sich empfiehlt, von einer »Rein-raus-Strategie« Abstand zu nehmen. Auch vor diesem Hintergrund ist eine sorgfältige Bewertung nötig.

Was bestimmt den Wert?

Der Aktienpreis wird durch Angebot und Nachfrage bestimmt – er ist eben ein Marktpreis. Eigentlich eine banale Aussage, aber der Anleger sollte sie sich immer wieder vor Augen führen, besonders dann, wenn Kurs und Fundamentaldaten in unterschiedliche Richtungen weisen. Gerade bei kleinen Titeln mit geringen Börsenumsätzen helfen kurzfristig die besten Unternehmensdaten nichts, wenn gleichzeitig ein Großaktionär aus anderen Gründen Papiere auf den Markt wirft.

Diese Erfahrung müssen selbst Profis machen, die in anderen Segmenten langjährige Erfahrungen haben. Wenn bei einem SMAX-Unternehmen der Dividendentermin verstrichen ist, dann kann es sein, dass einige Großinvestoren, wie beispielsweise Banken oder Versicherungen, sich von ihren Papieren trennen, egal ob eine Aktie günstig bewertet ist oder nicht.

Langfristig allerdings zeigen die Zahlen des Unternehmens und seine Positionierung am Markt natürlich Kurswirkung. Steht eine Gesellschaft gut da, dann wird die Nachfrage durch die guten Fundamentaldaten angeheizt, der Kurs steigt. Bis Investoren – gerade bei Unternehmen, die mit Informationen sparsam umgehen – dies erkennen, können aber Monate oder gar Jahre vergehen. Geduld ist also angebracht.

Zahlen sind nicht alles – Markt und Manager

»Beim Blick auf die Equity Story ist besonders der USP wichtig.« Eine wunderbare Aussage, oder? In den euphorischen Zeiten des Neuen Marktes und der New Economy musste jeder verstehen, was damit gemeint ist.

> Die *Equity Story* ist die Geschichte, mit der das Unternehmen sich bei Investoren präsentiert und seine Aktien anpreist. Der *USP*, die *Unique Selling Proposition*, bezeichnet das Alleinstellungsmerkmal, mit dem eine Firma sich von ihren Mitbewerbern abhebt.

Ein USP, oder am besten gleich mehrere, verbunden mit einer heißen Equity Story, führte fast automatisch zu einer überdurchschnittlichen Aktienbewertung. Bei jungen Start-ups wurde deshalb von den für Investor Relations Verantwortlichen eifrig an netten Equity Storys gearbeitet, und kein USP war zu abseitig, um nicht als Argument für die eigene Aktie ins Feld geführt zu werden. Der Vorteil der jungen Wilden des Neuen Marktes: Sie konnten lustig drauflosfabulieren, die Unternehmen waren so jung, dass die Vergangenheit oft keinen Aufschluss über die Plausibilität einer Geschichte und eines Alleinstellungsmerkmals gab.

Bei den meisten Nebenwerten, die nicht am Neuen Markt notiert sind, ist dies anders. Es handelt sich dabei um Mittelständler mit jahrzehntelanger Geschichte. Dies macht es dem Investor einfacher, eine Plausibilitätsprüfung durchzuführen. Allerdings sollte sich jeder klarmachen, dass nicht jedes Unternehmen jährliche Umsatzzuwächse im zweistelligen Prozentbereich aufweisen kann und muss. Auch Weltmarktführer muss nicht jeder sein, wobei es aber unter den Nebenwerten in Deutschland mehrere gibt, die sich dieses Etikett mit Fug und Recht anheften können.

Immer sollten Sie beim Blick auf die Unternehmensstory mindestens folgende Punkte abklopfen:

- Wie entwickeln sich die Märkte, in denen die Firma agiert?
- Wie gut sind die Produkte?
- Wie schwer haben es Wettbewerber, Marktanteile zu gewinnen?
- Was ist vom Management zu halten?

Wachstum macht vieles leichter

Grundsätzlich kommt es darauf an, Unternehmen zu identifizieren, die in Märkten unterwegs sind, die zumindest nicht schrumpfen; den Idealfall bilden allerdings Wachstumsmärkte. Wenn der Markt selber immer größer wird, haben es Unternehmen relativ leicht, ihre Umsätze ebenfalls zu steigern und dabei die Profitabilität nicht aus den Augen zu verlieren. Die Firma muss ihren Marktanteil nicht ausweiten, um die Erlöse in die Höhe zu schrauben. Die Jagd nach Marktanteilen ist nämlich oft mit Preiszugeständnissen verbunden. Der Konkurrent wird unterboten, damit er Kunden verliert, nur leider lassen sich die Konkurrenten dies nicht immer gefallen, senken selber ihre Preise, und schon ist der schönste Preiskrieg im Gange. Bei einem Kuchen, der immer größer wird, fehlt der Antrieb zu einem solchen Prozess.

Natürlich bestätigen Ausnahmen, wie immer, die Regel. Selbst wenn ein Markt stagniert, kann eine Firma möglicherweise Boden gegenüber dem Wettbewerb gutmachen: dann nämlich, wenn das Unternehmen entweder mit einem überlegenen Produkt unterwegs ist, mit dem sich das Angebot der Konkurrenz ausstechen lässt, oder wenn sich Kostenvorteile realisieren lassen.

Kostenvorteile sind oft flüchtig

Wenn eine Gesellschaft ihren Produktionsprozess so organisiert hat, dass sie ein nahezu identisches Produkt billiger herstellen kann als ihre Konkurrenten, dann kann sie auch einem Preiskampf gelassen entgegensehen. Wenn die Preisspirale sich nach unten in Bewegung setzt, rutschen die Konkurrenten irgendwann in die roten Zahlen, während der Kostenführer profitabel bleibt. Doch Vorsicht! Kostenführerschaft ist keine Position, die sich auf Dauer halten lässt. Entweder kopiert die Konkurrenz nach einiger Zeit das Produktionsverfahren, oder sie verschlankt ihrerseits die Unternehmensstrukturen.

Produktvorteile prüfen

Deutlich langlebiger sind Vorteile, die auf der Basis überlegener Produkte erzielt werden. Allerdings wird fast jedes Unternehmen von sich sagen, mit besseren Erzeugnissen als andere Firmen aufwarten und diesen Vorsprung auch langfristig behaupten zu können. Bei eingeführten Waren lässt sich dies gut in der Vergangenheitsbetrachtung überprüfen. Wenn ein Produkt über Jahre hinweg eine hohe Bekanntheit erreicht hat und sich auch höhere Preise am Markt durchsetzen lassen als für Konkurrenzerzeugnisse, dann spricht dies oft für seine Güte oder zumindest für gutes Marketing.

Der Schutz vor Nachahmern ist dadurch aber noch nicht gewährleistet. Hier können wirksame Patente das »Abkupfern« erschweren. Hundertprozentigen Schutz liefern sie allerdings nicht. Von großer Bedeutung sind in diesem Zusammenhang die Restlaufzeit und die regionale Ausdehnung der Patente.

Der Blick auf die Entwicklungskosten und die Entwicklungsdauer kann in die Irre führen. Nur weil ein Unternehmen einen hohen Aufwand zur Produktentwicklung betrieben hat und damit möglicherweise jahrelang beschäftigt war, heißt dies noch lange nicht, dass ein Wettbewerber vergleichbare Summen nicht auch in die Hand nimmt und mit höherem Personaleinsatz schneller bei der Produktreife angelangt ist.

Ganz wichtig: die Menschen

Wenn ein Investor die Produktpalette und den Absatzmarkt eines Unternehmens prüft, sollte er nicht vergessen, dass die künftige Entwicklung oft von den handelnden Personen bestimmt wird. Auch sind die Prognosen dieser Personen Teil der Erwartungen, die sich Marktteilnehmer über die Zukunft des Unternehmens bilden.

Es ist deshalb wichtig, sich mit den Akteuren näher zu befassen. Ein Blick in den Lebenslauf ist dabei ebenso anzuraten wie die persönliche Kontaktaufnahme. Gerade bei kleinen Unternehmen ist dies oft ohne größere Probleme möglich. Nicht zuletzt bei Hauptversammlungen von Nebenwerten bieten sich immer wieder gute Gelegenheiten, den Mann oder die Frau an der Spitze des Unternehmens kennen zu lernen. Den dabei gewonnenen persönlichen Eindruck sollten Sie aber mit der Papierform abgleichen. Es besteht nämlich andernfalls die Gefahr, dass die Sympathie nach einem Treffen den Blick für Schwachpunkte dauerhaft trübt. Überspitzt gesagt: Auch einem extrem netten Vorstandschef, der bislang nur einen Lebensmittelladen geführt hat, sollte der Anleger kritisch gegenüberstehen, wenn er plötzlich eine Firma mit mehreren hundert Mitarbeitern leiten soll. Auch ist die Glaubwürdigkeit eines Unternehmenslenkers angekratzt, wenn er in der Vergangenheit bereits durch zu optimistische Prognosen aufgefallen ist. Dann werden die rosigen Versprechungen während oder nach der Hauptversammlung vom Anleger auch mit anderen Augen betrachtet.

Was zeichnet einen guten Manager aus? Er sollte sein Geschäft beherrschen, er sollte Strategien für die Zukunft entwickeln können und gleichzeitig die Bodenhaftung behalten. Die Quadratur des Kreises ist also gefragt. Dabei muss der Vorstandschef diese Fähigkeiten nicht alle selbst beherrschen, er kann sich vielmehr für einzelne Bereiche durchaus personelle Unterstützung an Bord holen. Wenn der Vorstand selbst eher der Visionär an der Spitze ist, dann tut er gut daran, neben sich einen Finanzmann zu installieren, der dafür Sorge trägt, dass auch die Zahlen stimmen und dass nicht vor lauter guten Ideen und viel versprechenden Projekten die Kosten ausufern. Für ein solches Miteinander ist ein gerütteltes Maß an sozialer Kompetenz erforderlich, die sich auch bei der Unternehmensführung und bei der Eingliederung möglicher Übernahmen bezahlt macht.

Beziehen Sie bei der Beurteilung des Managements ins Kalkül mit ein, wie fest die Bindung an das Unternehmen ist. Handelt es sich um ein Mitglied der Gründerfamilie, so können Sie zumindest vermuten, dass der Manager sich nicht Knall auf Fall verabschieden wird. Bei einem angestellten Vorstand ohne eigene Beteiligung am Unternehmen ist eher damit zu rechnen, dass dieser sich »neuen Herausforderungen außerhalb des Unternehmens widmet«, wie es in einschlägigen Presseerklärungen oft so schön heißt.

Die neue Herausforderung des Firmenchefs kann auch Ruhestand heißen. Ein mittelständisches Unternehmen, das stark auf den Chef zugeschnitten ist, steuert schweren Zeiten entgegen, wenn dieser seinen sechzigsten Geburtstag bereits vor Jahren gefeiert hat und kein Nachfolger in Sicht ist. Die Frage an das Unternehmen muss dann erlaubt sein, wie es denn personell weitergehen soll. Erhalten Sie keine befriedigende Antwort, so ist Vorsicht angebracht. Gerade bei kleinen Unternehmen ist die Nachfolgeproblematik oft unübersehbar. Nicht selten tritt eine merkliche Zäsur in der Firmengeschichte an dem Tag ein, an dem der alte Besitzer aussteigt. Bei einer börsennotierten Firma ist dies zwar nicht das Aus für das Unternehmen, aber das operative Geschäft und damit der Kurs können leiden.

Ganz ohne Zahlen geht es nicht

Die Wachstumswerte vom Neuen Markt und von der NASDAQ haben zum Teil ihre eigenen Bewertungskennziffern ins Leben gerufen. Das Discounted-Cashflow-Verfahren hat große Bedeutung gewonnen. Eröffnet es doch die – theoretisch recht ausgereifte – Möglichkeit, die Entwicklung der freien Zahlungsströme eines Unternehmens während seiner gesamten Lebensdauer für die Bewertung zu nutzen. Eine feine Sache bei defizitären Firmen, denen erst in der Zukunft sprudelnde Gewinne prognostiziert werden. Auch die PEG Ratio, die *Price/Earnings to Growth Ratio* also, feierte fröhliche Urstände, da Anleger und Analysten gleichermaßen auf der Suche nach Werkzeugen waren, mit denen sich Unternehmenswachstum bei der Bewertung berücksichtigen lässt.

Bei den klassischen Nebenwerten außerhalb des Hightech-Bereichs tritt Althergebrachtes wieder in den Vordergrund. Der Blick in die Bilanz gewinnt an Bedeutung, auf einmal sind Begriffe wie Kurs-Gewinn-Verhältnis, Buchwert oder Dividendenrendite wieder von Interesse. Dabei gilt es fast immer, die Kennziffern eines Unternehmens mit denen anderer Firmen der gleichen Branche ins Verhältnis zu setzen. Auch der Vergleich mit den Rentabilitätsdaten anderer Anlagealternativen, beispielsweise im Bereich der festverzinslichen Wertpapiere, ist von Bedeutung.

Im Folgenden präsentieren wir die wichtigsten Kennziffern, die auch für kleine Werte relevant sind. Auf Methoden wie das Disounted-Cashflow-Verfahren wollen wir dabei verzichten. Dieser Ansatz sieht vor, dass die so genannten freien Cashflows eines Unternehmens für die gesamte Lebensdauer der Firma geschätzt und dann auf ihren aktuellen Wert, den so genannten Barwert, abgezinst werden. Theoretisch ist der Ansatz zwar relativ ausgereift, praktisch aber gerade für Privatanleger kaum umsetzbar, da das notwendige Datenmaterial in Form von langfristigen Planrechnungen der Unternehmen nicht verfügbar ist. Auch hat die Erfahrung bei Wachstumswerten gezeigt, dass aufgrund der Prognoseunsicherheit gerade für längere Zeiträume die Ergebnisse mit Vorsicht zu genießen sind.

Das gute alte KGV

Über Jahrzehnte war es *die* Kenngröße schlechthin: das Kurs-Gewinn-Verhältnis. Es beschreibt die Relation zwischen dem Kurs einer Aktie und dem Gewinn pro Aktie. Die Idee dahinter: Es vermittelt eine Vorstellung davon, wie viele Jahre lang das Unternehmen den betrachteten Gewinn erwirtschaften muss, um den aktuellen Aktienkurs zu verdienen.

Oft wird anstelle der Abkürzung KGV auch der Begriff PE benutzt, der für *Price/Earnings Ratio* steht und genau dasselbe meint. Das KGV berechnet sich nach der folgenden Formel:

$$\text{KGV} = \text{Aktienkurs} / \text{Gewinn je Aktie}$$

Informationen über beide in dem Bruch enthaltene Größen sind nicht sonderlich schwer zu gewinnen. Der Aktienkurs findet sich im Wirtschaftsteil der Tageszeitung, der Gewinn je Aktie ist ebenfalls in den Statistikteilen vieler Wirtschaftszeitschriften aufgeführt. Er wird ermittelt, indem der Jahresüberschuss eines Unternehmens durch die Zahl der Aktien der Gesellschaft dividiert wird.

Zukunft oder Vergangenheit, das ist eine Frage, über die sich der Kapitalmarkt im Hinblick auf das KGV seit Jahrzehnten streitet – mit wechselnden Antworten. Bis in die zwanziger Jahre des zwanzigsten Jahrhunderts war es fast selbstverständlich, dass mit dem Gewinn aus dem abgeschlossenen Geschäftsjahr gerechnet wurde, schließlich waren nur diese Zahlen sicher. Mitte der Zwanziger setzte dann ein Umdenken ein: An der Börse werde die Zukunft gehandelt, hieß es, deshalb sei auch der künftige Gewinn relevant. Er ist es schließlich, der dem Neukäufer einer Aktie zusteht, die Vergangenheit nützt diesem auf den ersten Blick wenig. Der Börsencrash von 1929 läutete das vorläufige Ende dieser Sichtweise ein. Schon wenige Jahre danach war die Vergangenheit wieder en vogue. Der Pionier des Value-Ansatzes, Benjamin Graham, äußerte in einem gemeinsam mit David Dott verfassten Buch 1934 die Auffassung, zukunftsgerichtete Gewinnbetrachtungen würden zwangsläufig zu Übertreibungen und schließlich zum Zusammenbruch führen. Bis in die fünfziger Jahre hielt sich diese Meinung, dann gewannen die Futuristen wieder die Oberhand.

Heute ist die Zukunft zwar immer noch die entscheidende Größe, in den vergangenen Jahren ist das Pendel aber wieder etwas zurückgeschlagen. In Spitzenzeiten des Neuen Marktes wurde teilweise schon mit dem Gewinn des übernächsten Jahres gerechnet. Inzwischen wird wieder auf die kommende Periode geschaut, auch das laufende Jahr spielt eine Rolle, und der Rückblick auf das abgelaufene Jahr ist zumindest nicht mehr verpönt.

Bei Nebenwerten ist diese Diskussion oft weniger wichtig als in anderen Bereichen. Viele so genannte »Substanzwerte« weisen kein übermäßig hohes Gewinnwachstum auf, Vergangenheitsbetrachtung und Zukunftssicht weichen damit nicht so stark voneinander ab. Allerdings gibt es gelegentlich auch bei Nebenwerten sehr hohe Ergebnisschwankungen, beispielsweise dann, wenn es sich um Turnaround-Titel handelt.

Als *Turnaround* bezeichnet man die Trendwende in der Ertragsentwicklung eines Unternehmens: nach längeren Verlustphasen werden wieder Gewinne erwirtschaftet.

Der für das KGV relevante Gewinn ist nicht unmittelbar aus der Plan-Gewinn-und-Verlust-Rechnung zu übernehmen, vielmehr sind hier Bereinigungen üblich, die die Vergleichbarkeit zwischen einzelnen Unternehmen verbessern sollen. Die wichtigste Kenngröße in Deutschland ist das so genannte DVFA-Ergebnis, welches auf Vorschlägen der Deutschen Vereinigung für Finanzanalyse und Asset Management fußt. Hierbei wird das Jahresergebnis um außerordentliche Aufwendungen und Erträge bereinigt, Gleiches gilt für Gewinnbestandteile, die nicht der Berichtsperiode zuzurechnen sind.

Mit den aktuellen Schätzwerten für das DVFA-Ergebnis eines Unternehmens, der Zahl der Aktien und dem Börsenkurs lässt sich das KGV berechnen. Bei Nebenwerten rangiert es oft in einer Spanne von fünf bis zwanzig.

Als direkte Renditekennziffer ist das Kurs-Gewinn-Verhältnis nur bedingt geeignet. Zwar sagt beispielsweise ein KGV von acht aus, dass beim Kauf einer Aktie zum jetzigen Kurs als Gewinn im kommenden Jahr mutmaßlich 12,5 Prozent des Geldes vom Unternehmen erwirtschaftet werden. Diesen Wert erhält man, indem man den Kehrwert des KGV bildet. Eine Rendite in gleicher Höhe daraus abzuleiten, wäre aber nur vernünftig, wenn die Aktie danach zu einem konstanten Kurs wieder veräußert werden könnte und wenn der Gewinn in voller Höhe ausgeschüttet würde. Beides ist in der Praxis nicht der Fall. Das KGV liefert somit nur eine grobe Richtschnur und eignet sich nur bedingt zum Vergleich mit anderen Anlagealternativen. Häufig wird dennoch davon ausgegangen, als ließe sich die Betrachtung in die Zukunft fortschreiben und damit eine – zumindest gemessen an den Größenordnungen – korrekte Aussage über die Sinnhaftigkeit von Investments treffen.

Im Rahmen einer Vergleichsgruppenbetrachtung können die KGVs verschiedener Unternehmen einander gegenübergestellt werden. Ein relativ niedriges KGV eines Unternehmens ist hierbei ein erstes Indiz für eine mögliche Unterbewertung. Umgekehrt kann ein – im Vergleich zu ähnlichen Unternehmen – hohes KGV ein erster Hinweis auf eine Überbewertung sein. Bei nennenswerten Abweichungen lohnt eine nähere Prüfung.

Auch das KGV eines Gesamtmarktes oder eines Index kann ermittelt werden, indem die KGVs der einzelnen Unternehmen mit ihrer Marktkapitalisierung gewichtet und dann addiert werden. Das Markt-KGV kann dann mit der Rendite anderer Anlageformen, wie zum Beispiel festverzinsliche Wertpapiere, verglichen werden. Steigt deren Rendite, so besteht die Tendenz, dass das Markt-KGV als Reaktion fällt. Darin spiegelt sich die verminderte Attraktivität von Aktien im Vergleich zu Festverzinslichen. Der Kehrwert der Rendite am Rentenmarkt für festverzinsliche Papiere wird auch als Anleihen-KGV bezeichnet.

Bei der Gegenüberstellung einzelner Aktien unter KGV-Gesichtspunkten sollten Sie nicht dem Fehler verfallen, Äpfel mit Birnen zu vergleichen. Der Markt berücksichtigt bei der Kursbildung die Prognosesicherheit der Gewinne. Wenn die Gewinnerwartungen in der Vergangenheit des Öfteren enttäuscht wurden, dann wird sich dies in Kürzungen des KGV niederschlagen. Auch Faktoren, die aus fundamentaler Sicht künftige Gewinnströme zumindest in gleicher Höhe übermäßig unsicher erscheinen lassen, mindern das faire KGV, welches die Marktteilnehmer einer Aktie zubilligen. Als Beispiele sind die Zugehörigkeit zu einer zyklischen Branche oder auch die Abhängigkeit von wenigen großen Kunden zu nennen. Ganz wichtig ist außerdem die Möglichkeit, eine Aktie am Markt wieder problemlos veräußern zu können. Auch die Unternehmensgröße wirkt sich aus: Small Caps haben fast immer ein niedrigeres KGV als ihre großen Brüder. Vergleichen Sie bei einer KGV-Betrachtung also nur Nebenwerte mit Nebenwerten und Blue Chips mit ihresgleichen.

Eine Ausnahme von der Feststellung, dass Nebenwerte meistens ein geringeres KGV ausweisen als hochkapitalisierte Titel, liegt vor, wenn die Kleinen ein starkes Gewinnwachstum vorweisen können. Das KGV ist faktisch schließlich eine Zeitpunktbetrachtung.

Fallbeispiel: Klein, aber expansiv – KGV und Gewinnwachstum

Nehmen wir an, bei einem großen Wert, Unternehmen A, wird im kommenden Jahr ein Gewinn pro Aktie von 1 Euro erwartet. Dieser Gewinn bleibt annahmegemäß in den kommenden Jahren in etwa konstant. Dem gegenüber steht ein Wachstumswert, Unternehmen B, aus einer ähnlichen Branche, für den die Prognosen ebenfalls auf 1 Euro im kommenden Jahr lauten, im darauf folgenden Jahr sollen es aber schon 2 Euro sein und ein weiteres Jahr später sogar 6 Euro pro Aktie.

Wenn beide Aktien einen aktuellen Kurs von 18 Euro haben, beläuft sich ihr KGV im ersten Jahr jeweils auf 18. Schon bezogen auf das zweite Jahr würde Unternehmen A immer noch ein KGV von 18 aufweisen, B aber eines von neun, und mit Blick auf das dritte Jahr würde sich die Relation weiter auf 18 zu drei verschieben. Dieses Missverhältnis würde zu steigenden Kursen des Small Caps führen.

Die Börse nimmt diese Steigerung – wenn sie den Gewinnprognosen glaubt – zumindest teilweise vorweg, sodass A im zweiten Jahr möglicherweise bei 18 notiert, B hingegen bei 24 oder gar 36. Wenn der Wachstumswert B allerdings seine Prognosen nicht erfüllt, hat dies früher oder später einen Kurssturz zur Folge.

Um das Gewinnwachstum in der Bewertung zu berücksichtigen, wurde die *Price/Earnings to Growth Ratio* entwickelt, kurz PEG Ratio. In Deutschland hat sich dafür auch der Begriff des dynamischen KGV eingebürgert, da diese Kennzahl die Wachstumsdynamik von Unternehmen in die Bewertung einfließen lässt und somit nicht mehr nur zeitpunktbezogen ist.

PEG = KGV / durchschnittliches Gewinnwachstum

Das KGV wird wie oben beschrieben ermittelt, beim Gewinnwachstum wird der durchschnittliche Wert der kommenden Jahre zugrunde gelegt, der Zeitraum ist hierbei mit drei oder noch besser fünf Jahren zu wählen.

Die Aussagekraft der PEG Ratio zeigt sich wiederum nur im Vergleich mit anderen Unternehmen. Für wertorientierte Investoren ist diese Kenngröße aber kaum jemals von Bedeutung.

Insgesamt besticht das KGV durch seine Einfachheit. Gerade sie birgt natürlich methodische Schwächen. Zudem kann das Unternehmen den Gewinn nach Steuern kurzfristig vergleichsweise leicht durch Bilanzkosmetik in eine gewünschte Richtung trimmen. Ein Mittel dazu ist beispielsweise eine Änderung der Abschreibungspolitik, wie die Bildung oder Auflösung von Rückstellungen, die Auflösung oder Bildung von stillen Reserven und die Aktivierung gewisser Entwicklungskosten (zum Beispiel nach den International Accounting Standards).

Schließlich ist die internationale Vergleichbarkeit des Jahresüberschusses durch unterschiedliche Steuersysteme beschränkt. Deshalb wird immer häufiger mit dem Gewinn vor Steuern und Zinsen (EBIT) oder dem Gewinn vor Steuern, Zinsen, Abschreibungen und Goodwill Amortisation (EBITDA) operiert. Dennoch erfreut sich das KGV in der Praxis großer Beliebtheit und ist für den Privatanleger eine wichtige Kennziffer.

Der Cashflow als Basisgröße

Da der Gewinn durch vielerlei Bilanzierungsmaßnahmen beeinflusst werden kann, mausert sich der Cashflow, der hier wesentlich resistenter ist, immer mehr zur wichtigen Größe der Unternehmensbewertung. Dahinter verbirgt sich der Zahlungsmittelzu- oder -abfluss bei einem Unternehmen in einem Geschäftsjahr. Der Cashflow gibt oft einen besseren Aufschluss über die Situation als der Gewinn, und er zeigt auch direkter, wie es um die Innenfinanzierungskraft eines Unternehmens bestellt ist, um die Möglichkeit also, Investitionen und Wachstum aus dem laufenden Geschäft heraus zu stemmen.

Der Cashflow ist die Differenz aus Einzahlungen und Auszahlungen einer Periode und lässt sich unter anderem aus der Gewinn-und-Verlust-Rechnung ermitteln. Der Jahresüberschuss wird dabei um Größen bereinigt, die nicht zahlungswirksam sind, das heißt insbesondere um Abschreibungen und Rückstellungen. Das Grundschema zur Berechnung des Cashflows sieht folgendermaßen aus:

	Jahresüberschuss(-fehlbetrag)
+	Abschreibungen auf Gegenstände des Anlagevermögens
–	Zuschreibungen zu Gegenständen des Anlagevermögens
+/–	Veränderungen der Rückstellungen für Pensionen bzw. anderer langfristiger Rückstellungen
+/–	Veränderungen der Sonderposten mit Rücklagenanteil
	Operativer Cashflow

Ähnlich wie beim Gewinn, sieht die Berechnung nach DVFA vor, dass Sondereinflüsse eliminiert werden. Unter dem Strich ist der Cashflow oft höher als der Jahresüberschuss, besonders, wenn ein Unternehmen nicht in der Investitionsphase ist. Analog zum KGV lässt sich aus dem Kurs einer Aktie und dem Cashflow je Aktie (Cashflow des Unternehmens, geteilt durch die Zahl der Aktien) das Kurs-Cashflow-Verhältnis, kurz KCV, bilden. Es ist oft niedriger als das KGV.

Im internationalen Vergleich liegen die Kurs-Cashflow-Verhältnisse der nationalen Gesamtmärkte wesentlich näher beieinander als die KGV-Zahlen. Wie beim KGV, kann auch das KCV einer Aktie mit einer Vergleichsgruppe in Beziehung gesetzt werden. Auch hier gilt: Ein relativ niedriges KCV dient als Indikator für eine mögliche Unterbewertung.

Der stete Blick auf den Cashflow lohnt auch unter einem anderen Gesichtspunkt. Wenn sich herausstellt, dass ein Unternehmen über einen längeren Zeitraum hinweg eine deutlich niedrigere Differenz zwischen Cashflow und Jahresüberschuss als der Rest der Branche aufweist, kann dies ein Indiz dafür sein, dass der Gewinn durch niedrige Abschreibungen und sparsame Zuführungen zu Rückstellungen künstlich hoch gehalten wird. Solche Firmen sehen im KGV-Vergleich dann über Gebühr gut aus, allerdings kommt meistens irgendwann doch das dicke Ende in Form von plötzlich fälligen Sonderabschreibungen. Auch wenn trotz schwarzer Zahlen in der Gewinn-und-Verlust-Rechnung der operative Cashflow über einen längeren Zeitraum hinweg negativ ist, ist eine kritische Prüfung angebracht. Hier kann gleichermaßen (legale) Bilanzkosmetik am Werk sein. Vor allem aber wird ein solches Unternehmen irgendwann in Finanzierungsengpässe geraten, da die liquiden Mittel bei unzureichenden Abschreibungen und Rückstellungen mehr und mehr strapaziert werden.

Das Kurs-Umsatz-Verhältnis

Neben dem Gewinn und dem Cashflow ist der Umsatz eine weitere wichtige Kenngröße für die Entwicklung von Unternehmen und deren Bewertung. Letztlich ist er mittelfristig sogar weniger gestaltungsfähig als der Gewinn, auch wenn sich auf kurze Frist bei vielen Unternehmen Erlöse am Ende des Geschäftsjahres problemlos vorziehen oder verschieben lassen. Das Kurs-Umsatz-Verhältnis (KUV), auch *Price/Sales Ratio* genannt, misst die Relation zwischen Aktienkurs und den Erlösen je Aktie.

KUV = Kurs / Umsatz pro Aktie

Je nach Branche kann das KUV stark variieren. Im Einzelhandel ist es beispielsweise ausgesprochen niedrig, nicht zuletzt deshalb, weil hier auch die Umsatzrendite sehr gering ist. Im Technologiesektor ist das KUV überdurchschnittlich hoch. Dieser Umstand zeigt, dass mit dem KUV letztlich nur eine Hilfsgröße konstruiert wurde, um wieder Rückschlüsse auf das Ergebnis zu ziehen. Im historischen Vergleich ist bislang noch nicht flächendeckend belegt, dass Aktien mit einem niedrigen KUV sich besser entwickeln als solche mit einem hohem KUV. Allerdings haben Untersuchungen in den USA und in Japan statistisch erhebliche Zusammenhänge zwischen Kursentwicklung und KUV ergeben. Für Deutschland stehen solche Ergebnisse bislang noch aus.

Der Nebenwerte-Klassiker: Dividendenrendite

Die Situation ist gerade bei Nebenwerten bekannt: Ein Unternehmen erwirtschaftet Jahr für Jahr konstant gute, vielleicht sogar steigende Gewinne, und dennoch kommt der Kurs nicht aus den Startblöcken. Ein Zustand zum Haareraufen für jeden Investor, der Wert auf steigende Aktienkurse legt! Vielfach vergessen wird allerdings, dass die Rendite einer Aktienanlage sich aus zwei Komponenten zusammensetzt: der Kursentwicklung und der Ausschüttung, sprich der Dividende.

Die Dividende stellt den Teil des Unternehmensgewinns dar, der an die Aktionäre abgegeben wird. Zur Ausschüttung steht der so genannte Bilanzgewinn zur Verfügung. Er ergibt sich aus jenem Betrag, der verbleibt, wenn vom Jahresüberschuss die entsprechenden Summen für die gesetzlichen und andere Gewinnrücklagen abgezogen wurden. Der Anspruch auf Dividendenzahlung in einer bestimmten Höhe entsteht durch den Gewinnverwendungsbeschluss der Hauptversammlung. Jeder Aktionär erhält pro Aktie einen Anteil an der Ausschüttungssumme, der dem Anteil der Aktie am Grundkapital entspricht.

Die Dividendenrendite ist eine wichtige Kennziffer für Aktien, die vergleichsweise hohe Gewinnausschüttungen vorweisen können. Dies sind vor allem Substanzaktien. Wachstumswerte hingegen erwirtschaften oft noch keine Gewinne, oder aber die Gewinne verbleiben komplett im Unternehmen zu dem Zweck, die weitere Expansion zu finanzieren. Die Dividendenrendite ergibt sich aus der Formel

Dividendenrendite = Aktienkurs / Dividende je Aktie

Maßgeblich sind der jeweils aktuelle Aktienkurs und die Dividendenerwartung für das kommende Geschäftsjahr. In Deutschland sind die

Schwankungen der Dividendenhöhe im Zeitablauf vergleichsweise gering. Viele Unternehmen bemühen sich im Zuge der so genannten Dividendenkontinuität, Rückgänge bei der Ausschüttung zu vermeiden. Stattdessen ziehen sie es vor, die freiwilligen Einstellungen in die Rücklagen zu kürzen, wenn die Gewinne rückläufig sind.

Mit der Dividendenrendite hat der Anleger eine direkte Vergleichsgröße zu Investments am Rentenmarkt. Bei Wachstumswerten geht die Dividendenrendite in der Regel gegen Null, für den NEMAX All Share lag sie Anfang 2002 für die erwarteten Dividenden des Geschäftsjahres 2003 bei 0,2 Prozent. Im DAX belief sich der entsprechende Wert auf 2,1 Prozent und im SDAX auf 2,9 Prozent. Einzelne Nebenwerte bringen es hingegen auf Werte zwischen 5 und 10 Prozent. Damit rentieren diese Aktien deutlich besser als Bundesanleihen, die allerdings weniger risikobehaftet sind.

Als Anleger in Aktien mit hoher Dividendenrendite sollten Sie prüfen, wie sicher die Dividendenerwartung tatsächlich ist. Wenn das Ergebnis positiv ist, können Sie seitwärts tendierende Kurse mit relativer Gelassenheit aussitzen. Zumindest bietet eine hohe Dividendenrendite eine gewisse Kursabsicherung nach unten. Bei konstanter Ausschüttung würde der Vorteil gegenüber Festverzinslichen sonst immer größer, was weitere Investoren anlocken und damit der Notierung Rückenwind geben würde. Beim Vergleich mit Aktien, deren Kurse steigen, ist allerdings zu berücksichtigen, dass Sie Kursgewinne außerhalb der auf ein Jahr bemessenen Spekulationsfrist steuerfrei einstreichen können, während bei Dividenden das Finanzamt die Hand aufhält.

Die steuerliche Behandlung von Dividenden hat sich seit 2001 geändert. Da die Unternehmen auf ausgeschüttete Erträge Körperschaftsteuer zahlen müssen, bekamen inländische Aktionäre früher zusammen mit der Dividende eine entsprechende Steuergutschrift ausgezahlt, um eine Doppelbesteuerung zu vermeiden. Denn der Investor musste die Dividende anschließend als Kapitalertrag erneut mit seinem persönlichen Einkommensteuersatz versteuern. Seit 2001 entfällt die Steuergutschrift komplett. Dafür wird beim Aktionär nach dem so genannten Halbeinkünfteverfahren nur noch die Hälfte der Dividende vom Finanzamt zum Ansatz gebracht. Zudem wurde die Körperschaftsteuer bei Unternehmen einheitlich auf 25 Prozent gesenkt, zuvor betrug sie 30 Prozent für ausgeschüttete und 40 Prozent für einbehaltene Gewinne.

Anleger müssen bei Papieren, die eine hohe Dividendenrendite versprechen, die Hoffnung nicht aufgeben, insgesamt besser als der Markt abzuschneiden und dabei auch erkleckliche Kurssteigerungen mitzunehmen. Die US-Investmentbank Prudential hat vor Jahrzehnten eine Top-5-Strategie entwickelt, bei der aus dem Dow-Jones-Index jeweils die fünf Aktien mit der höchsten Dividendenrendite ausgewählt werden. Jedes Jahr wird die Zusammenstellung neu vorgenommen. Im langfristigen Mittel erwies sich diese Strategie als überdurchschnittlich einträglich. Allerdings sollten Sie wissen, dass sie erfolgreich bisher nur mit Standardwerten umgesetzt wurde. Auch auf den DAX angewendet, kann sich die Bilanz der Strategie sehen lassen. Im Beobachtungszeitraum Anfang 1997 bis Ende 2001 fuhren die fünf Aktien eine Rendite von 150 Prozent ein, der deutsche Standardwerte-Index brachte es »nur« auf 80 Prozent. Inzwischen wurden auch diverse Fonds und Zertifikate aufgelegt, die speziell auf Titel mit hoher Dividendenrendite setzen.

Buchwert und Substanz

Der Blick in die Bilanz fördert zuweilen Erstaunliches zutage. Manchmal allerdings verschleiert das Zahlenwerk auf den ersten Blick auch mehr, als es offenbart. In den zwanziger Jahren wurde der faire Unternehmenswert und damit der angemessene Aktienpreis von Analysten und Investoren überwiegend aus der Bilanz abgeleitet – bis der bereits erwähnte Benjamin Graham (vgl. S. 64) mit Nachdruck die These vertrat, nicht aus der Bilanz lasse sich der Unternehmenswert ablesen, sondern am Ertrag. Allerdings war Graham der Ansicht, *vergangene* Erträge seien die entscheidenden Einflussfaktoren. Heute versuchen Kenngrößen wie KGV, KCV, Dividendenrendite oder sogar PEG Ratio, sich dem »fairen Wert« eines Unternehmens zu nähern, indem sie in die Zukunft schauen und versuchen, künftige Gewinnpotenziale zu evaluieren. Die Prüfung der Marktsituation oder der Managementqualität zielen in eine vergleichbare Richtung.

Manchmal reicht es dabei schon aus, sich zu betrachten, was bereits vorhanden ist, anstatt zu fragen, was kommen kann. Bei diesen Überlegungen schleicht sich fast von selbst das Wort »Substanz« ein. Der Substanzwert eines Unternehmens beschreibt den Wert der vorhandenen Vermögensgegenstände abzüglich der vorhandenen Schulden. Nun lässt sich die Sache von zwei leicht unterschiedlichen Richtungen angehen. Sie unterscheiden sich durch die Annahme, ob das Unternehmen fortgeführt oder ob es stillgelegt und zerschlagen wird.

Bei der *Liquidationsannahme* werden die möglichen Verkaufserlöse für die einzelnen Vermögensgegenstände addiert, die Kosten für die Stillegung und die Schuldentilgung werden abgezogen. Der so ermittelte Wert bildet den Liquidationserlös. Er sollte theoretisch als absolute Untergrenze für die Marktkapitalisierung eines Unternehmens gelten. Fällt der Aktienkurs noch weiter, müsste eigentlich automatisch ein Investor auf den Plan treten und das Untenehmen kaufen und zerschlagen.

Bei der *Fortführungsannahme* werden die Vermögensgegenstände zu Wiederbeschaffungskosten bewertet, von denen betriebswirtschaftlich sinnvolle Abschreibungen vorgenommen werden. Von dieser Summe werden die Schulden abgezogen. Letztlich verbirgt sich dahinter die Idee, welcher Preis zu zahlen wäre, um das vorhandene Unternehmen noch einmal in identischer Form zu errichten. Diese Sichtweise wird im engeren Sinn als Substanzwertverfahren bezeichnet. Der so ermittelte Wert liegt in aller Regel über dem Liquidationserlös und nach häufig vertretener Meinung näher am fairen Wert.

Nun sollte man meinen, es sei nichts leichter, als die aktuellen Vermögenswerte der Bilanz zu entnehmen. Dort ist ja jede Maschine, jede Beteiligung, jedes Vorratslager mit einer Zahl ausgewiesen, die der Realität weitgehend entsprechen sollte. Oft ist dies allerdings nicht der Fall, denn die so genannten Buchwerte haben dank stiller Reserven mit der Realität nicht immer viel zu tun.

Stille Reserven liegen vor, wenn der Buchwert aus der Bilanz unter dem tatsächlichen, aktuellen Wert des Unternehmens liegt. Besonders bei Immobilien sind stille Reserven häufig anzutreffen, aber auch Beteiligungen und Wertpapiere sind eine beliebte Quelle stiller Reserven, ebenso wie zu hohe Rückstellungen.

Das deutsche Handelsgesetzbuch (HGB) fördert die Bildung stiller Reserven, da es stark auf Gläubigerschutz und weniger auf eine Darstellung der tatsächlichen Unternehmenssituation abstellt. Das strenge Niederstwertprinzip oder das Vorsichtsprinzip sind Ausdruck dieser Philosophie. Unternehmen nutzen die gesetzlichen Möglichkeiten zur Bildung stiller Reserven vielfach nur zu gern. Auf diese Weise lässt sich der Gewinn in guten Jahren etwas drücken, was die Steuerbelastung positiv beeinflusst. Auch bieten diese Fettpölsterchen in der Bilanz die Möglichkeit, in schlechten

Jahren durch Auflösung stiller Reserven ein etwas besseres Bild bei den Aktionären abzugeben und die Dividende durch außerordentliche Erträge konstant zu halten. Um stille Reserven zu heben, muss ein Unternehmen zum Beispiel unterbewertete Grundstücke veräußern oder Rückstellungen auflösen.

Der externe Betrachter kann stille Reserven oft nur erahnen. Über ihre tatsächliche Höhe lässt sich teilweise ähnlich trefflich spekulieren wie über die Gewinne eines Unternehmens in den kommenden Jahren. Bei Nebenwerten lohnt aber ein Blick auf das Anlagevermögen und vor allem auf darin enthaltene Immobilien. Ihr wahrer Wert in Verbindung mit der vorhandenen Liquidität würde oft allein schon eine höhere Bewertung einiger Small Caps bedingen. Fachleute schätzen, dass Anfang 2002 bei rund der Hälfte aller SMAX-Werte der Liquidationserlös höher gewesen wäre als die Marktkapitalisierung der Titel.

Bei Nebenwerten, die traditionell eher hohe stille Reserven halten, ist der Buchwert eine Größe, die in der Regel sowohl hinter dem Liquidationserlös als auch hinter dem Substanzwert zurückbleibt. Der Buchwert entspricht weitgehend dem bilanziellen Eigenkapital. Er errechnet sich wiederum als Differenz aus dem Vermögen und den Schulden eines Unternehmens, wobei die Wertansätze der Bilanz zugrunde gelegt werden. Das grundlegende Berechnungsschema für den Buchwert lautet:

  Grundkapital
\+ Gewinnrücklagen
\+ Kapitalrücklagen
\+ Bilanzgewinn (bzw. abzgl. Bilanzverlust)
\+ Sonderposten mit Rücklagenanteil
– Anteile Dritter
– Dividendenausschüttung

  Buchwert

Zu beachten ist natürlich, dass der Buchwert bei nichtprofitablen Unternehmen von Periode zu Periode sinkt, da das bilanzielle Eigenkapital durch den Bilanzverlust geschmälert wird. Auch plötzlicher Abschreibungsbedarf auf Bestandteile des Anlage- oder Umlaufvermögens kann den Buchwert blitzartig stark reduzieren.

Eine der interessantesten Kennziffern bei Nebenwerten ist das Verhältnis zwischen der Marktbewertung des Eigenkapitals, also der Marktkapitalisierung, und dem Bilanzansatz des Eigenkapitals. Die Relation wird als Kurs-Buchwert-Verhältnis, KBV, ausgedrückt und auf die einzelne Aktie bezogen:

KBV = Kurs / Buchwert je Aktie

Wer nicht selber rechnen möchte, findet das KBV für viele Aktien in verschiedenen Wirtschaftszeitschriften regelmäßig aufgelistet. Ein KBV unter 1 bedeutet beispielsweise, dass ein Unternehmen unter dem Bilanzwert seines Eigenkapitals gehandelt wird. Zunächst kann dies ein Indiz für eine Unterbewertung der Aktie sein. Es ist nämlich möglich, dass ein Aufkäufer durch Zerschlagung des Unternehmens einen Gewinn macht. Dabei sind die entsprechenden Kosten für solch eine Transaktion zu berücksichtigen, und vor allem sollten Sie als Anleger prüfen, ob die Ansätze einzelner Bilanzpositionen auf der Aktivseite nicht zu hoch sind. Der sonst vorhandene Abschreibungsbedarf würde den Buchwert senken und damit das KBV erhöhen. Auf jeden Fall deutet ein Kurs-Buchwert-Verhältnis unter 1 auf eine negative Stimmung der Investoren hin. Sie glauben, dass in Zukunft entweder operative Verluste zu erwarten sind oder dass erhöhte Abschreibungen nötig sein werden. Eine derartige Gemütslage herrscht zum Beispiel oft bei Turnaround-Kandidaten vor, die mit einem KBV von weniger als 1 gehandelt werden.

Vor allem aber zeigen internationale Zeitreihen, dass niedrige KBV-Werte erhebliche Chancen für den Anleger bieten. Sowohl für die USA als auch für Deutschland liegen Untersuchungen vor, die im langjährigen Mittel eine erhöhte Rendite für Aktien mit niedrigem KBV belegen, ohne dass damit ein signifikant höheres Risiko einhergeht. Ralf Sattler ermittelte in seiner Ausarbeitung zu *Renditeanomalien am Deutschen Aktienmarkt* einen Renditevorsprung gegenüber Aktien mit hohem KBV von rund 10 Prozent pro Jahr. In den USA zeigten einige Studien ähnlich hohe Werte. Der Anleger kann demnach durch die Einbeziehung des KBV in die Aktienbewertung Überrenditen erzielen.

Interview mit Götz Albert, Independent Research

Dr. Götz Albert ist Leiter Research bei Independent Research. Das Frankfurter Unternehmen ist ein bankenunabhängiges Analysehaus mit starken

Fokus auf Small und Mid Caps. Albert, Jahrgang 1966, ist studierter Volkswirt und seit 1999 bei Independent Research tätig. Zuvor war er in der universitäten Ausbildung und in der Beratung beschäftigt.

Warum hat Independent Research als einen Schwerpunkt Small Caps gewählt?

Götz Albert: Durch ein systematisches Research im Bereich der Mid und Small Caps lassen sich noch signifikante Informationsvorteile erreichen, die in Kurschancen umgesetzt werden können. Außerdem hat man hier sehr gute Nachfrage von institutionellen Kunden, da sie zu den Big Caps mit Studien überhäuft werden, aber schon bei den mittelgroßen Werten zu wenig analytische Aussagen vorhanden sind. Neben unserem Research in Big Caps machen wir daher auch ganz bewusst eine breite Coverage von Mid und Small Caps.

Wer sind denn die Kunden, die sich für Ihr Research in dem Bereich interessieren?

Albert: Erstens institutionelle Anleger, die zwar jedes Research dieser Welt bekommen, die aber gerne noch eine zweite, unabhängige Stimme haben. Dazu Investoren, die entweder kein eigenes Research haben oder die selber einen Schwerpunkt haben und zusätzliche Dienstleistungen einkaufen. Außerdem Kunden, die nicht nur Inhalte einkaufen, sondern auch Prozessbeherrschung brauchen, wie zum Beispiel die Füllung von Datenbanken, oder einen speziellen Service. Das kann die telefonische Betreuung sein oder die Überwachung von Portfolios. Auch unser Netzwerk an Kontakten ist natürlich für Kunden tendenziell interessant.

Sehen Sie eine Veränderung des Kundeninteresses an Nebenwerten?

Albert: Nein, nur eine Veränderung, sich auf unabhängiges Research zu orientieren, nachdem viele Marktteilnehmer haben lernen müssen, dass es einen Unterschied zwischen Sell-Side- und Buy-Side-Research gibt.

Wie geht Independent organisatorisch vor – gibt es eigene Analysten für Nebenwerte, oder erfolgt unabhängig von der Unternehmensgröße eine Aufteilung nach Branchen?

Albert: Unsere Analysten sind nach Branchen aufgeteilt. Das macht Sinn, da sich in der Betrachtung von Technologien und den spezifischen Merkmalen einer Branche oft dieselben Fragen stellen, unabhängig von der Größe der Unternehmen. Und für Bewertungsansätze braucht der Analyst sowieso Branchenkenntnis.

Wonach entscheiden Sie, welche Titel überhaupt gecovert werden?

Albert: Wir gucken natürlich immer nach unentdeckten Perlen. Wenn wir meinen, eine gefunden zu haben, dann nehmen wir die auch ins Research auf. Ansonsten ist natürlich entscheidend, wie sehr unsere Kunden sich für die Aktie interessieren. Wenn häufig nach einer Einschätzung dazu gefragt wird, gehen wir natürlich auf die Anregungen und Wünsche unserer Kunden ein. Auch stehen bestimmte Branchen natürlich besonders im Fokus, und diese Titel covern wir dann auch.

Auf welche qualitativen Kriterien achten Sie bei Small Caps in der Analyse?

Albert: Management, Geschäftsmodell, Glaubwürdigkeit, Börsenwilligkeit, Nachhaltigkeit der Entwicklung.

Worin bestehen die Unterschiede zu Standardwerten?

Albert: Es gibt häufig keine Strukturen, die auf den Kapitalmarkt ausgelegt sind. Da fehlt die Investor-Relations-Abteilung, Zahlen stehen nicht detailliert genug zur Verfügung. Kleinere Werte haben häufig Angst, zu viel über das Geschäft zu sagen, da sie befürchten, Konkurrenten schlau zu machen; Mechanismen des Kapitalmarktes sind häufig nicht bekannt, es herrscht Verwunderung darüber, dass eine isolierte Meldung nicht sofort den Kurs bewegt. Die IR-Arbeit ist häufig nicht konstant genug. Da wird einmal etwas gemacht, dann herrscht wieder über Monate Funkstille.

Wenn es ans »Rechnen« geht, welche Kenngrößen sind da bei Nebenwerten besonders relevant?

Albert: Im Prinzip eigentlich die gleichen wie bei Standardwerten. In der Praxis bewegen sich viele kleine Unternehmen aber in Marktnischen und müssen besonders abgeklopft werden. Es kommt auf das Umsatzwachstum an, aber natürlich verbunden mit nachhaltiger Profitabilität im operativen Geschäft. Und immer ein Thema ist die Finanzierungssituation. Ist genügend Eigenkapital vorhanden? Diese Frage ist wichtig. Bei Nebenwerten kommt auch der Aktionärsstruktur größere Bedeutung zu. Wie setzt sie sich zusammen, und ist vor allem der Streubesitz groß genug? Einige kleine Werte haben da immer noch ein Problem mit ihrem geringen Free Float.

Das KGV bei vielen kleinen Werten ist niedrig, steigt aber auch nie, woran liegt das?

Albert: Die Aktien sind häufig zu wenig liquide. Neue Anleger haben da keine Möglichkeit, ausreichend Aktien am Markt zu erhalten. Zudem sind die Aktionärsstrukturen oft sehr starr, auch dies erschwert Neuengagements. Zum Teil sind die Unternehmen einfach auch insgesamt zu klein, bei institutionellen Anlegern fallen sie damit von vorne herein durch den Rost. Und ein ganz wichtiger Punkt ist natürlich das fehlende Research. Das kann zum Teufelskreis werden. Durch ungenügende Coverage fehlt die Aufmerksamkeit, das wiederum schreckt Anleger ab, und so geht das dann immer weiter.

Erleben wir derzeit eine Renaissance von Bewertungsgrößen, wie Kurs-Buchwert-Verhältnis und Dividendenrendite? Wenn ja, warum?

Albert: Diese Renaissance ist ganz klar da. Es wird vor allem wieder mehr auf die Bilanzqualität der Unternehmen geschaut. Die Zukunftsprognosen und die Equity Story treten dabei etwas in den Hintergrund. Die Anleger, aber auch die Analysten reagieren damit auf die zahlreichen Enttäuschungen, die gerade die vielen bunten Storys vom Neuen Markt nach sich gezogen haben. Jetzt stehen viele dieser Unternehmen vor dem Aus. Von den zahlreichen Betrügereien gar nicht zu reden.

Ist nicht bei vielen Nebenwerten die Bilanz mit stillen Reserven interessanter als die Gewinn-und-Verlust-Rechnung?

Albert: Das stimmt schon. Stille Reserven sind bei Nebenwerten schon wichtig und auch häufiger zu finden. Aber der Blick allein in die Bilanz ist auch nicht sinnvoll. Am Kapitalmarkt kommt es ja letztlich schon darauf an, dass Finanzmittelströme generiert werden, die entweder zu Ausschüttungen oder zur Steigerung des Unternehmenswertes führen. Wer nur auf stille Reserven schaut, kann auch eine Immobilie kaufen, die einen hohen Substanzwert hat und dafür kaum Ertragswert. Aktien sind immer über ihre Ertragschancen interessant, und die sollten auch einschätzbar sein. Das gilt auch für Small Caps.

Wo sehen Sie im Allgemeinen die größten Schwächen bei deutschen Small Caps?

Albert: Eine entscheidende Achillesferse ist und bleibt die Kapitalmarktkommunikation. Es fehlt manchmal der echte Wille, sich dem Kapitalmarkt tatsächlich zu öffnen und einen Blick in die Firma zuzulassen. Häufig sind die Firmen noch zu sehr ihrer Denke aus alten GmbH-Zeiten verhaftet. Die Transparenz ist mangelhaft, aber ich will darüber gar nicht zu laut klagen, schließlich ist das wiederum positiv für das Research. Durch einen systematischen Ansatz lassen sich in einer solchen Situation besonders gut Informationsvorteile erreichen.

Was sind die Stärken der »Kleinen«?

Albert: Es gibt einfach viele interessante Werte aus den verschiedensten Branchen. Hier sind zum Teil kaum bemerkt Weltmarktführer unterwegs, und das in durchaus viel versprechenden Branchen. Diese Marktführerschaft geht einher mit recht ansehnlichen Gewinnen. Dabei sind viele klassische Nebenwerte nicht erst seit gestern am Markt, die kennen ihre Branche wie ihre eigene Westentasche. Diese Erfahrung ist selbstverständlich eine ganze Menge wert. Auch sind viele Nebenwerte weniger anfällig für Konjunkturschwankungen. Gar nicht mal nur auf der Absatzseite, vielmehr ist es auch so, dass die Kostenstrukturen oft flexibler sind als bei Großunternehmen. In einer Phase stagnierender oder schrumpfender Umsätze ist es dann für die Small Caps leichter, ihre Kosten anzupassen.

Glauben Sie, dass sich mit Nebenwerten Überrenditen erzielen lassen?

Albert: Da habe ich überhaupt keinen Zweifel dran. Gerade wegen der Intransparenz lassen sich bei Nebenwerten Überrenditen erzielen. Man muss sich aber intensiv mit den Werten beschäftigen und auf das richtige Research zurückgreifen.

Ist es für Privatanleger überhaupt sinnvoll, in Small Caps zu investieren?

Albert: Ja, wenn sie sich auf die Werte beschränken, die sie verstehen oder aus eigener Anschauung kennen oder über die sie Research haben. Aber Vorsicht: Nur weil man zum Beispiel Gartenfan ist und gerne Gardena-Geräte nutzt, sollte man nicht zu nah an die Aktie rücken und sich in sie »verlieben«, weil man dann kein Auge mehr für schlechte Nachrichten hat. Es ist immer nötig, eine gewisse Distanz zu »seinen« Aktien zu haben. Alles andere trübt den Blick und führt zu Fehlentscheidungen. Gerade bei Nebenwerten ist die Gefahr groß, sich in einen Exoten zu verbeißen. Wer aus Zeitgründen nicht selber Werte aussuchen möchte, kann aus guten Nebenwertefonds wählen, die in der Regel für eine gute Performance stehen, wenn sie ein Management haben, das gutes Nebenwerte-Research hat, zum Beispiel von Independent Research. Um hier auch mal ein wenig Eigenwerbung zu machen.

Die Informationsbeschaffung

Informationen sind beim Investment in Smal Caps, wie bei jeder Geldanlage, der Schlüssel zum Anlageerfolg. Nur wenn Sie sich ein klares Bild über die gesamtwirtschaftliche Lage, die Situation in speziellen Branchen und last but not least die Entwicklung bei Einzelunternehmen gemacht haben, ergibt sich die Chance, Unternehmen mit attraktiven Kursen zu identifizieren. Doch an die notwendigen Informationen heranzukommen, ist nicht immer ganz einfach. So wirkt auf der einen Seite die Fülle der Publikationen geradezu erschlagend, auf der anderen Seite scheinen einige Nebenwerte unter Ausschluss der Öffentlichkeit in ihrer Nische herumzuwerkeln.

Für Sie als Anleger bedeutet dies zum einen, dass Sie die Fülle der Informationen auf das Wesentliche herunterbrechen müssen, und zum anderen heißt es, Quellen für die oft spärlich gesäten Unternehmensdaten ausfindig machen. Die Qualität der Informationen ist dabei zum Teil sehr unterschiedlich.

Informationen aus der Hand des Unternehmens

Erste Anlaufstelle für Unternehmensdaten ist nahe liegender Weise die Firma selbst. Doch damit fangen oftmals die Probleme schon an. Noch immer scheinen einige der Führungsköpfe die Zeichen der Zeit nicht erkannt zu haben. Stattdessen versuchen sie, ihre Anteilseigner mehr oder weniger diplomatisch abzuspeisen. Doch bleiben Sie hartnäckig. Es ist Ihr gutes

Recht, über die Firma, in die Sie Ihr Geld gesteckt haben, informiert zu werden. Dass andererseits gewisse Informationen aufgrund gesetzlicher Vorschriften oder ansonsten geschäftsschädigender Wirkung nicht herausgegeben werden können, ist ebenfalls logisch.

Doch an der Art und Weise, wie das Unternehmen mit Ihrem Informationsbedürfnis umgeht, können Sie schon die Grundeinstellung ablesen. Wird die Bitte als lästig angesehen, gibt es kaum Informationen, fühlt sich niemand in der Firma für die Betreuung der Aktionäre zuständig, dann können Sie davon ausgehen, dass andere potenzielle Geldgeber eher einen Bogen um die Firma machen. Schließlich ist die Anzahl der um Ihr Geld konkurrierenden Unternehmen nicht gerade klein. Ein Investment in solche Firmen ist nur anzuraten, wenn Sie beispielsweise persönlich ein Interesse an der Miteigentümerschaft haben oder von einer Änderung der Informationspolitik in der Zukunft ausgehen.

Oftmals lässt ein unprofessioneller Umgang mit den Anteilseignern befürchten, dass im gesamten Unternehmen Organisationsschwierigkeiten bestehen. Warum sollte es den Kunden besser ergehen als den Aktionären?

Unternehmensberichte

Ein Blick in den Geschäftsbericht ist vor dem Investment in Nebenwerte geradezu ein »Muss«. Hier können Sie sich, wenn auch nur stichtagsbezogen, ein Bild von der Solidität der Bilanz und von der Ertragskraft des Unternehmens machen. Auch der im Geschäftsbericht enthaltene so genannte Lagebericht dürfte von Interesse sein.

Die Geschäftsberichte vieler Unternehmen können Sie entweder bei den Firmen selbst oder über externe Quellen beziehen. Zum Beispiel gibt es im Internet über www.financial.de die Möglichkeit, Daten von einigen Unternehmen zu ergattern. Bei den kleineren Werten dürfte jedoch meist kein Weg an einem direkten Telefonat mit dem Unternehmen vorbeiführen.

Der Geschäftsbericht kann allerdings nur einen ersten Eindruck vom Unternehmen vermitteln, liegen doch zwischen dem Tag des Jahresabschlusses und der Veröffentlichung des Geschäftsberichtes mehrere Monate. Hilfreich können deshalb auch die für SMAX-Werte vorgeschriebenen Quartalsberichte sein. Mit ihrer Hilfe können Sie auch im Jahresverlauf die Entwicklung des Unternehmens im Auge behalten. Bei kleineren Firmen dürfte die Suche nach unterjährigen Veröffentlichungen aber meistens scheitern.

Unternehmensbroschüren

Manche Firmen veröffentlichen mehr oder weniger regelmäßig Imagebroschüren oder Mitarbeiterzeitungen. Auch wenn diese Publikationen oftmals nicht direkt für den Aktionär gedacht sind, können Sie hieraus meist interessante Informationen beziehen. So gibt es Berichte über einzelne Projekte, Großaufträge oder spezielle Probleme in der Firma. Gerade für jemanden, der größere Geldsummen in die Hand nehmen will, kann sich der Mehraufwand lohnen. Allerdings dürfte die Suche nach solchen Berichten gerade bei kleineren Unternehmen nicht selten vergebens sein.

Der direkte Draht

Bei unseren Ausführungen zum Geschäftsbericht haben wir es schon angesprochen: Scheuen Sie sich nicht, das Unternehmen direkt zu kontaktieren. Die meisten der SMAX-Firmen verfügen über eine Investor-Relations-Abteilung, die den Kontakt zu ihren Anteilseignern pflegen soll. Bei kleineren Firmen dürfte der Vorstand zum Teil direkt das Ruder in die Hand nehmen. Auch wenn hier der Informationspolitik, beispielsweise durch Insiderrechtsbestimmungen, Grenzen gesetzt sind, kann doch das Gespräch mit einem Unternehmensvertreter so manche Meldung in einem anderen Licht erscheinen lassen. Zudem bekommen Sie oftmals noch den einen oder anderen zusätzlichen Hinweis, um sich ein umfassendes Bild von der Situation des Unternehmens machen zu können. Für die Unternehmen des SMAX bekommen Sie Adressdaten und Ansprechpartner beispielsweise über die Internetseite der Deutschen Börse www.smax.de.

Berichte der Fachpresse

Klar, dass die Informationen direkt aus dem Unternehmen die Lage der Firma meist in rosaroten Farben darstellen. Viele sehen sich als technologisch führend, gut positioniert und den Mitbewerbern um eine Nasenlänge voraus. Doch nur die wirklich gut positionierten Firmen dürften auf Dauer für frohe Mienen bei den Anlegern sorgen. Ein Blick in die einschlägige Fachpresse kann deshalb hilfreich sein. Losgelöst vom Aktienumfeld, werden hier oft Branchentrends begutachtet und Marktführer herausgestellt. Meist erscheint hier eine Firma schon in einem anderen Licht. Für eine Standortbetrachtung der Technologie können sich also entscheidende Erkenntnisse ergeben. Zudem pfeifen in den marktbeobachtenden Branchenblättern oft die Spatzen schon Probleme vom Dach, während die Börsianer noch die Nachtigall hören. Je nach Geschmack und Anlagezielen kann die Lektüre etwa der VDI-Nachrichten oder der Computerwoche so manchen heißen Tipp ergeben.

Nicht zu unterschätzen ist die Wirkung der Finanzpresse auf das Image und die Kursentwicklung einer Aktie. Angesichts der zunehmenden Zahl der notierten Unternehmen und des begrenzten Umfangs der einschlägigen Publikationen fällt es gerade kleinen Unternehmen immer schwerer, sich einen Platz in der überregionalen Presse zu erkämpfen. Für Sie als Anleger bedeutet dies: Zu den größeren Unternehmen und den meisten Vertretern des SMAX findet sich eine laufende Berichterstattung in den Tagesblättern, wie *Handelsblatt*, *Financial Times Deutschland*, *Frankfurter Allgemeine Zeitung* oder *Die Welt*. Das Gleiche gilt für Magazine wie *Börse Online*, *Focus Money*, *Die Telebörse* oder *Der Aktionär*. Je nach Geschmack sollte, wer am Ball bleiben möchte, zumindest eine der genannten Publikationen regelmäßig lesen. Wer jedoch Informationen auch über kleinere Unternehmen sucht, stöbert in diesen Blättern oftmals vergeblich. Hilfreich kann hier das *Nebenwerte-Journal* sein, das sich gezielt mit zum Teil relativ unbekannten Firmen beschäftigt. Ansonsten bleibt oft nur ein Blick ins Internet.

Informationsquelle Internet

Gerade bei Nebenwerten ist das Internet oftmals ein unverzichtbarer Fundort für die notwendigen Informationen im Vorfeld und während eines Investments. So tummelt sich inzwischen eine Vielzahl der Firmen mit eigenen Homepages im weltweiten Netz. Neben einer Vorstellung des Unternehmens gibt es dabei oft gleich Geschäftsberichte oder Analystenreports zum Download. Via E-Mail können Sie meist direkt mit der zuständigen Investor-Relations-Abteilung Kontakt aufnehmen. Sinnvoll ist es auch, das Internet über eine Suchmaschine, zum Beispiel www.google.de, nach weiteren Unternehmensinformationen zu durchsuchen.

Oftmals wird der Nutzer dann auf Informationsanbieter wie www.vwd.de oder www.dgap.de (Deutsche Gesellschaft für Ad-hoc-Publizität) oder aber auch www.gsc-research.de verwiesen. Hier finden sich aktuelle Veröffentlichungen einer Vielzahl notierter Unternehmen. Gewinnschätzungen oder Statistiken gibt es unter anderem bei www.ariva.de und www.onvista.de. Doch gerade bei den Informationen zu kleineren Unternehmen ist oftmals Vorsicht beim Genuss der Daten angebracht. Zum einen gibt es zum Teil nur wenige Schätzungen, die beispielsweise in Gewinnvorhersagen einfließen, zum anderen ist es geradezu unmöglich, Änderungen der Einschätzungen jeweils umgehend in die Veröffentlichungen einfließen zu lassen. Im Nachhinein können sich so gewisse Verzerrungen ergeben. An der Seriosität der oben genannten Quellen gibt es dabei kaum etwas zu rütteln, das schützt natürlich nicht vor Fehleingaben und sonstigen Irrtümern. Eine gewisse Vorsicht ist deshalb stets angebracht, Plausibilitätsüberlegungen helfen oft weiter. Gegebenenfalls sollten Sie die Information mit anderen Quellen abgleichen.

Einem ganz anderen Kaliber stehen Sie als Investor bei den so genannten Boards, den Treffpunkten im Internet, gegenüber. Hier können Interessierte ganz nach Belieben Informationen und Anregungen über Einzelwerte oder Branchen austauschen. Beliebt sind dabei insbesondere www.consors.de, www.finanztreff.de und www.wallstreet-online.de. Vorsicht ist aber angebracht. Vermeintlich heiße Informationen dürften sich oftmals als reine Luftnummern herausstellen. Nutzen doch einige User die Boards gezielt, um Stimmung für oder gegen bestimmte Werte zu machen – zum einen, weil sie die Papiere im eigenen Depot haben, zum anderen aber auch, weil sie gerne billig an Stücke herankommen möchten. Da gerade bei Nebenwerten die Umsätze an der Börse oftmals ausgesprochen gering sind, lassen sich auf Kosten gutgläubiger Mitbürger die Kurse oft erheblich beeinflussen. Ein größeres Maß an Wahrheit können Sie dabei auch dann nicht erwarten, wenn mehrere User bei einem Wert in das gleiche Horn stoßen. Oft nutzt ein und derselbe Anwender gleich mehrere Pseudonyme, um sich so die Bälle selbst zuzuspielen. Sie müssen aber auch damit rechnen, dass sich einige User zu einer Art Syndikat zur Marktbeeinflussung zusammenfinden.

Die Schwierigkeit bei der Beurteilung der in den Boards gehandelten Informationen besteht darin, dass sich unter ihnen auch immer wieder wahre finden, und diese sind für die Akteure oftmals bares Geld wert.

Übrigens: Wer wissentlich falsche Informationen ins Netz stellt, macht sich strafbar. Die Bundesanstalt für Finanzdienstleistungsaufsicht versucht, gegen solche Fälle vorzugehen, auch die Staatsanwaltschaft kann mit eingeschaltet werden. Noch allerdings sind die Erfolgschancen bei einer Ermittlung bedauerlicherweise gering, da es für gewiefte Nutzer zahlreiche Möglichkeiten gibt, sich zu tarnen. Vorsicht bei »heißen Informationen aus dem Netz« ist also stets angebracht.

Der Blick in die Röhre

Noch vor wenigen Jahren wurden Börsenthemen bei den Fernsehanstalten eher als Randnotizen gesehen. Inzwischen hat sich hier ein deutlicher Wandel vollzogen. Mit *Bloomberg*, *n-tv* und *N24* tummeln sich gleich mehrere Informationssender, die sich ein reichhaltiges Programm über die Finanzmärkte auf die Fahnen geschrieben haben. Doch auch hier gilt leider, was schon für die Printmedien gesagt wurde: Über die großen notierten Werte und auch die Vertreter des Neuen Marktes gibt es reichlich Informationen, schwieriger sieht es aber bei den Nebenwerten aus, was allerdings auch nicht verwundert. Schließlich dürften sich für die einzelnen Werte jeweils nur wenige Anleger interessieren, eine Veranstaltung in einem Massenmedium verspricht da meist nicht die große Spannung.

Doch ergibt sich die Möglichkeit, die Köpfe eines als interessant erachteten Small Caps im Fernsehen zu sehen, so sollten Sie unbedingt davon Gebrauch machen. Selbst wenn viele der Vorstände durch Medientraining auf derartige Situationen vorbereitet werden, kann sich jeder doch so ein Bild von der Glaubwürdigkeit und Überzeugungskraft des Managements machen. Schließlich lernen Sie auf diese Weise die Menschen kennen, denen Sie Ihr Geld anvertrauen. Informationen über die Programme finden sich auf den Internetseiten www.Bloomberg.de, www.n-tv.de und www.N24.de.

Professionelles Research

Wenn die Profis Hand an einen Bericht über ein Unternehmen legen, ergibt das eine Studie, die auf wenigen Seiten die Stärken und Schwächen eines Unternehmens sowie die Situation der Branche beleuchtet. Doch auch diese Studien selbst haben noch so einige Schwächen. So gelingt es nur wenigen Nebenwerten, eine oder mehrere Banken davon zu überzeugen, die Coverage, sprich die Beobachtung, aufzunehmen. Hintergrund ist, dass die Umsätze bei vielen Papieren so niedrig sind, dass es sich für Banken oftmals schlicht nicht lohnt, eine Studie zu erstellen. Analysen gibt es dann meist nur eine gewisse Zeit nach einem Börsengang von den Vertretern des Konsortiums oder aber bei den SMAX-Werten vom Designated Sponsor.

Bei beiden ist aber von einer gewissen Befangenheit auszugehen, sodass es nicht verwundert, dass im Markt fast nur Kaufstudien herumgeistern. An der Verbreitung von Verkaufsempfehlungen haben sowieso die wenigsten Analysten ein Interesse, machen sie doch nur Sinn, wenn der Leserkreis auch tatsächlich Papiere des betrachteten Wertes hält.

Da Banken oft nicht zu einer Studie überredet werden können, bedienen sich manche Unternehmen einer Auftragsstudie, für die Erstellung der Unterlage fließt also direkt Geld an den »Begutachter«. Damit aber ist die Unabhängigkeit der Analyse gefährdet. Ist doch zu befürchten, dass das Unternehmen nur ungern für eine Verkaufsempfehlung Geld in die Hand nimmt. Die Quelle einer Empfehlung sollte also stets unter die Lupe genommen werden.

Doch auch wenn eine Bank einen Bericht über die Firma erstellt, ist dem Kleinanleger noch nicht unbedingt geholfen. Oftmals kommt er nicht so ohne weiteres an die Unterlage heran, wohingegen diese den guten, meist vermögenden Kunden auf dem Silbertablett überreicht wird. Nachdem sich sämtliche Interessenvertreter positioniert haben, darf dann auch das gemeine Volk Einblick nehmen und nach Möglichkeit, bei einer Kaufstudie, dem Wert auf die Sprünge helfen. Meist gibt es auch eine abgespeckte Version für die Presse, die zusätzlichen Schwung in die Bewegung bringen kann.

Manche Unternehmen stellen druckfrische Studien auch über ihre Internetseite dem breiten Publikum zur Verfügung, was absolut lobenswert ist. Kann doch so das Informationsgefälle zwischen institutionellen Investoren und den weniger gut betuchten Anlegern verringert werden. Auffällig ist allerdings, dass der Elan der Informationsverbreitung meist bei schlechtem

Research deutlich abebbt. Lassen Sie sich also nicht blenden, wenn auf der Unternehmensseite nur Kaufstudien zu finden sind. Ein Stöbern in anderen Quellen erscheint zur Absicherung ratsam.

Damit sind aber noch nicht alle möglichen Probleme beleuchtet. So sind auch die in den Studien selbst getroffenen Vorhersagen kritisch zu betrachten. Klar ist, dass Prognosen stets das Risiko der Fehleinschätzung beinhalten. Doch davon losgelöst ist es gut, zu wissen, dass die Zahlen, mit denen die Analysten arbeiten, meist aus dem Unternehmen stammen. Aufbauend auf diese Planung, werden dann Auf- oder Abschläge vorgenommen, je nach Einschätzung der Marktentwicklung und Positionierung. Die grobe Richtung wird damit aber in der Regel nicht mehr geändert. Schließlich sollte niemand ein Unternehmen besser kennen als die Unternehmensspitze selbst.

Eine besondere Problematik ergibt sich beim Börsengang. Auch hier werden im Vorfeld der Platzierung Studien erstellt, die neben der Markteinschätzung eine Prognose der Geschäftsentwicklung beinhalten. Hierauf fußend wird dann in der Regel mittels des so genannten DCF-Verfahrens eine Unternehmensbewertung vorgenommen. Je positiver die prognostizierte Geschäftsentwicklung in der Zukunft erscheint, umso höher wird der Unternehmenswert angesetzt.

Vor einem Börsengang buhlen aber meist mehrere Banken um die Gunst des Emittenten. Ein gewichtiges Argument für die Vergabe des Mandats an ein Institut ist dabei der von dessen Vertretern berechnete Unternehmenswert. Die Gefahr einer zu positiven Einschätzung der Geschäftsentwicklung liegt somit in der Natur der Sache. Dies ist natürlich kein spezielles Problem der Nebenwerte, Sie sollten es aber auch bei diesen nicht aus den Augen verlieren. Die positive Einschätzung der Konsortialbanken setzt sich übrigens, wie bereits weiter oben angeführt, nach der Notierungsaufnahme meist fort. Wenn Sie Research-Material in die Hände bekommen, sollten Sie also zunächst stets das Verhältnis der Quelle zum betrachteten Unternehmen prüfen.

Der Verkaufsprospekt

Bei der Platzierung von Aktien kann der mögliche Investor noch auf weiteres Informationsmaterial zurückgreifen. So ist ein je nach Segment mehr oder weniger umfangreicher Verkaufsprospekt zu erstellen. Diesen sollten Sie vor jeder Investitionsentscheidung gründlichst unter die Lupe nehmen. So finden sich hier nicht nur Formalien, wie Name und Sitz der Gesellschaft. Interessant sind darüber hinaus beispielsweise die Angaben über die Kapitalverhältnisse der Firma, die Höhe des gezeichneten Kapitals, die Aktionärsstruktur und Kapitalmaßnahmen in der Vergangenheit.

Von besonderer Bedeutung ist auch die Herkunft der zu platzierenden Aktien. Die Kernfrage lautet hier: Stammen sie vollständig aus einer Kapitalerhöhung, oder verabschieden sich Altaktionäre in größerem Stil von Papieren? Grundsätzlich gilt hierbei: Je weniger Papiere aus dem Besitz der bisherigen Eigner stammen, umso besser. Schließlich verfügen diese meist über ein recht gutes Bild über den Zustand der Firma, und wenn diese »Insider« verkaufen, dann sollten Sie sich fragen, warum *Sie* kaufen sollten.

Im Verkaufsprospekt finden sich auch Angaben zu den Personen in Vorstand und Aufsichtsrat. Diese werden ergänzt durch Informationen zum Tätigkeitsgebiet und zur Positionierung der Gesellschaft sowie zu Patenten und besonderen Vereinbarungen. Legen Sie ein besonderes Augenmerk auf Ausführungen zu etwaigen Gerichtsverfahren, denn hier zeigen sich oftmals Probleme, beispielsweise bei der Verwertung von Patenten oder in den Beziehungen zu Kunden oder Lieferanten.

Von besonderer Bedeutung ist die Rubrik »Risikohinweise«. Hier sollten Sie sich Zeit gönnen und die Angaben sorgfältig unter die Lupe nehmen. Es finden sich zum Beispiel Abhängigkeiten von Großkunden oder Lieferanten oder aber auch Anfälligkeiten gegenüber Währungsveränderungen.

Daneben gibt es allerdings auch Hinweise, die zur reinen Absicherung der Banken und des Unternehmens gegen haftungsrechtliche Ansprüche hineingenommen werden. So finden sich regelmäßig Angaben zum »Fehlen eines öffentlichen Marktes« oder zu der Gefahr, dass Kurse nicht nur steigen, sondern auch fallen können.

Die Betrachtung der Kursentwicklung

Neben Unternehmens- und Brancheninformationen wäre es ganz schlicht schön, den Kurs der Aktie zu kennen. Das mag vielleicht banal klingen, wenn Sie an Aktien wie diejenigen von DaimlerChrysler oder Allianz denken. Deren Kurse finden sich in sämtlichen Zeitungen. Bei vielen Nebenwerten sieht die Welt allerdings anders aus, gerade, wenn die Papiere beispielsweise nur im Telefonhandel den Besitzer wechseln können.

Zunächst sind im Internet die Kursentwicklungen der Papiere in den Segmenten Amtlicher Handel, Geregelter Markt und Freiverkehr problemlos bei Informationsanbietern wie www.finanztreff.de oder www.wallstreet-online.de abzurufen. Daneben bieten auch die Direktbanken, wie zum Beispiel www.comdirect.de oder www.consors.de, kostenlos Kursinformationen an. Für die Werte des Telefonhandels stellen www.veh.com und www.schnigge.de Kurse, wobei zum Teil nur Geld- oder nur Briefkurse beziehungsweise Taxen zu finden sind.

> *Taxen* sind ohne Handel geschätzte Kurse.

Bei den Printmedien finden sich in praktisch sämtlichen überregionalen Tageszeitungen ausführliche Kurslisten. Wichtig bei außerbörslichen Kursen ist es zu wissen, dass oftmals Papiere von den kursstellenden Handelsbanken in den eigenen Bestand genommen werden. Die Aussagekraft der Kurse ist damit eingeschränkt, zu beachten ist auch, dass teilweise die Handelstiefe fehlt.

Interview mit Klaus Hellwig, *Nebenwerte-Journal*

Das *Nebenwerte-Journal* erscheint 2002 bereits im zehnten Jahrgang. Als einzige Zeitschrift in Deutschland widmet es sich bei monatlicher Erscheinungsweise ausschließlich Nebenwerten des deutschen Aktienmarktes. Das Spektrum reicht vom MDAX über den SMAX bis zu Titeln, die in keinem Index enthalten sind, und umschließt auch Werte des Freiverkehrs und des außerbörslichen Handels. In erster Linie private, aber auch zunehmend institutionelle Anleger informieren sich im *Nebenwerte-Journal* über mehr als 300 deutsche Aktiengesellschaften, über die regelmäßig berichtet wird. Im Jahr 2001 wurden 334 Unternehmen vorgestellt. Unter der Chefredaktion des Gründers Klaus Hellwig, der sich seit rund zwanzig Jahren mit Nebenwerten befasst, werden Informationen für aktive, eigenständig entscheidende Anleger geliefert, die überwiegend als Abonnenten regelmäßige Leser sind.

Die Adresse lautet:

Nebenwerte-Journal
Haferweg 13
44797 Bochum
E-Mail: nebenwerte@aol.com
Internet: www.nebenwerte.de

Wie hat sich das Interesse an Nebenwerten und damit auch an ihrem Journal in den letzten Jahren entwickelt?

Klaus Hellwig: In den letzten Jahren haben wir in der Tendenz eine positive Entwicklung gesehen. Ende der neunziger Jahre lag die Zahl der Abonnenten bei 2 500, im Zuge des boomenden Neuen Markts, aber auch bedingt durch Eigentümerwechsel, in deren Umfeld keine Werbung mehr für das 1993 ins Leben gerufene Magazin gemacht wurde, war die Entwicklung rückläufig. Seitdem ist aber wieder ein steigendes Interesse festzustellen.

Worauf führen Sie diese Entwicklung zurück?

Hellwig: Im Bewusstsein der Anleger wird wieder deutlich, dass, abgesehen von Übertreibungsphasen, die meist relativ kurz sind, eine zweistellige Rendite über Jahre hinweg schon wirklich gut ist. Es war natürlich leicht, im Jahr 1999 eine Verdoppelung des Einsatzes zu ereichen, wenn man auf die richtigen Werte gesetzt hat. Doch dies hatte nichts mit der fundamentalen Entwicklung zu tun, sondern lag daran, dass sich bestimmte Fondsmanager gezielt zusammengesetzt haben beziehungsweise die Anleger von der Gier getrieben wurden. Eine langfristige Anlage, die den Unternehmen die Chance zur Entwicklung gab, fand praktisch nicht statt.

Für wen ist der Kauf von Nebenwerten interessant?

Hellwig: In erster Linie für diejenigen, die nicht dauernd auf Kauf- oder Verkaufssignale zum Beispiel mittels Charts schielen, sondern die Anlage langfristiger sehen. Die Märkte sind inzwischen gerade bei Wachstumswerten so volatil geworden, dass man bei diesen Werten den Kursverlauf praktisch permanent verfolgen muss. Ich habe eher den Ansatz von Warren Buffett, ich kaufe nur das, was ich verstehe. Wer zum Beispiel Gerry Weber oder Boss im Kleiderschrank hat, kann sich ganz anders mit dem Unternehmen beschäftigen. Grundsätzlich ist dabei zu sagen, dass auch hierbei das Depot maximal zehn Titel umfassen sollte.

Wie kann der Anleger an notwendige Informationen gelangen und welche sollte er nutzen?

Hellwig: Informationen über das aktuelle Geschehen sollte der Anleger über das Internet abrufen, beispielsweise über die Seiten der Comdirect. Für die Bewertung der Informationen gerade bei Nebenwerten dient dann unser Magazin. Die Informationen sind dabei nicht auf kurzfristige Entwicklungen aus, vielmehr sollen langfristige Tendenzen aufgezeigt werden. Ansonsten ist es nicht so einfach, an spezielle Informationen durch die Tageszeitungen oder über das Internet zu kommen. Es gibt zwar viele notierte Werte an der Börse, die Umsätze sind aber jedoch meist gering, sodass auch das Interesse der Medien an Veröffentlichungen zu diesen Titeln meist gering ist. Oft ist es mit einiger Arbeit verbunden, an die notwendigen Informationen zu kommen.

Halten Sie Internet-Boards als Informationsquelle für interessant?

Hellwig: Es sind sicher nicht nur Pusher am Werk, aber die Zahl derjenigen, die gehaltvolle Beiträge liefern, ist doch sehr begrenzt. Es lohnt sich meist nicht, sich durch die ganzen Postings zu kämpfen, nur um an ein paar gute Informationen zu kommen.

Wie kann die Qualität der Informationen abgeschätzt werden?

Hellwig: Man kommt nicht darum herum, sich intensiv mit den Unternehmen zu beschäftigen. Eigentlich können Sie niemandem, der ihnen Informationen gibt, im Vorwege trauen. Gerade bei den InternetBoards wird einem zum Teil angst und bange, wenn man sieht, was dort gepostet wird. Allerdings sind diese Boards ganz gut geeignet, um ein Gefühl für die Stimmung für einen Wert zu bekommen. Grundsätzlich sollte jedem klar sein, dass niemand Informationen ohne Eigennutz zur Verfügung stellt.

Besteht nicht stets die Gefahr, dass bei kleinen Unternehmen der außenstehende Anleger einen großen Informationsnachteil hat, der sich auch negativ auf seine Performance auswirkt?

Hellwig: Eindeutig ja, weil diese Unternehmen nur über ihre Gewinnentwicklung und ihre Marktpositionierung zu bewerten sind. Ein Teil der Unternehmen hat auch gar kein Interesse daran, Geld für die Öffentlichkeitsarbeit oder für die Zugehörigkeit zu einem Index in die Hand zu nehmen. Einmal im Jahr bei der Hauptversammlung wird dann die schlechte Kursentwicklung beklagt, aber keiner der Vorstände oder der Aufsichtsräte wird danach bezahlt, wie der Aktienkurs ist. Da gibt es ja in der Regel keine Optionspläne. Der Privatanleger hat deshalb nur die Chance, sich bei Unternehmen zu beteiligen, die gute Gewinne machen und eine positive Gewinnentwicklung haben. Dennoch muss einem klar sein, dass sich diese Werte nicht zu High-Flyern entwickeln, die kurzfristig 30 oder 40 Prozent zulegen werden. Die Rechnung sieht anders aus: Dividendenrendite 5 bis 8 Prozent. Wenn dann der Gewinn pro Jahr um 10 bis 20 Prozent zulegt, haben wir über die Jahre meist auch eine entsprechende Kursentwicklung. Mehr ist nicht drin, dafür ist aber auch das Risiko niedriger.

Wie bekommen Sie die Informationen für Ihr Magazin?

Hellwig: Ich beschäftige mich seit rund 20 Jahren mit Nebenwerten. Durch diese lange Zeit bestehen natürlich zahlreiche Kontakte in die Branche. Hierzu gehören auch kleinere Vermögensverwalter sowie Abteilungen in den Banken, die sich mit Nebenwerten beschäftigen. Das *Nebenwerte-Journal* hat keine große Redaktion mit Finanzjournalisten, sondern das Magazin wird mit freien Mitarbeitern erstellt, die in der Regel Aktionäre der betrachteten Unternehmen sind und die Gesellschaften seit Jahren kennen. Aber alles, was in dem Heft erscheint, ist vorher über meinen Schreibtisch gegangen.

Worauf sollte der Anleger im Verkaufsprospekt besonders achten?

Hellwig: Im Grunde genommen kann aus den Verkaufsprospekten kaum etwas Genaues gewonnen werden, auch, wenn auf meist achtzig Seiten die Chancen und Risiken ausführlich dargestellt werden. Ein reiner Formalismus, der dem Anleger wenig bringt. Zudem dürfte sich kaum ein Anleger die Mühe machen, den Prospekt von vorne bis hinten durchzulesen.

Wie kann die Qualität des Vorstands abgeschätzt werden?

Hellwig: Wenn möglich, sollte man zur Hauptversammlung gehen, um sich dort ein Bild vom Vorstand zu machen. Oft kann dann auf die Arbeitsweise im Unternehmen geschlossen werden. Aber auch öffentliche Auftritte, zum Beispiel im Fernsehen, können hilfreich sein. Ansonsten ist es besonders wichtig, dass die Prognosen auch erfüllt werden. Hierdurch kann Vertrauen bei den Anlegern geschaffen werden.

Wie kann man sich ein Bild von der Qualität der Produkte machen?

Hellwig: Das ist meist schwierig, man kann sich eigentlich nur darauf verlassen, was der Vorstand selbst über die Produkte schreibt. Wurde hier die Unwahrheit veröffentlicht, so wird dies früher oder später ans Licht kommen. Die Lektüre von Wirtschaftszeitungen ist hierfür aber unablässig. Am besten ist es natürlich, wenn man selber etwas von der Materie versteht und so die Informationen besser einordnen kann.

Ist nicht die Gefahr von gezielten Kursbeeinflussungen durch Informationen bei Nebenwerten besonders groß, und wie kann sich der Anleger davor schützen?

Hellwig: Ein Schutz ist im Grunde nicht möglich. Wichtig ist einfach, dass der Anleger die Informationen auf Plausibilität abklopft. Es gilt das, was oben schon einmal angeführt wurde. Niemand wird Informationen ohne einen gewissen Eigennutz zur Verfügung stellen.

Was ist für Sie der Anlass, um über ein Unternehmen zu schreiben?

Hellwig: Wir schreiben über das, was wir für interessant erachten. Dabei versuchen wir eine laufende Berichterstattung über die Unternehmen zu gewährleisten. Das heißt, das *Nebenwerte-Journal* informiert immer wieder über die Firmen, die weiter für betrachtenswert gehalten werden. Anlass kann zum Beispiel die Aufnahme neuer Geschäftsfelder oder die Veröffentlichung der Zahlen sein.

Dürfen Sie selbst Papiere der Firmen halten, über die Sie schreiben?

Hellwig: Wir alle, die wir für das *Nebenwerte-Journal* arbeiten, haben in der Regel Aktien der Gesellschaften, über die wir schreiben. Wenn man nicht selber am Aktienmarkt tätig ist, sondern ihn nur von außen beobachtet, kann man oft all das, was dort passiert, gar nicht richtig einschätzen. Das *Nebenwerte-Journal* ist kein Tipp-Dienst, die Informationen dienen ja für die längerfristige Anlage. Es werden fundamental getriebene Einschätzungen zu den Unternehmen gegeben, und jeder Leser kann dann für sich entscheiden, ob er der Argumentation folgt oder anderer Meinung ist.

Sehen Sie den SMAX als Erfolg?

Hellwig: Eigentlich nicht. Es heißt zwar immer, wer im SMAX ist, wird auch von Analysten und Fondsmanagern stärker beobachtet. Doch eigentlich ist das Ganze mehr als Marketingveranstaltung zu sehen.

Bekommen die Nebenwerte durch die Auflage von Fonds eine größere Bedeutung?

Hellwig: Die Fonds haben dazu geführt, dass Nebenwerte mehr in die Öffentlichkeit getragen werden. Schon heute kann bei einigen Nebenwerten festgestellt werden, dass dort Fonds eingestiegen sind. Die Kursentwicklung in diesen Titeln wäre nur mit Privatanlegern, die zwar zahlreich sind, deren Volumina aber meist gering ausfallen, nicht möglich gewesen. Eigentlich nichts anderes als dass, was wir beim Neuen Markt gesehen haben. Die Volatilität in diesen Titeln wird dadurch deutlich zunehmen.

Kapitel 4

Die Akteure an der Börse

Privatanleger

Seit dem Börsengang der Deutschen Telekom 1996 hat sich das Anlageverhalten der Bundesbürger schlagartig geändert. Auf einmal interessierten sich viele, die bisher nur einen weiten Bogen um Aktien schlugen, für Produktivkapital. Der erfolgreiche Start des Neuen Marktes 1997 tat ein Übriges. Breite Schichten sammelten ihre mühsam angesparten Groschen zusammen, um sie an die Börse zu tragen.

Doch bei aller Begeisterung für den Aktienmarkt sind die Deutschen im Grunde genommen Börsenmuffel geblieben. So waren die Anteilsscheine vor einigen Jahrzehnten hierzulande noch wesentlich begehrter als in den neunziger Jahren. Zur Jahrtausendwende besaßen »nur« rund 20 Prozent der über Vierzehnjährigen Aktien, allerdings nur 10 Prozent davon direkt. Der übrige Teil überließ die Anlageentscheidung lieber Profis. Mit diesen Kennzahlen rangiert Deutschland deutlich hinter den USA oder auch Großbritannien.

Dementsprechend dürftig fällt die Aktionärsstruktur aus. Keine 20 Prozent der Shares werden von Privaten in Deutschland gehandelt. Wesentlich größere Akteure am Kapitalmarkt sind Unternehmen oder aber auch die Banken und Versicherungen.

Welches Gewicht der Kleinanleger dennoch in die Waagschale werfen kann, zeigte sich beim Neuen Markt. Zunächst wurde dieses Segment von den Profis gemieden. Allgemein hieß es, eine Börse für kleine Wachstumswerte nach dem Vorbild der amerikanischen NASDAQ könne in Deutschland gar nicht funktionieren. Doch als in den ersten Jahren des Neuen Markts Werte wie Mobilcom oder auch EM.TV für Furore sorgten und den Anlegern der ersten Stunde reiche Ernte bescherten, entdeckten zunehmend die Profis das Segment und taten zielsicher das ihrige, um die Bewertungsblase mit Luft zu füllen.

Trotz der aufkeimenden neuen Aktienkultur in Deutschland um die Jahrtausendwende geriet nur eine geringe Anzahl an notierten Werten in den Fokus der Anleger. Lediglich die Wachstumstitel und natürlich die Standardwerte wurden gesucht, der überwiegende Teil der rund 1 000 notierten einheimischen Unternehmen aber verharrte mangels Beachtung und aufgrund der damit einhergehenden deutlich schlechteren Bewertung im Abseits.

Hier liegt auch die Crux: In Boomphasen sieht man die großen Standardwerte und die einschlägigen Technologievertreter nach oben galoppieren, während die Small Caps wie tot am Boden liegen. Frustriert schmeißt dann der eine oder andere Anleger seine lahmen Papiere auf den Markt, um den vermeintlichen Siegertypen hinterherzulaufen – mit der Folge zusätzlichen Drucks auf die Notierung der Nebenwerte. Dreht aber die Entwicklung, feiern die Small Caps Triumphe, während die vorherigen High-Flyer in Katerstimmung verfallen.

Die Anlagepolitik

Warum sind Investmentfonds so beliebt? Hierfür gibt es natürlich mehrere Gründe, unter anderem die folgenden:

- Profis wird eine bessere Performance zugetraut.
- Man muss sich als Privatanleger nicht selbst um die Zusammensetzung seines Depots kümmern.
- Man besitzt nicht genügend Wissen über und Erfahrung mit Aktien.

Damit aber ist der Zug des Geldes vorprogrammiert, nämlich vorbei an den Nebenwerten. Eine Beobachtung, sprich Coverage, der kleinen Gesellen macht aufgrund der geringen Wertpapierumsätze wenig Sinn, gesucht werden stattdessen liquide Titel, bei denen der Einstieg ebenso problemlos verlaufen kann wie der Ausstieg.

Lediglich einige wenige, auf Nebenwerte spezialisierte Fonds mit im Vergleich zu den Schlachtschiffen der Investmentzunft meist nur geringem Kapital investieren gezielt in Small Caps. Aber auch hier ist Vorsicht angebracht. Wie schon angeführt, sind die Umsätze in den Nebenwerten oftmals gering, ein größerer Player im Markt kann sich somit über einen gewissen Zeitraum die Performance selbst zaubern, indem er sukzessive den Kurs durch weitere Käufe nach oben treibt. Irgendwann jedoch hat dieses Vorgehen ein Ende, die Folge sind oft schmerzliche Verluste bei der Veräußerung der Positionen und damit einhergehend Rückschläge beim Fondspreis.

Damit aber bleiben die Nebenwerte unverändert nur bei einer kleinen Anlegerschicht im Fokus, vor allem bei

- Mitarbeitern der Firmen,
- Aktionären mit regionalem Bezug,
- Familienangehörigen, die diese Papiere geerbt haben,
- Aktionären mit Sonderinteressen,
- Spezialisten.

Dass die Mitarbeiter, oft über Beteiligungsmodelle zugleich Mitgesellschafter, ein besonderes Interesse an der Firma haben, liegt auf der Hand. Ähnliches gilt für den regionalen Bezug, unter dem Motto »Was ich kenne, kaufe ich auch«. Nur aus diesen Schichten allein sind aber kaum besondere Impulse für Nebenwerte abzuleiten.

Mehr Leben können da schon Aktionäre mit Sonderinteressen bringen. Zu nennen sind hier zum Beispiel die Hauptversammlungsfüchse, die die »Naturaldividende«, sprich Essen und Trinken und oftmals besondere Anreize zu genießen wissen. Zu denken ist dabei unter anderem an Brauereiaktien wie Holsten oder Spirituosenfabrikanten wie Berentzen. Hierdurch erfährt die Schicht möglicher Interessenten für die Aktie eine erste Erweiterung, doch richtig Stimmung kann bei den Papieren dabei meist noch nicht aufkommen. Nun schlägt die Stunde der Spezialisten.

Nebenwerte als Tummelplatz der Spezialisten

Wie bereits gesagt, sind in Deutschland rund 1 000 Aktiengesellschaften börsennotiert (ohne ausländische Freiverkehrswerte). Nur ein Bruchteil davon wird überhaupt öffentlich wahrgenommen. Wie aber aus der Fülle der möglichen Investments die vermeintlich lukrativen heraussuchen? Das hängt natürlich von der individuellen Anlagestrategie ab. Folgende Ziele sollen dabei näher untersucht werden:

- Hohe Dividendenrendite,
- Trading-Chancen,
- High-Flyer von morgen.

Turnaround- oder Übernahmespekulationen sowie weitere Sonderfälle werden wir an anderer Stelle in diesem Buch unter die Lupe nehmen.

Anlagekriterium Dividendenrendite

Das Investment in Aktien soll vor allem eines bringen: Geld. Dabei setzt sich die Rendite einer Anlage in Produktivkapital vor allem aus den Größen Ausschüttungen, sprich Dividende, sowie Kursgewinnen zusammen. Bei Wachstumswerten wird regelmäßig die Ausschüttung bei der Betrachtung nahezu vollständig ausgeklammert. Das Argument ist dabei, dass die Gesellschaft das Geld wohl lukrativer anlegen kann als der Aktionär.

Anders jedoch sieht es bei reiferen Unternehmen aus. Hier liegt der Fokus je nach Unternehmenstyp mehr oder weniger stark auf der Dividende. Mögliche Kursgewinne werden nur noch als Sahnehäubchen aufgefasst.

Wenn Sie die interessanten Werte herausfiltern, sollten Sie nicht nur auf die aktuelle Dividendenrendite schielen. Wichtig ist vor allem die Frage, wie nachhaltig die Ausschüttung ist. Besonders hohe Zahlungen in einzelnen Jahren aufgrund von Jubiläen oder Sonderkonjunkturen allein können nicht wirklich auf Dauer für frohe Mienen bei den Aktionären sorgen.

Wichtig ist die Betrachtung des Geschäftsmodells. Meist sind die aus diesem Blickwinkel untersuchten Gesellschaften nicht gerade Wachstumsmeister, dafür operieren sie in reiferen Märkten oder Nischen und können seit Jahren stabile oder, besser noch, leicht steigende Erträge vorweisen.

Das Aufspüren der viel versprechenden Werte kann somit in zwei Stufen erfolgen:

1. Suchen Sie zunächst die Werte aus Magazinen oder Zeitschriften heraus, die eine hohe Dividendenrendite aufweisen.

2. Prüfen Sie anschließend die Nachhaltigkeit der Gewinnerzielung der Gesellschaft und damit die Kontinuität der Ausschüttung.

Hierzu ist ein Blick in die Historie der Unternehmen unverzichtbar. Meist finden sich im Geschäftsbericht Übersichten über die Entwicklung der vergangenen fünf oder zehn Jahre. Wenn sich nicht gerade ein Strukturbruch in den beackerten Geschäftsfeldern ergibt, können Sie hoffen, dass sich die Entwicklung in der Zukunft ähnlich fortsetzen kann.

Interessant sind auch Werte, die über Jahre hohe Gewinne und Ausschüttungen erwirtschaftet haben, nun aber ein außergewöhnlich schlechtes Jahr aufs Parkett gelegt haben. Hier sollten Sie prüfen, inwieweit sich die Wettbewerbsposition der Gesellschaft verschlechtert hat, sodass sich die negative Entwicklung fortzusetzen droht. Ist nur von einem einmaligen Ausrutscher aufgrund einer Sondersituation auszugehen, kann ein attraktiver Anlagekandidat gefunden sein.

Das Schielen auf die Dividendenrendite bringt nur selten überdurchschnittliche Renditen. Dafür aber sollte auch das Risiko geringer sein. Oftmals scheint die Kursentwicklung sich mehr an den Zinsen denn an der generellen Börsenstimmung zu orientieren.

Trading-Chancen

Eine andere Variante, um nicht gerade Supergewinne, aber immerhin doch wieder ein paar Euro nebenbei einzufahren, ist das Ausnutzen von Trading-Chancen. Hierbei wird nicht auf eine längerfristige Entwicklung gesetzt, sondern gezielt versucht, normale Schwankungen eines Wertpapiers auszunutzen.

So fällt bei einigen Nebenwerten auf, dass sie sich über Jahre hinweg in einem bestimmten Kursband bewegen oder zumindest auf einem gleich bleibenden Niveau die Notierung regelmäßig wieder nach oben dreht. Diese Kursbewegungen können gezielt genutzt werden, teilweise kann angesichts der oftmals nur geringen Umsätze eine Trendwende mit relativ wenigen Stücken selbst eingeleitet werden.

Wie können aber nun interessante Werte identifiziert werden? Zunächst bleibt Ihnen nichts anderes übrig, als kräftig Arbeit zu investieren. So sollten Sie einzelne Aktien per Chartbetrachtung auf typische Kursverläufe oder regelmäßige Bodenbildungen hin überprüfen. Hilfreich sind dabei Internetseiten wie www.comdirect.de oder www.consors.de, auf denen Sie zumindest Drei-Jahres-Charts bekommen können. Noch weiter in die Vergangenheit zu schauen, kann weitere Erkenntnisse bringen und dies sollte, falls möglich, genutzt werden. Leider sind die Daten oftmals nicht so leicht zu bekommen.

Haben Sie mit dieser Technik viel versprechende Werte gefunden, so gilt es anschließend, die weitere Kursentwicklung genau im Auge zu behalten. Dabei hat es sich gezeigt, dass weniger oft mehr ist, sprich, die Anzahl der für diese Transaktionen zu beobachtenden Werte sollte nicht zu groß sein. Zehn Unternehmen gelten schon als absolute Obergrenze.

Nun wird laufend betrachtet, ob ein Wert als günstig oder teuer einzuschätzen ist, sich also am unteren oder am oberen Ende des Kursbandes bewegt. Geistert der Wert im Kurskeller herum, wird gekauft, danach ist es in der Regel sinnvoll, mehrere Monate zu warten; am oberen Ende des bisherigen Kurskanals wird dann wieder verkauft. Sind die Umsätze sehr gering, wird also beispielsweise tagelang keine einzige Aktie bewegt, so können Sie umgehend mit einer limitierten Verkaufsorder versuchen, die Stücke wieder an den Mann zu bringen. Aber Achtung: Die Bankkosten sollten immer mit in die Kalkulation einfließen. So berechnen viele Institute Limitgebühren, wenn eine Order nicht ausgeführt wird. Zudem können Mindestgebühren ebenfalls die Rendite verhageln. Die Konzentration auf etwas liquidere Werte kann ein wenig Abhilfe schaffen.

> Eine *limitierte Verkaufsorder* wird nur dann ausgeführt, wenn der Kurs die angegebene Grenze erreicht. Der Verkauf erfolgt zum gewünschten Kurs oder besser.

Oft dauert es Monate oder gar Jahre, bis sich bei einem Wert eine Kauf- oder Verkaufsgelegenheit ergibt. Dies ist kein Grund, nervös zu werden. Manchmal ist einfach Geduld erforderlich. Vor einer Transaktion sollten Sie aber kurz abschätzen, ob sich das Umfeld für die betrachtete Aktie gravierend verändert hat, sodass eine Neueinschätzung fällig ist. In diesem Fall sollten Sie bei negativen Vorzeichen lieber die Finger von dem Wert lassen, bei positiven können Sie durchaus die Position auch bei Erreichen des gesetzten Zielkorridors beibehalten.

Sind Sie eine Position am unteren Ende eingegangen und ist die Aktie weiter auf Südkurs, sollten Sie eventuell zügig die Reißleine ziehen. Die ersten Verluste sind oftmals die geringsten.

Die High-Flyer von morgen identifizieren

Während bei den zuvor genannten Strategien die Gewinnerwartung begrenzt ist, soll bei der Suche nach den High-Flyern von morgen deutlich mehr Geld herausspringen. Auf der anderen Seite ist hier aber auch das Risiko deutlich größer, daneben zu liegen. Zwei verschiedene Varianten sollen betrachtet werden:

- gezielt Wachstumswerte von morgen identifizieren,
- innerhalb einer Branche unterbewertete Unternehmen erkennen.

Gerade bei den kleineren Firmen wirken sich einzelne Produktentwicklungen oder Branchentrends deutlich stärker aus als bei den Dinosauriern des Marktes. Ist doch die Produktvielfalt in der Regel erheblich niedriger, und auch von Diversifikation ist meist keine Spur zu finden. Dies birgt natürlich besondere Risiken: Werden nämlich einzelne (Technologie-)Entwicklungen verschlafen, steht schnell das gesamte Unternehmen auf der Kippe.

Gelingt jedoch eine bedeutende Innovation, so winken den Eignern der frühen Stunde kräftige Kursgewinne. Nun ist es für Außenstehende natürlich nicht leicht, abzuschätzen, inwieweit das Unternehmen viel versprechende Produktentwicklungen in der Hinterhand hat. Helfen kann aber ein Blick in den Geschäftsbericht. Vielleicht finden sich Anhaltspunkte für interessante Forschungsthemen. Ist dies der Fall, dann heißt es, dranzubleiben und sich gegebenenfalls wiederholte Male beim Unternehmen über den aktuellen Stand der Dinge zu informieren.

Auch Fachblätter, wie *Computerwoche* oder die *VDI-Nachrichten*, können auf interessante Entwicklungen bei kleineren Unternehmen aufmerksam machen, daneben natürlich Börsenbriefe und Anlegermagazine. Doch wenn diese Lunte gerochen haben, kann die Aktie meist schon ein größeres Stück gekrabbelt sein.

Nicht zu unterschätzen ist auch das Know-how, das der Anleger selbst zum Beispiel aus seinem Beruf mitbringt. Sind Sie etwa Informatiker, so fällt es Ihnen sicher leichter, neue Tendenzen der Entwicklung ausfindig zu machen; jetzt heißt es aber, auch Ausschau zu halten, wer bei der Verwirklichung von Lösungen in diesem Bereich eine interessante Ausgangsstellung eingenommen hat. Auch hier ist meist die Konzentration auf wenige Branchen, in denen eine besondere Expertise aufgebaut werden kann, sinnvoll.

Aber nicht nur das Herausfiltern von neuen Produktentwicklungen und speziellen Branchentrends kann satte Gewinne versprechen, ebenso können Werte aufgrund ihrer geringen Bekanntheit Kursaufschwünge der anderen Vertreter der Zunft verschlafen.

Fängt also eine ganze Branche an zu laufen, so sollten Sie den Kurszettel nach bisher vernachlässigten Werten durchsuchen. Ist es oft doch nur eine Frage der Zeit, bis auch andere Anleger erkennen, dass sich eine Bewertungsdiskrepanz zwischen dem betrachteten Unternehmen und der übrigen Klientel aufgetan hat.

Mit anderen Worten: Wenn Sie bei bestimmten Werten von einem künftig zunehmenden Interesse vonseiten anderer Investoren ausgehen können, dann tun Sie gut daran, sich frühzeitig zu positionieren. Die in der Regel geringe Liquidität der Small Caps führt für sich schon meist zu einem Bewertungsabschlag. Kommt dann Leben in den Kurs, kann die Aktie in kurzer Zeit kräftigere Entwicklungen nach oben durchlaufen. Die Chance ist umso größer, je mehr heiße Eisen das Unternehmen im Feuer hat.

Wer also als Unternehmen unverändert in seiner angestammten (wachstumsschwachen) Branche ohne größere Investitionen herumwerkelt, wird es schwer haben, ein High-Flyer von morgen zu werden. Anders sieht es aus, wenn neue Geschäftsfelder erschlossen werden sollen oder das Unternehmen über einen im Vergleich zu den Mitbewerbern deutlich besser gefüllten Topf für Forschung und Entwicklung verfügt.

Ein Blick auf die Anlageprinzipien

Das Feld der Small Caps ist ausgesprochen weit gefächert. Vorbörsliche Beteiligungen können ebenso hierunter gefasst werden wie Unternehmen mit einem Umsatz von mehreren hundert Millionen Euro.

Dennoch sollten einige Anlagegrundsätze stets beachtet werden. Small Caps weisen oftmals gegenüber anderen Segmenten des Kapitalmarktes eine deutlich schwächere Kursdynamik auf. Dies kann gezielt genutzt werden. In Aufschwungphasen sollten dann nur ausgesuchte Sonderfälle in den Anlagefokus rücken. Wird das Klima rauer, eignen sich viele Werte aber als gute Überwinterungsstätten.

Gemein ist fast allen Werten das geringe Anlegerinteresse, was in der Regel nur schwache Umsätze an der Börse nach sich zieht. Dies bedeutet, dass größere Orders oftmals nur über einen längeren Zeitraum platziert werden können, meist auch nur mit Kurszugeständnissen.

Gerade dann, wenn Sie auf einmal dringend Geld brauchen, kann es also schmerzlich sein, wenn Sie die Stücke nur mit deutlichen Kursabschlägen unters Volk bringen können. Was grundsätzlich für die Anlage von Geldern an der Börse gilt, nämlich dass das eingesetzte Geld entbehrlich sein muss, ist bei Nebenwerten erst recht oberstes Gebot. Auf der anderen

Seite sollte sich die Freude in Grenzen halten, wenn während des unlimitierten Kaufens über mehrere Tage die Aktie schon kräftig zu steigen anfängt. So manchem Zeitgenossen scheint dabei nicht klar zu sein, dass er im Zweifelsfalle selbst für den Kursanstieg verantwortlich ist.

Sie sollten deshalb in der Regel Käufe und Verkäufe nur limitiert erteilen. Zu beachten ist dabei, wie bereits angeführt, welche Gebühren die Banken in Rechnung stellen. Zum einen werden von vielen Instituten Limitgebühren verlangt, wenn die Order nicht zum Zuge kommt, zum anderen kann die Mindestgebühr als Spaßbremse fungieren. Gerade wenn auch jede Teilausführung wieder mit der Mindestgebühr belegt ist, verwandelt sich ein vermeintlich lukratives Geschäft unversehens in eine Transaktion zur Aufbesserung der Profitabilität der Hausbank.

In diesem Fall sollten Sie das eine oder andere Mal lieber die Finger von einer Order lassen. Daneben kann die Einrichtung eines weiteren Depots bei einem anderen Kreditinstitut mit freundlicheren Konditionen wahre Wunder bewirken.

Auch die Depotgebühren spielen bei Nebenwerten oftmals eine wichtigere Rolle als bei Standardwerten, da häufig, je nach Anlageverhalten, mehrere kleine Positionen gehalten werden. Da die meisten Banken einen Mindestbetrag je Depotposten in Rechnung stellen, können hier mühelos erkleckliche Sümmchen zusammenkommen. Um also kein böses Erwachen zu erleben, sollten Sie die Gebühren zuvor abklopfen. Einige Banken, wie zum Beispiel die Citibank, verzichten völlig auf Depotgebühren.

Interview mit Einstein

Zahlreiche Board-User kennen das Pseudonym »Einstein«, doch wer sich dahinter verbirgt, ist so gut wie niemanden bekannt. Kurz nach dem Börsencrash 1987 kaufte Einstein mit einer längerfristigen Strategie Aktien von Unternehmen, die er näher kannte, nicht ohne Erfolg. Inzwischen hat er seine Anlagestrategie geändert. Seit einigen Jahren schmücken mehrere Monitore sein Wohnzimmer, *vwd* und *Reuters* bringen aktuell neueste Nachrichten in die Wohnung, und via Onlinehandel versucht Einstein als Day-Trader, aus kleinsten Kursschwankungen Profit zu schlagen. Seine Handelsstrategie ist inzwischen zu 80 Prozent auf Nachrichten und Gerüchte ausgerichtet. Einstein hat nach dem Abitur eine Lehre zum Industriekaufmann absolviert und anschließend einen Ingenieurstudiengang belegt. Seit 1998 lebt er vollends vom Eigenhandel. Das Interview liefert Hintergründe zu den verschiedenen Sichtweisen als Value-Anleger und als Day-Trader.

Wie sind Sie auf Ihre erste Aktie gestoßen?

Einstein: Ein Arbeitskollege hat mich auf die Idee gebracht, 1987 nach dem Crash Aktien zu kaufen. Er meinte, dass es ein guter Zeitpunkt für Aktien sei. Ich habe damals dann 2 500 D-Mark in Philips investiert und innerhalb kürzester Zeit 500 D-Mark verdient. Es schien so, als wenn man an der Börse relativ leicht Geld verdienen könnte.

Nach welchen Kriterien kaufen Sie heute Aktien?

Einstein: Charttechnik ist auf jeden Fall sehr wichtig, heute kaufe ich aber ansonsten weitgehend nach Gerüchten oder Meldungen.

Wie bekommen Sie die notwendigen Informationen?

Einstein: Ich habe praktisch sämtliche Börsenbriefe im Abo, daneben *FAZ, Handelsblatt*, *Die Welt*, *Focus Money* und so weiter, aber auch *vwd* und *Reuters*.

Welche der Informationsquellen halten Sie für besonders wichtig?

Einstein: Renommierte Börsenbriefe, wie beispielsweise der *Platow Brief*, daneben aber vor allem auch Informationen direkt aus dem Unternehmen. Aber auch hier ist oft größte Vorsicht angesagt, teilweise ist selbst diesen Informationen nicht voll zu trauen.

Welche Besonderheiten gibt es beim Kauf von Nebenwerten?

Einstein: Je nachdem wie liquide der Wert ist, sind die Unterschiede teilweise kaum vorhanden. Es sollte aber auf jeden Fall mit Limit gearbeitet werden. Bei größeren Stückzahlen lege ich eine so genannte »Eisberg-Order« in den Markt, das heißt eine größere Order, die aber immer nur zum Teil an den Markt kommt und deren Stückzahl automatisch immer wieder aufgefüllt wird. So ist die wahre Größe einer Order im XETRA-Handel nicht zu sehen.

Welchen Anlagehorizont sollte man mitbringen?

Einstein: Gerade bei Nebenwerten sollte die Anlage langfristig gesehen werden. Die Kursausschläge sind meist wesentlich niedriger als in anderen Bereichen. Die Dividendenrendite spielt hier eine wesentlich größere Rolle für den eigenen Erfolg als bei den meisten anderen Werten.

Welche Rolle spielen die Bankgebühren bei der Anlageentscheidung?

Einstein: Die Gebühren sind natürlich umso wichtiger, je häufiger man tradet. Wer Papiere kauft, um sie dann langfristig liegen zu lassen, kann die Gebühren meist weitgehend vernachlässigen. Hier spielen aber schon eher die Depotgebühren eine Rolle. Bei meiner Wandlung vom längerfristigen Anleger zum Day-Trader wurden aber natürlich die Bankgebühren immer wichtiger. So ist inzwischen die Gebührenobergrenze bei einzelnen Orders für mich entscheidend.

Wie findet man interessante Einzelwerte?

Einstein: Anregungen hole ich mir beispielsweise über Informationen von einzelnen Verteilern, wie beispielsweise von »Peer Share«.* Die Frage ist, welche Anlagestrategie man hat. Als Day-Trader ist mir praktisch selbst der Name der Gesellschaft egal, entscheidend ist, dass der Wert am Steigen ist und die Hoffnung besteht, dass er noch etwas weiter laufen kann. Ursprünglich aber habe ich nach Kostolany gehandelt: Kaufen und liegen lassen. Dabei habe ich mir Werte herausgesucht, deren Produkte ich auch verstanden habe und die ich für so gut hielt, dass sie sich auch in Zukunft erfolgreich verkaufen lassen können. Kurzfristige Chancen bei Nebenwerten sollten charttechnisch abgeleitet werden. Wenn ein Wert längere Zeit vernachlässigt wurde und dann nach oben dreht, bestehen gute Chancen, dass der Wert nun erst mal eine Zeit weiter steigt. Den Ausstieg bei diesen kurzfristigen Engagements sollte man ebenfalls charttechnisch ermitteln.

Wie viele Einzelwerte sollte man unter Beobachtung haben?

Einstein: Via Watchlist sollte man maximal rund vierzig bis fünfzig Unternehmen beobachten. Aus diesen Werten habe ich fünf bis zehn Unterneh-

---

* »Peer Share« ist das Pseudonym von Christoph Schäfer. Siehe dazu S. 227 ff.

men herausgefiltert, deren Kursbewegung und Informationen ich über längere Zeiträume täglich verfolge. So bekommt man ein besonders gutes Gefühl für einzelne Titel, ob deren Kurs gerade günstig oder teuer einzustufen ist. Auch die Zahl der Depotwerte sollte zehn nicht überschreiten.

Wie kann man vernachlässigte Unternehmen einer Branche herausfiltern?

Einstein: Zunächst heißt es, sich gründlich zu informieren, um sich so ein Bild von der Stellung der einzelnen Unternehmen in der Branche zu machen. Gerade die Marktführer sind ja meist besonders interessant. Ergeben sich deutliche Bewertungsunterschiede, zum Beispiel beim Cashflow oder beim KGV, die nicht zu erklären sind, hat man seinen Wert gefunden. Interessant ist auch, ob die Aktie unter ihrem Buchwert notiert. Auch hierfür ist natürlich ein Blick in die Bilanz notwendig.

Wovon sollte man lieber die Finger lassen?

Einstein: Auf jeden Fall sollte man die Finger von Sachen lassen, von denen man wenig Ahnung hat oder bei denen man wenig Erfahrung hat. Wer beispielsweise in Insolvenzwerte oder Pleitekandidaten investiert, der muss wissen, was er da tut. Zum Handel allgemein ist zu sagen, dass Day-Trading auch nur der machen sollte, der über die notwendigen Erfahrungen und technischen Voraussetzungen verfügt.

Wie kann man zukünftige High-Flyer identifizieren?

Einstein: Marktführerschaft ist besonders wichtig, daneben setze ich auf Werte, deren Produkte nicht konjunkturabhängig sind. Bei diesen Unternehmen sollte der Gewinntrend langfristig nach oben zeigen. Ergeben sich hier Bewertungsabschläge zu anderen Branchenvertretern, kaufe ich.

Inwieweit spielt die Dividende bei der Anlageentscheidung eine Rolle?

Einstein: Gerade bei Nebenwerten ist in der Regel ja ein langer Atem gefordert. Dabei sind die Kursausschläge meist geringer als bei anderen Werten. Zeigt der Gewinntrend langfristig nach oben, sollte auch der Kurs langfristig mit nach oben ziehen. Um auf eine vernünftige Rendite zu kommen, ist aber meist auch eine vernünftige Dividende notwendig. Gerade bei Nebenwerten halte ich die Dividende deshalb für wichtig, bei Wachstumswerten ist sie dagegen zu vernachlässigen.

Welche Kennzahlen betrachten Sie?

Einstein: Für die längerfristige Anlage in Nebenwerten sollten vor allem die typischen Kennziffern wie das KGV oder das KUV herangezogen werden, hierdurch lassen sich relativ einfach erste Indikationen für die Bewertung eines Unternehmens finden. Allerdings darf damit die Analyse noch nicht abgeschlossen sein. Wichtig ist auch, sich ein Bild von der Nachhaltigkeit der Gewinne zu machen, nur so können diese Kennziffern auch Richtung teuer oder billig beurteilt werden. Als Day-Trader übrigens spielen die harten Fakten überhaupt keine Rolle, hier findet in der Regel keine Analyse der Unternehmen für die Kaufentscheidung statt.

Wie wichtig ist die Liquidität eines Wertes für die Anlageentscheidung?

Einstein: Die Liquidität ist ausgesprochen wichtig. Teilweise macht man lieber einen Bogen um einen Wert, weil die Umsätze so gering sind. Gerade wenn man wieder verkaufen will, hat man sonst oft ein Problem. Je nach der Anzahl der täglich gehandelten Aktien eines Unternehmens bestimme ich auch meine eigene Ordergröße. In weniger liquide Werten gehe ich dann meist nur mit wesentlich kleineren Stückzahlen.

Wie kann man sich vor Pleiten schützen?

Einstein: Vor Pleiten gibt es keinen Schutz. Da hilft oft auch kein Stop-Loss-Limit, im Zweifelsfall wird man die eigenen Stücke nämlich mangels Nachfrage nicht mehr rechtzeitig los. Da nützt es auch nichts, wenn man sich täglich intensiv mit der Börse beschäftigt. Wichtig ist nur, dass am Ende des Tages die guten Deals die schlechten übersteigen.

Analysten

Der Privatanleger handelt komplett auf eigene Rechnung. Gerade wenn er sich intensiv mit Aktien beschäftigt, stößt er immer wieder auf Meinungen, die den Markt bewegen und ihn deshalb nicht kalt lassen können. Gemeint sind die Einschätzungen der Analysten, jener Profis also, die tagein, tagaus nichts anderes tun als Volkswirtschaften, Branchen und Einzelaktien zu beobachten. Heben sie den Daumen für einen Titel, gerade wenn er klein ist, dann können heftige Kurssprünge die Folge sein. Schwenken dieselben Analysten plötzlich auf »Verkaufen«, dann sind zumindest kurzfristige Verwerfungen zu erwarten.

Die gesamte Zunft hat in den vergangenen Jahren einen schier unglaublichen Boom hinter sich gebracht, der sich auch in den Gehältern niederschlug. Die Nachfrage stieg, das Angebot nach qualifiziertem Personal konnte nicht Schritt halten, und die Gehälter schossen in die Höhe. Ende der neunziger Jahre konnten Berufsteinsteiger direkt nach ihrem Hochschuldiplom mit Anfangsgehältern zwischen 55 000 und 95 000 Euro kalkulieren, und auch Quereinsteiger wurden mit Kusshand genommen. Die Stars der Branche brachten (und bringen) es immer noch auf siebenstellige Einkünfte pro Jahr.

Oft ist die Meinung zu hören, dass dies die Folge der steigenden Aktienzahl war. Immer mehr Unternehmen drängten an die Börse und mussten allein schon zum IPO mit Research-Studien bedacht werden. Diese Argumentation ist zwar nicht wirklich falsch, trifft den Kern jedoch nicht ganz und schürt die Meinung vieler Privatinvestoren, dass Analysten allein deshalb tätig werden, weil es nun mal für sie Beschäftigungsobjekte gibt. Eine ähnliche Motivation also, wie sie der Erstbezwinger des Mount Everest, der Neuseeländer Sir Edmund Hillary, für Bergsteiger postulierte. Auf die Frage, warum Menschen auf Berge steigen, antwortete er schlicht: »Weil sie da sind.«

Analysten beschäftigen sich nicht deshalb mit Aktiengesellschaften, weil sie da sind, sondern weil sie dafür bezahlt werden und weil ihre Auftraggeber damit Geld verdienen. Wenn noch so viele IPOs auf der Tagesordnung stünden, wenn noch so viele Firmen börsennotiert wären: Verdienten die Banken damit kein Geld, so würde auch kein Bankanalyst einen Finger rühren. Diese Anmerkungen liefern einen ersten Hinweis darauf, dass die Urteile der Research-Profis natürlich gefärbt sind und einem bestimmten Interesse folgen. Die mangelnde Coverage bei vielen Nebenwerten hat genau mit diesem Umstand zu tun.

Arbeitsfelder von Analysten

Um es gleich vorweg zu sagen: Die Berufsbezeichnung des Analysten ist nicht geschützt. Auch einen definierten Ausbildungsgang gibt es nicht. Die

Deutsche Vereinigung für Finanzanalyse und Asset Management, die DVFA, bietet allerdings Fortbildungskurse an, deren Abschluss als Gütesiegel gelten soll. Gleiches gilt für die eher aus angelsächsischer Tradition kommende German Association of Investment Professionals, GAIP. Dennoch kann sich derzeit jeder ganz nach Belieben als Analyst bezeichnen. Dies wird Vertretern der Gilde, die sich mit ihren Einschätzungen vorrangig an den Privatkunden wenden, immer wieder gern vorgeworfen; aber auch in Banken und Fondsgesellschaften wimmelt es unter den Researchern nur so von Quereinsteigern. Dort finden sich reihenweise Ärzte, Journalisten, Apotheker, Ingenieure, Physiker und Chemiker.

Aktienanalysten sind am häufigsten bei Banken beschäftigt. Denn Banken brauchen die Einschätzung von Experten, um bei IPOs an lukrative Mandate zu kommen, Banken brauchen das Urteil von Fachleuten, um ihre Geschäfts- und Privatkunden beraten und damit an sich binden zu können, und Banken brauchen den Rat von Profis für ihre Wertpapiergeschäfte auf eigene Rechnung. Je nachdem, zu welchem Zweck die Auftraggeber die Statements der Analysten benötigen, unterteilt sich die Research-Gilde besonders im angloamerikanischen Raum in so genannte Sell-Side- und Buy-Side-Analysten. Wenn letztlich das Urteil dem Verkauf bestimmter Wertpapiere dienen soll, dann ist die Sell-Side zuständig. Dies ist der Fall beispielsweise bei IPOs oder Kapitalerhöhungen, wenn die Bank mithilfe der Analystenempfehlungen Aktien an Anleger verkaufen will.

Soll mit dem Know-how des Analysten hingegen besonders die Qualität von Aktienkäufen des Auftraggebers, wie zum Beispiel der Bank, verbessert werden, so schlägt die Stunde der Buy-Side. Der Eigenhandel einer Bank greift darauf unter Umständen zurück, wie auch die hauseigenen Fondsgesellschaften. Nicht zuletzt deshalb, weil sie befürchten, dass der Blick der direkt in der Analystenabteilung angesiedelten Aktienspezialisten durch andere Interessen getrübt sein könnte, bauen auch in Deutschland immer mehr Fondsgesellschaften – auch wenn sie zu großen Bankkonzernen gehören – ein eigenes Research auf, statt blindlings auf die Kapazitäten der Muttergesellschaft zu vertrauen.

Alle größeren Banken und viele Kapitalanlagegesellschaften haben ihr eigenes Research. Aber ähnlich wie Privatleute hören auch die Profis gerne mehrere Meinungen, bevor sie Geld in die Hand nehmen. Davon leben kleinere Makler und Dienstleister. Wie in den USA schon seit längerem üblich, haben auch in Deutschland in den vergangenen Jahren immer mehr

Freimakler und Wertpapierhandelshäuser eigene Analysten unter Vertrag genommen. Diese sollen den einen oder anderen guten Tipp für eigene Geschäfte und eine möglicherweise angeschlossene Vermögensverwaltung liefern, vor allem aber werden deren Studien an institutionelle Kunden abgegeben. Entweder wird für diese Leistung direkt eine Gebühr verlangt, oder aber man erhofft sich im Gegenzug zur kostenlosen Weitergabe Orders von den betreffenden Banken. Das Research dieser Analysten ist meistens wesentlich umfangreicher als dasjenige der Sell-Side-Analysten in den Banken. IPO-Studien im Umfang von mehreren Dutzend Seiten sind keine Seltenheit.

Im täglichen Geschäft mit institutionellen Kunden sind hingegen eher Kurzeinschätzungen gefragt. Diese beginnen häufig beim so genannten »Morning Flash«, der die aktuellen Meldungen und Ereignisse kurz zusammenfasst und bewertet. Hier werden mehrere Aktien auf insgesamt drei oder vier Seiten abgehandelt, gut lesbar und vor allem schnell umsetzbar. Auch immer mehr kleinere Banken gehen zu Kurzanalysen über, damit die Researcher sich nicht zu lange mit einer Aktie beschäftigen müssen.

Es gibt in Deutschland auch einige wenige unabhängige Research-Häuser, die nicht an Banken oder Makler angeschlossen sind. Zu nennen ist hier vor allem Independent Research in Frankfurt (vergleiche dazu auch das Interview mit Dr. Götz Albert auf den Seiten 75 ff.). Das Unternehmen wurde 1995 gegründet und liefert von IPO-Studien bis zu täglichen und wöchentlichen Kurzeinschätzungen ein breites Spektrum an Dienstleistungen. Eine deutliche Nähe zum Makler Fleischhacker weist hingegen die Hamburger SES Research GmbH auf. Independent und SES haben sich auf professionelle Kunden fokussiert.

Eine andere Gattung von Analysten hat hingegen den Privatkunden im Visier. Hier ist der Übergang zum Finanzjournalisten oft fließend. So finden sich in nahezu allen großen Anlegermagazinen, wie *Börse Online*, *Die Telebörse*, *Focus Money* oder *Euro am Sonntag* konkrete Empfehlungen der Redakteure zu einzelnen Aktien. Zum Teil finden sich im Redaktionsteam auch DVFA-Mitglieder und DVFA-Analysten.

Den Analysten noch direkter vergleichbar sind die Mitarbeiter von Börsenbriefen. Diese liefern im Schwerpunkt entweder eine Mischung aus mehr oder weniger exklusiven Informationen – hierauf haben sich insbesondere altgediente Börsenbriefe wie der *Platow Brief* spezialisiert – oder kurze Analysen und Bewertungen von Aktien.

Zu den führenden Publikationen in diesem Bereich zählt zum Beispiel die *Actien-Börse* des Branchen-Urgesteins Hans A. Bernecker, Jahrgang 1937. Der studierte Volkswirt Bernecker, der zunächst als Assistent an der Hamburger Börse arbeitete, machte sich bereits Anfang der sechziger Jahre selbstständig und betreut sein Flaggschiff, die *Actien-Börse*, seit nunmehr rund vier Jahrzehnten persönlich. In seinem Unternehmen wird aber mittlerweile außerdem eine Hand voll weiterer Newsletter zum Thema Börse publiziert.

Ebenfalls einen guten Ruf genießt Dr. Jens Ehrhardt, Jahrgang 1942, studierter Betriebswirt. Seit 1974 verwaltet er in seinem eigenen Unternehmen die Gelder vermögender Kunden und publiziert den Börsenbrief *Finanzwoche*. Mittlerweile managt Ehrhardt auch verschiedene Fonds.

Die Börsenbriefe, die sich heute zu mehreren Dutzend am Markt tummeln, erscheinen einmal oder mehrmals wöchentlich; renommierte Anbieter verlangen in der Regel mehrere hundert Euro pro Jahr für ihre Dienste. Die Auflage ist meist viel geringer, als selbst Finanzexperten vermuten. Selbst Briefe mit einer jahrzehntelangen Geschichte bringen es in der Regel nur auf wenige tausend Exemplare. Nicht umsonst werden von den Herausgebern nur selten konkrete Auflagenzahlen genannt, und wenn dies doch der Fall ist, so sind diese in manchen Fällen deutlich überhöht. Die Qualität der Analysen ist dabei extrem unterschiedlich, aber das gilt für die Banken schließlich auch.

Während viele Börsenbriefe, wie beispielsweise die *Actien-Börse* oder die *Finanzwoche*, konzernunabhängig sind, gehören andere bekannten Unternehmen aus dem Medien- und Finanzsektor. Der *Platow Brief* beispielsweise ist Teil des Bertelsmann-Konzerns, ebenso wie die *Fuchsbriefe*. Der in Frankfurt produzierte Letter *Czerwensky Intern* hingegen gehört zu dem Anbieter von Finanzinformationen *vwd*.

Die Untersuchungsobjekte der Aktienanalysten

Analysten untersuchen alles, womit sie (wenn sie selbstständig sind) oder ihre Arbeitgeber (wenn sie angestellt sind) Geld verdienen können. Dies ist der Fall, wenn das Research entweder in Verbindung mit *Transaktionen* – IPOs, Fusionen und Übernahmen, Platzierung von Unternehmensanleihen oder Kapitalerhöhungen – erstellt wird, oder wenn es dazu dient, neue

Aufträge aus diesem Bereich zu erhalten. Analysten werden deshalb zuerst Aktien unter Beobachtung nehmen, die beispielsweise von ihrer Bank an die Börse gebracht wurden oder die gerade vom eigenen Haus im Rahmen einer Kapitalerhöhung platziert werden sollen.

Ein zweiter Punkt ist die Eignung der untersuchten Aktie als Anlage für den Abnehmer des Researchs. In diesem Fall gibt es zum Teil Grenzen, die sich am Anlageuniversum des Kunden festmachen lassen. Ein bedeutendes Kriterium, wonach Banken, Versicherungen und Fonds ihre Investments ausrichten, ist die *Marktkapitalisierung* eines Unternehmens, also sein Börsenwert. Viele Fonds dürfen gemäß ihrer Anlagerichtlinien ihr Geld nur in Firmen stecken, deren Marktkapitalisierung mindestens bei 100 Millionen Euro liegt. Auch sind für viele Institutionelle Aktien nicht interessant, deren täglicher Börsenumsatz unter 250 000 Euro liegt. Wer Fonds mit Hunderten von Millionen Euro Volumen führt, kann sich nicht mit Käufen und Verkäufen aufhalten, die sich im 10 000-Euro-Bereich bewegen. Und wenn der Kunde die Empfehlungen der Analysten zu solchen Papieren nicht umsetzen kann, ist er nicht bereit, für das Research zu zahlen, und umgekehrt braucht der Arbeitgeber des Analysten nicht darauf zu setzen, mögliche Orders seiner Kunden für diese Werte zu erhalten.

Viele professionelle Anleger richten ihre Fonds zudem an *Aktienindizes* aus. Entweder wird der Index schlichtweg vollständig nachgebildet, dann spricht man von passiv gemanagten Fonds. Oder der Index bildet den Rahmen für das Anlageuniversum und dient als Messlatte für die Aktienauswahl des Managers in dieser Grundgesamtheit. Bei solchen aktiv gemanagten Fonds spricht man dann auch vom Index als »Benchmark«. Es besteht daher auch bei Analysten eine gewisse Tendenz, vor allem Aktien zu covern, die in Indizes vertreten sind, da sie damit den Anlagebedürfnissen vieler Kunden entsprechen. Dies ist einer der Gründe dafür, dass beispielsweise Bauaktien, die in Deutschland vergleichsweise selten in Indizes vertreten sind, nur von wenigen Analysten beobachtet werden.

Analysten möchten, dass ihre Empfehlungen gehört werden – ein ganz menschlicher Zug. Schließlich sitzt niemand gern im stillen Kämmerlein und arbeitet nur für den Papierkorb. Der Kunde soll lesen, was der Analyst für ihn geschrieben hat, und es nach Möglichkeit umsetzen. Die Konkurrenz um Abnehmer zwischen den einzelnen Analystenabteilungen ist groß. Die in den Studien der Analysten verwandten Formulierungen sind deshalb in den vergangenen Jahren zunehmend farbiger geworden. Der

Trend geht weg von der reinen Darstellung und Interpretation von Zahlenwerken und hin zur gefälligen Lektüre, bei der die Fakten und Zahlen dennoch nicht zu kurz kommen. Über gute Geschichten lässt sich nun einmal besonders spannend schreiben; deshalb wählt ein Analyst bei sonst gleichen Rahmendaten meistens dasjenige Unternehmen für seine Untersuchungen, das eine leicht verständliche und trotzdem interessante *Story* hat.

Soweit zur Gesamt-Coverage eines Analystenhauses oder einer Research-Abteilung. Das Tätigkeitsfeld des einzelnen Analysten hingegen hängt von den personellen Kapazitäten seines Arbeitgebers ab. Sind diese für Research-Zwecke optimal, so steigt die Qualität der Studien, wenn die Aktienbeobachter sich *spezialisieren*. Wie in Kapitel 3 bereits erwähnt, sind Aspekte wie Produktqualität, Marktwachstum, Marktstellung und Markteintrittsbarrieren für die Analyse eines Unternehmens von großer Bedeutung. Um den fairen Preis durch Multiplikatoren wie das KGV oder das KUV zu ermitteln, muss zudem eine Vergleichsgruppe aufgestellt werden, die so genannte Peer Group. Es ist daher hochgradig sinnvoll, wenn Analysten sich intensiver mit einzelnen Branchen beschäftigen. In der Praxis haben besonders große Häuser deshalb Teams zu Branchen, wie beispielsweise Medien, Biotechnologie und Hightech, gebildet. Innerhalb dieser Teams ist oft eine weitere Spezialisierung zu beobachten.

Die skizzierte Situation ist allerdings der Idealzustand. Gerade in kleineren Häusern sieht die Realität anders aus. Da schreibt ein Analyst etwa erst eine Studie zu einem Maschinenbauer aus dem MDAX, um sich kurz darauf mit den aktuellen Zahlen eines Halbleiterherstellers zu beschäftigen. Letztlich gilt: Je kleiner die Research-Abteilung, desto eindeutiger der Trend zum Generalisten. Besonders ausgeprägt ist dies bei manchen Börsenbriefen. Wer von sich sagt, mit wenigen Leuten den DAX, MDAX, SMAX, den Neuen Markt, weitere Nebenwerte, Auslandsaktien und Investmentfonds im Blick zu haben, kann kaum glaubhaft machen, auf all diesen Gebieten über ausgewiesene Spezialisten zu verfügen.

Einige Research-Unternehmen behelfen sich denn auch mit einer *Abstufung der Research-Intensität*. Konkret heißt das: Ein Analyst beobachtet beispielsweise ein Dutzend Titel intensiv, ein weiteres Dutzend wird zumindest anlässlich der Veröffentlichung von Zahlen kurz betrachtet, und zu einigen zusätzlichen Werten ist dann lediglich noch eine sehr oberflächliche Aussage möglich. Als Faustregel gilt in der Branche allgemein, dass es für einen einzelnen Analysten kaum möglich ist, mehr als fünfzehn Firmen gleichzeitig tiefgehend zu verfolgen und zu beurteilen. Aus diesem Grund wird zum Teil auch auf die Arbeit von Kollegen anderer Häuser zurückgegriffen. Beim so genannten *Sekundär-Research* werden fremde Studien ausgewertet, der direkte Kontakt zum Unternehmen fällt weg.

Ein weiterer Weg, um Abstriche bei der Qualität zu vermeiden, besteht darin, dass Banken und Analysehäuser sich bestimmte *Themenschwerpunkte* suchen. So hat SES Research sich als Nische beispielsweise den Neuen Markt gesucht, auch Independent Research hat besondere Expertise bei Small Caps und Mid Caps zu bieten.

Rosarote Brille von Berufs wegen?

»Verkaufen« ist immer noch ein bei vielen Analysten sehr unbeliebtes Wort. Der ehemalige Chef der US-amerikanischen Wertpapieraufsicht SEC, Arthur Levitt, brachte es 1999 auf den Punkt, als er anmerkte: »A ›sell‹ recommendation from an analyst is as common as a Barbara Streisand concert.« Eine Verkaufsempfehlung eines Analysten ist demnach so verbreitet wie ein Konzert von Barbara Streisand – und ein solches Ereignis ist extrem selten.

Nur 1 bis 3 Prozent aller Studien werden mit dem Votum »Verkaufen« versehen. Das hat mehrere Gründe, geschäftliche und menschliche. Zunächst zu den geschäftlichen.

Wenn eine Bank ein Unternehmen an die Börse bringt, dann werden in der entsprechenden Studie natürlich besonders die Vorzüge der Firma gelobt, schließlich soll der Anleger die Aktie ja zeichnen. Nach dem Börsengang wird die Coverage üblicherweise fortgesetzt – und sie bleibt meist wohlwollend. Kein Institut zeigt gerne wenige Wochen oder Monate nach dem IPO mit einer Verkaufsempfehlung, dass die Gesellschaft, die den Anlegern zuvor noch wärmstens ans Herz gelegt wurde, vielleicht doch nicht so gut ist. Zudem wäre dies mutmaßlich schädlich für das Folgegeschäft. Der nächste Börsenkandidat hält vielleicht bereits nach einem Konsortium Ausschau und möchte da natürlich niemanden dabei haben, der im Verdacht steht, ihn wenig später möglicherweise zum Verkauf zu empfehlen.

Es gilt immer noch als zumindest unschicklich, bald nach einem Börsengang als Konsorte eine Verkaufsstudie zu veröffentlichen. Als beispielsweise Ernst Scheerer, Analyst bei Dresdner Kleinwort Wasserstein, Ende 1998 riet, die Aktie der PSI AG zu verkaufen, steckte die Branche verwundert die Köpfe zusammen. Schließlich war die Frankfurter Großbank erst wenige Wochen zuvor Mitglied in dem Konsortium gewesen, das PSI beim Gang an den Neuen Markt begleitet hatte. Scheerer aber ließ sich davon nicht beeindrucken. Er gilt ohnehin als Analyst, der schreibt, was er denkt.

Ein weiteres Hindernis für Verkaufsempfehlungen: Unternehmen, deren Börsendebüt schon einige Zeit zurückliegt, wollen vielleicht irgendwann eine Kapitalerhöhung durchführen oder anderweitig Geschäfte mit einer Bank machen. Da hat ein Geldhaus, das zuvor mit Verkaufsempfehlungen den Unternehmensvorstand vergrätzt hat, kaum Chancen. Optimismus ist also besser für das Geschäft. Dies wird nicht unbedingt laut gesagt, aber den Researchern sind die Zusammenhänge natürlich sonnenklar, und der eine oder andere agiert in vorauseilendem Gehorsam.

Analysten bemerken den »Charme« von Kaufstudien oft genug aber auch ganz direkt beim Blick auf ihr Konto. Ein Teil der Wertpapierauguren ist nämlich an den Orderumsätzen, die ihre Studien bei der Bank auslösen, beteiligt. Und Kaufempfehlungen werden von Kunden viel schneller und häufiger umgesetzt als der Rat, eine Aktie abzustoßen. Zum einen sind viele Kunden gar nicht im Besitz von Aktien, von denen die Analysten am liebsten abraten würden, und zum andern zeigen diejenigen, die investiert sind, oft ein gewisses Beharrungsvermögen bei ihren Anlagen.

Neben den harten Fakten kommt die menschliche Komponente ins Spiel. Eine umfangreiche Studie zu erstellen, dauert oft mehrere Wochen. In dieser Zeit befindet sich der Analyst in intensivem Kontakt mit dem Unternehmen, spricht mit der Investor-Relations-Abteilung und trifft sich mit dem Unternehmensvorstand für viele Stunden zum Gespräch. Man kommt sich näher, versteht sich vielleicht sogar gut. Wer brüskiert die Gegenseite dann gern mit einer Verkaufsempfehlung? Zumal Unternehmen ein solches Verhalten nicht als Kleinigkeit betrachten. Nicht selten muss der Analyst mit wütenden Anrufen oder Briefen rechnen, die bei ihm oder seinem Vorgesetzten ankommen.

Ein paar Beispiele dazu:

- Als die DG Bank 1999 in einer Studie zum Neuen Markt unter den spärlichen Empfehlungen, Aktien zu reduzieren, auch die Mobilcom AG nannte, war das Büdelsdorfer Unternehmen alles andere als begeistert.

Es habe hinter den Kulissen scharfe Proteste gegeben, erzählten sich Marktkenner in der Mainmetropole.

- Medienanalyst Bernard Tubeileh musste sich 1999 vom Vorstandschef der Intertainment AG in einem Zeitungsinterview als »Junge« bezeichnen lassen, der einer Fliege »grundlos die Flügel ausreißt«. Der Mann von Merrill Lynch hatte die Aktie von Intertainment kurz zuvor zum Verkauf empfohlen.
- Die Sachsenring AG beklagte sich gar Ende 2001 per Ad-hoc-Mitteilung über die Verkaufsempfehlung eines Analysten, sorgte damit allerdings eher für Erheiterung in der Financial Community.

Der Kontakt zwischen Unternehmen und Analyst ist nach einer negativen Studie häufig nachhaltig gestört. Einladungen zu Präsentationen und Hintergrundgesprächen bleiben aus – für den Analysten, der sich in guten Phasen oft als Vertrauter des Vorstands, wenn nicht sogar als dessen Berater fühlen durfte, eine unschöne Situation. Neben der möglichen emotionalen Belastung trifft der Liebesentzug einmal mehr die geschäftliche Basis. Der Informationsfluss trocknet aus, der Analyst wird nicht mehr zeitig über Ereignisse im Unternehmen informiert und verspielt bei seinen Kunden und Kollegen den Status als intimer Kenner der Firma. Die Angst vor dieser Situation, verbunden mit dem vorangegangen Distanzverlust zum Unternehmen, bedingt ebenfalls die »Kaufleidenschaft« vieler Researcher.

Die Ausnahmen vom Hang zu Kaufempfehlungen werden allerdings häufiger. Während insbesondere amerikanische Investmentbanken immer noch unverdrossen zum Kauf blasen, zeigte zum Beispiel die deutsche HypoVereinsbank – Stand Anfang 2002 – mit einer Quote von Kaufempfehlungen von »nur« 38 Prozent geradezu miesepetrige Züge, zumal die Verkaufs-Ratings fast ähnlich hoch waren. Immer mehr Banken merken, dass sie mit gebetsmühlenartig vorgetragenen Kauf-Statements ihrer Reputation schaden.

Der Umdenkprozess dürfte aber noch eine ganze Weile dauern. Immerhin hilft es manchmal weiter, zwischen den Zeilen zu lesen: Kaum ein versierter Anleger wird eine Analystenstudie mit dem Rat »Halten« als Aufforderung verstehen, die Aktien in seinem Depot zu belassen. Vielmehr verbirgt sich dahinter in Wirklichkeit meistens die Empfehlung, die entsprechenden Papiere doch bitte abzustoßen. Auch die Herabstufung von »Kaufen« auf »Aufstocken« wird bei manchem Investor einen Trennungsprozess von der Aktie einleiten, und damit setzt er dann um, was der Analyst wirklich meint.

So viel zu den schriftlichen Urteilen der Analysten. Ganz anders sind hingegen die hinter vorgehaltener Hand mündlich geäußerten Meinungen zu beurteilen. Wenn das Research an institutionelle Kunden geht, dann wollen diese natürlich für ihr Geld auch reinen Wein eingeschenkt bekommen. Deshalb hat sich zum Teil eine geradezu komische Diskrepanz zwischen den gedruckten Verlautbarungen und der geflüsterten Meinung ergeben. Üblicherweise lesen Fondsmanager beispielsweise Research-Berichte intensiv durch und beschäftigen sich mit den dargestellten Fakten und dem Branchenausblick sowie der Produktbeschreibung. Das Votum über der Studie wird höchstens eines kurzen Blickes gewürdigt, und dann erfolgt der Griff zum Telefonhörer. Im direkten Gespräch mit dem Analysten wird ein weiteres Mal dessen Meinung abgefragt, und da wird »Kaufen« manchmal plötzlich mit »WEG DAMIT« buchstabiert, je nachdem, wie gut man sich kennt. Auf jeden Fall müssen Privatanleger sich immer wieder klarmachen, dass die Meinungen der Analysten keine objektiv feststellbaren Wahrheiten sind, sondern subjektive, oft genug mit Fehlern behaftete Einschätzungen, die durch eine Vielzahl anderer Faktoren beeinflusst werden.

Analysten und Nebenwerte

Bei den großen Banken führen Small-Cap-Analysten ein Schattendasein. Nur wenige Experten sind ausschließlich dafür eingestellt. Einige Researcher streifen ab und zu einige Nebenwerte am Rande, wenn sie sich mit den Titeln einer Branche beschäftigen, auf die sie spezialisiert sind. Andere haben aus eher privatem Interesse einen oder zwei Small Caps unter Beobachtung, oder aber ein Vertrag mit der Bank als Designated Sponsor sieht auch Research im SMAX vor.

Zu den raren ausgewiesenen Experten für Börsenmauerblümchen zählt Ernst Scheerer von Dresdner Kleinwort Wasserstein. Nicht dass er nur solche Titel unter Beobachtung hätte, nein, Scheerer covert diverse Aktien des Neuen Markes, aber eben auch Elexis, Gardena, Sto oder als größeren Mid Cap Sixt und andere. Auch jenseits der offiziellen Studien hat Scheerer ein Auge auf die Kleinen der Börse.

Da dennoch der Bedarf an Small-Cap-Research in den vergangenen Jahren etwas gestiegen ist, haben andere die Lücke gefüllt. Independent Research hat sich zum Nebenwertespezialisten gemausert und erregt mit seinen SMAX-Studien immer wieder große Aufmerksamkeit bei Interessierten. Kleinere Firmen wie beispielsweise German Business Concepts aus Augsburg tauchen am Markt auf, müssen ihre Qualität aber erst noch unter Beweis stellen und sich einen positiven Ruf erwerben.

Verschiedene Fondsgesellschaften sind ebenfalls dazu übergegangen, eigene Nebenwerte-Teams aufzubauen – Lupus Alpha beispielsweise, aber auch der Branchenriese Fidelity ist nicht mehr sonderlich auf fremdes Research angewiesen. Jeder dritte der in London beschäftigten fünfzig Analysten von Fidelity ist auf Small Caps spezialisiert. Nach Angaben von Fidelity hat jeder dieser Experten fünfzig Gesellschaften im Blick, sodass mehr als 800 europäische Small Caps unter Beobachtung stehen. Die Investment-Manager von AXA beschäftigen in London und Paris insgesamt vier ausschließlich mit Nebenwerten befasste Analysten.

Die größte Zahl von Marktbeobachtern, die sich ausschließlich oder teilweise mit Nebenwerten befassen, findet sich aber bei Börsenbriefen. Die Herausgeber dieser Publikationen wissen, dass sie mit der Betrachtung von Standardwerten häufig keinen Blumentopf gewinnen können. Warum auch sollte ein Newsletter die zigste Analyse beispielsweise zu Siemens publizieren, in dem geradezu hoffnungslosen Versuch, damit den Großbanken Konkurrenz zu machen? Die Meinung zu diesen Titeln wird von der privaten Kundschaft zwar auch gewünscht, aber echten Informationsgewinn liefern vor allem die Titel der zweiten und dritten Reihe.

Da bei Nebenwerten die Informationsdichte am Markt in der Regel geringer ist als bei Blue Chips und die Informationsumsetzung deshalb länger dauert, können Aktienspezialisten hier ihrer Klientel einen echten Mehrwert bieten. Hinzu kommt, dass die Tore für jeden, der eine mögliche Kaufempfehlung geben kann, meistens weit geöffnet sind. Informationen erhalten Aktienexperten, auch wenn sie nicht von angesehenen deutschen oder internationalen Banken kommen, wesentlich leichter als bei anderen, großen Unternehmen. Dies erleichtert die Aktienbewertung. Und manche Gewinnprognose, die ein Vorstand gegenüber den Analysten von Newslettern oder kleinen Research-Häusern abgibt, hatte sich die breite Masse der Investoren so vielleicht noch nicht vergegenwärtigt.

Der richtige Umgang mit Analystenempfehlungen

Während für DAX-Unternehmen aktuelle Ratings von Analysten teilweise zu Dutzenden existieren, sind viele Nebenwerte schon froh über die Kaufempfehlung eines einzigen Newsletters. Entsprechend kann der Effekt eines solchen Kommentars bei einem Small Cap mit geringem Börsenumsatz noch größer sein als die Kaufempfehlung einer Investmentbank für einen DAX-Titel. Als Anleger müssen Sie dabei aber umso sorgfältiger die Qualität der empfehlenden Adresse, mögliche Interessenverflechtungen und den Zeitpunkt, zu dem Sie die Empfehlung bekommen, hinterfragen.

Die Banken haben sich in den vergangenen Jahren bei ihren Aktieneinschätzungen wahrlich nicht immer mit Ruhm bekleckert. Bei aller Kritik sollte aber bedacht werden, dass es zum Geschäft dazu gehört, sich auch einmal zu irren. Letztlich geht es nur darum – wie Sir John Templeton, der Gründer der Fondsgesellschaft und des Templeton Growth Fund einst bemerkte – öfter Recht zu haben, als sich zu irren. Vor allem aber haben die Geldinstitute gewisse Mindeststandards bei der Research-Qualität bewahrt, auch wenn diese teilweise nicht allzu hoch sind.

Bei unbekannten Häusern ist diese Qualität nicht immer gesichert. Um an dieser Stelle noch einmal eine Investmentlegende zu zitieren, nämlich André Kostolany: »Oft gibt es Anlageberater, die den Ausdruck ›Ich garantiere...‹ häufig benutzen. Doch wer garantiert für sie?«

Sie sollten deshalb genau prüfen, wie Empfehlungen zustande kommen. Die Nachfrage – telefonisch oder schriftlich – beim Empfehlenden, welche Analysemethoden zugrunde liegen und welche Ausbildung der Verfasser der fraglichen Empfehlung genossen hat, ist durchaus legitim. Bei seriösen Adressen wird man ihnen hierzu ohne weiteres Auskunft geben. Wenn gewährleistet ist, dass die Analysten eine wirtschaftswissenschaftliche Vorbildung und zumindest führende Köpfe des Teams einen Lehrgang der GAIP oder der DVFA absolviert haben, ist eine Mindestqualität gesichert.

Auch bei Börsendiensten, wie der *Actien-Börse* oder der *Finanzwoche*, zeugt deren Jahrzehnte alte Vergangenheit von Erfahrung, Wissen, Gespür und Marktkenntnis. Bedenken Sie aber auch, dass das Alter eines Newsletters allein nur bedingt als Qualitätsmaßstab taugt. Entscheidender sind die Erfahrung und Ausbildung der Protagonisten, die aktuell für die Marschrichtung verantwortlich sind. Kritische und detaillierte Nachfragen sind allemal angebracht. Und bevor Sie dem Rat einer Adresse vertrauen, kann es nicht schaden, die Empfehlungen einige Monate lang zu beobachten und dann Bilanz zu ziehen.

Mit höchster Vorsicht sollten Sie zunächst alle Ratschläge unter die Lupe nehmen, die von neu am Markt auftretenden Anbietern stammen. Die Bezeichnung »Analyst« ist, wie gesagt, nicht geschützt und wird deshalb häufig auch von Glücksrittern missbraucht, denen es an Ausbildung und Erfahrung gleichermaßen fehlt. Besonders bei Publikationen im Internet, die womöglich noch ohne Impressum daherkommen und zur Kontaktaufnahme lediglich eine E-Mail-Adresse nennen, ist Zurückhaltung angebracht. Ganz besonders hier gilt: Der Leser sollte die Argumentation einer Analyse verstehen, einige Kernfaktoren gegebenenfalls nachprüfen und erst dann agieren. Dieses Vorgehen ist zwar arbeitsintensiv, mindert aber die Gefahr, Dilettanten oder gar Gaunern auf den Leim zu gehen.

Cui bono? Wem nützt es? Diese Frage stellen sich nicht nur Kriminalisten auf der Suche nach einem Mordmotiv. Auch bei der Beurteilung von Empfehlungen am Aktienmarkt ist sie stets angebracht. Die möglichen Beweggründe von Banken wurden bereits aufgezeigt. Ein Schritt in die richtige Richtung ist es, potenzielle Interessenkonflikte im Anhang einer Studie offen zu legen. Genauso kann bei Nebenwerten natürlich auch jeder andere Ratgeber Eigeninteressen verfolgen. Beispielsweise könnte er selbst Aktien der empfohlenen Gesellschaft besitzen, die er dann in steigende Kurse hinein verkaufen will.

Oder aber die Empfehlung ist schlicht und einfach bezahlt. Solche Fälle treten immer wieder auf. Besteht nur der geringste Zweifel an der Integrität eines Tippgebers, so lautet die beste Strategie fast immer: »Hände weg!« Sie als Investor können die Verflechtungen nur schwer nachprüfen. Wenn Sie Glück haben, werden Studien im Honorarauftrag offen als solche gekennzeichnet, wie zum Beispiel bei der Einschätzung von Murphy & Spitz zum Börsengang der B.A.U.M. AG (Näheres dazu in Kapitel 5, S. 179 ff.). Manchmal kann auch ein Blick auf die Aktionärsstruktur eines Nebenwertes aufschlussreiche Einsichten vermitteln. Meistens aber sind Sie darauf angewiesen, auf den guten Leumund des Empfehlenden zu vertrauen. Deshalb gilt es, nur auf solche Adressen zu hören, deren Ruf über jeden Zweifel erhaben ist.

Machen Sie sich als Privatanleger keine Illusionen über Ihre Stellung in der Informationskette. Gerade bei Empfehlungen, die für institutionelle Kunden gedacht sind, kann der außenstehende Privatanleger nicht ernsthaft erwarten, zur selben Zeit kostenlos in den Genuss derselben Informationen zu kommen, für die der Fondsmanager oder die Bank Geld bezahlen. Die Versuchung ist dennoch immer wieder groß – gerade wenn nicht zuletzt die Medien immer wieder so tun, als säßen sie direkt an der Quelle zu den Research Reports. Der Profi hat fast immer einige Stunden, manchmal auch Tage, Vorsprung.

Die morgendlichen Kurzeinschätzungen maklergebundener oder unabhängiger Analystenabteilungen gehen dem zahlenden Kunden meistens noch vor Börsenbeginn zu. Die Nachrichtenagenturen und andere Medien erhalten sie am späten Vormittag. Bis dahin sind die Profis schon investiert. Bei umfangreicheren Studien von Großbanken positioniert sich das Institut nach der Erstellung in der Regel selber, und die eigenen Fonds springen auf, dann werden die Depots vermögender Privatkunden gefüllt, bevor die Quintessenz des Werks Tage später via Presse beim Normalvolk landet. Vor diesem Hintergrund ist es oft eine heikle Sache, Analystenempfehlungen für kurzfristige Investments umzusetzen, da die Kurse möglicherweise schon einen Satz nach oben getan haben. Der letzte Aufschwung wird von der breiten Masse der Normalanleger ausgelöst, die Profis ziehen sich in dieser Phase eventuell schon wieder zurück, bevor die Kurse sich wieder auf niedrigerem Niveau einpendeln. Wenn die Notierung nicht anspringt, ist leider oft ebenfalls Skepsis angebracht. Möglicherweise verhindern versteckte Faktoren, wie beispielsweise eine laufende Umplatzierung, zu deren Unterstützung die Empfehlung erstellt wurde, steigende Kurse.

Bei Empfehlungen von seriösen Börsendiensten haben deren Kunden die Informationen zumindest frühzeitig zur Verfügung. Ein sofortiges Engagement ist aber nur ratsam, wenn der Kurs noch nicht weggelaufen ist.

Eine weitere Gefahr, die Analystenempfehlungen gerade bei Nebenwerten bergen, ist der Effekt, der hier als »Entdeckerstolz« bezeichnet werden soll. Wenn ein Small Cap nur von einem Analysten gecovert wird, dann spielt dieser in der öffentlichen Wahrnehmung oft eine größere Rolle. Dies ist etwa der Fall, wenn ein Analystenhaus als einziges immer wieder Kaufempfehlungen für eine Gesellschaft abgibt, die kein anderer Profi beobachtet. Gleiches gilt für einen Börsenbriefschreiber, der seinen Kunden exklusiv ein Papier ans Herz gelegt hat. Viele der Investoren identifizieren den »Entdecker« mit der Aktie. Wenn sie steigt, dann kann er sich den Verdienst stolz an die Brust heften, und sein Status steigt ebenfalls. Irgendwann verliert der Analyst die kritische Distanz zu dem Papier: Die Anleger lieben ihn für den guten Tipp, der Unternehmensvorstand schmeichelt ihm, und schon ist die Hürde, plötzlich auf Verkaufen umzuschwenken, wenn die Unternehmensentwicklung dies erfordert, enorm hoch.

Selbst wenn die Anfangserfolge ausbleiben und ein Kurs nie zum Höhenflug ansetzt, kann gerade bei schwacher Coverage eines Unternehmens die Verkaufsempfehlung schwer fallen. Schließlich macht niemand gerne Fehler, und es ist erst recht unangenehm, wenn man nicht auf die große Schar der übrigen Analysten verweisen kann, die einen Titel ebenfalls falsch eingeschätzt hatten. Sind Sie also erst einmal investiert, so sollten Sie bezüglich des Ausstiegs ein besonders waches Auge auf das Unternehmen haben und nicht erst auf ein Signal »seines« Analysten warten.

Interview mit Hans A. Bernecker

Hans A. Bernecker gibt seit rund vierzig Jahren den Börseninformationsdienst *Die Actien-Börse* heraus. Sie erscheint wöchentlich und befasst sich mit Blue Chips und Small Caps gleichermaßen. Bernecker wurde 1937 geboren und studierte Volkswirtschaftslehre. Nach dem Studium arbeitete er zunächst kurz an der Hamburger Börse, bevor er sich selbstständig machte.

Gehen Sie unterschiedlich an die Betrachtung und Bewertung von Blue Chips und Nebenwerten heran?

Hans A. Bernecker: Grundsätzlich ja, wobei es darauf ankommt, über welche Märkte man redet. Die entscheidenden Unterschiede bei der Bewertung von Blue Chips und Nebenwerten ergeben sich nicht aus der Qualität der Titel, sondern aus der Liquidität des Marktes, in dem sie gehandelt werden. Je ähnlicher die Liquidität zwischen beiden Segmenten, desto mehr gleichen sich auch die Bewertungen an. Je stärker die Liquiditätsstände differieren, desto weniger lassen sich die Bewertungen vergleichen. In den USA zum Beispiel sind viele Nebenwerte und Small Caps im Handel so liquide, dass man ihre Bewertung durchaus mit der von Blue Chips vergleichen könnte.

Tatsächlich liegen zum Beispiel die KGVs, aber auch die Umsatzbewertungen der US-Titel über sämtliche Segmente näher aneinander. In Europa ist dies anders. Sie finden im MDAX oder SMAX durchschnittlich deutlich niedrigere Bewertungen als im DAX, und zwar nicht wegen der geringeren Qualität, sondern wegen der geringeren Liquidität im Handel. Allerdings kann die unterschiedliche Liquidität auch zum Gegenteil führen, dass nämlich eine MDAX-Aktie deutlich höher bewertet wird als eine Aktie im DAX. Auch das ist dann meist auf den engen Markt zurückzuführen ...

Welche Kriterien sind für die Anlageempfehlung entscheidend?

Bernecker: Eine objektiv niedrige Bewertung ist der erste Ansatz. Ich bin nicht bereit, in Trendwerte zu investieren, wenn die Bewertung inakzeptabel ist. Die Gewinn- und Umsatzbewertung müssen vergleichsweise niedrig sein und erhebliches Aufwertungspotenzial bieten. Die Frage ist dann, ob das Management über das Können und die Produkte verfügt, dies zu tun. Da kommt das Bekenntnis zum Shareholder Value durch. Neben der fundamentalen Analyse muss auch die Markttechnik stimmen. Sie zeigt, was im »Kurs enthalten ist«, und bestimmt deswegen das Timing. Gegen die Technik kaufe ich keine Aktie.

Woher stammen Ihre Informationen?

Bernecker: Der überwiegende Teil der Informationen kommt von den Unternehmen selbst, die heute fast jede Zahl nennen. Das war vor einigen Jahren noch anders. Schließlich kann der Markt nur bewerten, was er kennt. Deswegen ist der Anteil an Insider-Informationen sehr stark gesunken. Heute ist nicht die Beschaffung der Information schwierig, sondern deren Auswertung. Selbst ein Vorstand kann heute wenig erzählen, was mittelfristig die Tendenz seiner Aktie bestimmt. Die meisten fühlen sich von den Märkten sogar überfordert.

Wie wichtig ist der persönliche Kontakt zum Management?

Bernecker: Nicht mehr so wichtig wie früher. Die Informationen sind weitgehend standardisiert. Das Management kann die Einschätzung der Zahlen erleichtern beziehungsweise den Zusammenhang darstellen. Das wird heute zumeist aber über eine gelungene Öffentlichkeitsarbeit ebenfalls erreicht. Das Management will darüber hinaus meist verkaufen. Entweder sich oder das Unternehmen. Davor muss man sich als Analyst auch schützen, denn manche Vorstände können einen richtig mitreißen und infolgedessen das Urteil verzerren.

Spielt die Liquidität in einem Titel eine Rolle für die Einschätzung?

Bernecker: Ja, wie bereits gesagt, hängt die Bewertung in Deutschland sehr stark vom Marktsegment ab, weil in den einzelnen Indizes die Liquidität voneinander abweicht.

Sehen Sie Unterschiede im Stellenwert von Nebenwerten heute und in der Vergangenheit?

Bernecker: Qualitativ sehe ich dort keine Unterschiede. Am Image der Small Caps hat sich aber einiges geändert. Das hängt, wie gesagt, an der Liquidität und an dem Bekenntnis zum Shareholder Value.

Was muss geschehen, damit Small Caps populärer werden?

Bernecker: Die Märkte müssen mehr Teilnehmer erhalten und liquider werden. Die USA sind das Vorbild.

Welchen Zeithorizont muss ein Anleger bei Investments in Nebenwerte mitbringen?

Bernecker: Lässt sich so nicht sagen. Dass Mid Caps immer viel Geduld brauchen, ist oft eine Ausrede für schwache Kursperformance. Tatsächlich gibt es hier die unterschiedlichsten Erfahrungen.

Glauben Sie, dass sich mit Nebenwerten höhere Renditen erzielen lassen?

Bernecker: Ja auf jeden Fall. Immer dort, wo es starke Unterbewertung gibt, liegen überdurchschnittliche Chancen. Entscheidend ist, ob das Management eine entsprechende Story liefern und erfüllen kann. Bei Nebenwerten spielen auch Sondersituationen eine größere Rolle. Ich meine hierbei zum Beispiel Übernahmen oder andere Wechsel im Aktionärskreis. Durch das Wachstum der so genannten Private Equity Fonds kommt in diese Märkte Bewegung.

Fonds

Salopp gesagt, stellen die Privatanleger an der Börse die Masse, die Analysten die Meinung und die institutionellen Anleger in Form von Fonds die

Moneten. Entsprechend groß ist der Einfluss von Fondsmanagern im täglichen Börsengeschäft. Vor allem in den USA nutzen Fondsmanager ihre Macht, um auf Aktionärsversammlungen oder in Einzelgesprächen dem Management einer Gesellschaft Beine zu machen, wenn sie den Eindruck haben, die Chefetagen kümmerten sich nicht ausreichend darum, den Firmenwert zu erhöhen. Große US-Fondsgesellschaften sorgen dann schon mal aktiv für einen Personalwechsel an der Unternehmensspitze.

In Deutschland waren die Vertreter der großen inländischen Investmentgesellschaften, wie DWS, DIT, Union oder Adig, jahrelang die Jasager vom Dienst auf Hauptversammlungen, stets bereit, den Vorschlägen der Unternehmens-»Verwaltung« zu folgen. Nun wachen auch sie langsam auf. Immer häufiger finden sich die Fondsvertreter in der Rolle der Opposition wieder und verweigern die Entlastung von Vorstand und Aufsichtsrat.

Der Einfluss der Fonds hat einen ganz einfachen Grund: Sie haben jede Menge Geld. Allein die deutschen Fonds hatten im Jahr 2001 eine stolze Summe von 919 Milliarden Euro unter ihrer Obhut. Davon lagen 418 Milliarden Euro in so genannten Publikumsfonds, also solchen, an denen sich Privatpersonen beteiligen können. Diese wiederum steckten rund 173 Milliarden Euro in reinrassige Aktienfonds. Mit einer solchen Summe lässt sich zweifellos einiges bewegen, und hinzu kommen noch fast 180 Milliarden Euro, die per Spezialfonds in Aktien investiert sind. Solche Spezialfonds werden für Unternehmen aufgelegt, um deren Gelder anzulegen. Große Kunden sind Versicherungsunternehmen und Pensionskassen, im Anschluss folgen Kreditinstitute, aber auch andere Unternehmen lassen ihre Gelder so für sich arbeiten. Viele Unternehmen parken beispielsweise nach einem Börsengang die eingesammelten Gelder in einem speziell für sie aufgelegten und geführten Fonds.

Mit ihren Mitteln können die Fondsmanager die Kurse bewegen. Wenn eine Investmentgesellschaft bei einem Unternehmen mit vielen Millionen einsteigt, dann tut dies dem Kurs in der Regel gut. Ein großer Anteil von Institutionellen unter den Aktionären einer Firma macht es oft auch einfacher, Kapitalmaßnahmen mit geringem Aufwand durchzuziehen. Umgekehrt heißt das natürlich auch: Wenn die Fondsmanager das Vertrauen ins Unternehmen verloren haben und aussteigen, geraten die Kurse gerade bei kleineren Gesellschaften ins Schleudern, viele Privatanleger springen gleich mit ab und verstärken den Effekt dadurch noch.

Vorteile der Fondsanlage und Kosten

»Don't put all your eggs in one basket.« Der Ratschlag, nicht alle Eier in einen Korb zu legen, ging um die Welt. Mit dieser simplen Formel versuchte der US-Amerikaner James Tobin im Jahr 1981, Journalisten die Grundzüge der Portfoliotheorie zu erklären, für deren Weiterentwicklung er den Nobelpreis für Wirtschaftswissenschaften erhalten hatte. Der Gedankengang hinter Tobins so genanntem Separationstheorem ist letztlich zwar doch etwas komplizierter, die Aussage führt die Vorteile der Anlagediversifikation jedoch plastisch vor Augen.

Auf den Aktienmarkt bezogen, ist es leicht einleuchtend, dass das Risiko des Investments gesenkt wird, wenn die Anlagesumme auf mehrere Aktien gestreut wird. Auf diesem Grundgedanken bauen Fonds auf. Das klassische, fundamental orientierte Stock-Picking der Fondsmanager schaltet das so genannte unsystematische Risiko zwar nicht völlig aus, da ja eine qualitätsorientierte Aktienauswahl getroffen werden soll, dieses Risiko wird jedoch deutlich reduziert.

Eine breite Streuung Ihres Vermögens können Sie als Privatanleger prinzipiell zwar auch selber vornehmen, aber durch den Rückgriff auf professionelle Unterstützung sparen Sie Zeit. Jene Zeit nämlich, die Sie sonst benötigen würden, um umfangreiches Wissen über den Aktienmarkt und einzelne Unternehmen und Branchen zu erwerben. Fondsanlage ist nichts anderes als ein weiteres Stück Arbeitsteilung im Wirtschaftsleben. Außerdem ist der Mitteleinsatz vieler Kleinanleger zu gering, um eigenständig bestimmte Regionen und Branchen zu vertretbaren Transaktionskosten abdecken zu können. Diese Vorteile des Fondssparens haben sich längst herumgesprochen. Nicht umsonst kann die Branche gerade in Deutschland seit jeher darauf verweisen, dass viel mehr Bürger Fondsanteile halten als direkte Aktieninvestments. In Zahlen ausgedrückt: 9,8 Millionen Deutsche nannten im Jahr 2001 einen Fondsanteil ihr Eigen, nur 5,7 Millionen waren hingegen direkt als Aktionäre am Markt unterwegs.

Für seine Zeitersparnis muss der Kunde allerdings zahlen, in Form von Ausgabeaufschlägen und Managementgebühren. Üblicherweise werden bei Aktienfonds Managementgebühren oder Verwaltungsgebühren zwischen knapp 1 Prozent und 1,75 Prozent verlangt. Damit werden unter anderem die Gehälter der Fondsmanager gezahlt, aber auch andere Verwaltungsaufwendungen. Immer öfter bürgert es sich auch ein, dass Vertriebspartner aus dem Topf der Managementgebühr Zahlungen erhalten, obwohl dies nicht Sinn der Sache ist. Hinzu kommen weitere Belastungen, die für den Anleger nicht immer transparent sind. Die Transaktionskosten für den Kauf und Verkauf von Wertpapieren zählen dazu, aber auch die Vergütung für die Depotbank. Diese Gebühren fallen jedes Jahr aufs Neue an. Sie werden direkt aus dem Fondsvermögen entnommen und mindern damit die Wertentwicklung der Anteile, ohne dass der Anleger die genauen Zusammenhänge jeweils im Detail durchschauen kann. In den USA hingegen ist schon lange der Ausweis aller anfallenden Kosten bei einem Fonds unter dem Begriff TER, *Total Expense Ratio*, üblich.

Lediglich einmalig beim Kauf eines Fondsanteils wird oft ein Ausgabeaufschlag fällig. Er bewegt sich meistens in einer Höhe von bis zu gut 5 Prozent. Ein wenig Recherche am Markt lohnt sich aber allemal, denn immer häufiger verzichten gerade Direktbanken teilweise oder vollständig auf den Aufschlag, wenn ein Fonds über sie geordert wird. Auch Fonds ohne Ausgabeaufschlag, so genannte No-load-funds, sind immer häufiger am Markt zu finden. Für den Verzicht auf den Ausgabeaufschlag fallen allerdings höhere laufende Verwaltungsgebühren an. Welche Variante vorteilhafter ist, hängt davon ab, wie lange der Anleger sein Fondsinvestment plant und ob er häufige Käufe und Verkäufe von Anteilen erwartet. Bei kurzen Engagements oder häufigen Transaktionen sind No-load-funds vorzuziehen, bei längeren Haltefristen empfiehlt es sich eher, einen Fonds mit Ausgabeaufschlag zu wählen und vor dem Kauf die günstigste Adresse zum Erwerb zu ermitteln, wobei auch möglicherweise neu anfallende Depotgebühren zu berücksichtigen sind.

Nun sollten Fondssparer damit rechnen können, dass für ihre Zahlungen ein Management eingesetzt wird, welches ein Portfolio besser verwaltet, als sie es selber mit einem gewissen Zeiteinsatz tun könnten. Dass dies nicht immer der Fall ist, hat sich mittlerweile herumgesprochen. Im Hinblick auf die so genannten aktiv gemanagten Fonds, also jene, die die Papiere gezielt nach bestimmten Anlagekriterien auswählen, zeigt eine Reihe von Statistiken, dass es 80 bis 90 Prozent der Fondsmanager nicht gelingt, den Index zu schlagen, die so genannte Benchmark. Diese These postulierte der US-Wirtschaftswissenschaftler Michael Jensen bereits 1968. Einige neuere Untersuchungen aus den Vereinigten Staaten deuten allerdings darauf hin, dass der oben genannte Anteil die Leistungen der Fondsmanager unterschätzt.

Während bei großen, entwickelten Märkten dennoch passive Fonds oder Zertifikate unter dem Strich die Nase vorn haben könnten, sieht die Situation bei kleinen Segmenten, die noch nicht vom Kapitalmarkt entdeckt wurden, anders aus. Hier ist der Markt faktisch noch ineffizient, der Fondsmanager verbessert die Chancen einer überdurchschnittlichen Leistung, indem er versucht, einen legalen Informations- und Analysevorsprung zu gewinnen. Gleichzeitig ist in diesen Märkten der Aufwand für Privatanleger, die auf eigene Faust an qualifizierte Informationen und Einschätzungen gelangen wollen, überdurchschnittlich hoch. Ein Engagement in einem aktiv gemanagten Fonds für Nebenwerte ist vor diesem Hintergrund für den wenig erfahrenen oder zeitlich eingespannten Investor eine gute Alternative. Außerdem lässt sich damit das Risiko meistens noch weiter senken: Untersuchungen haben gezeigt, dass die Wertentwicklung von Nebenwerten nur in vergleichsweise geringem Maß von den Standardwerten beeinflusst wird. Diese fehlende Korrelation ist es, die immerhin schon ein leicht zufriedenes Lächeln auf die Gesichter der Portfolio-Theoretiker zaubert.

Der organisatorische Rahmen

In Deutschland sind die Verwaltung von Anlagegeldern und deren Verwahrung getrennt. Dies sieht das KAGG, das Gesetz über Kapitalanlagegesellschaften, vor. Dem Investmentunternehmen, der so genannten Kapitalanlagegesellschaft (KAG), obliegt in dieser Konstruktion das Management der eingezahlten Mittel, die als »Sondervermögen« bezeichnet werden. Unter Umständen lässt es sich dabei von externen Fachleuten beraten. Nach diesem Muster funktioniert beispielsweise die Zusammenarbeit zwischen den DAC Fonds und dem Kulmbacher Börsenverleger Bernd Förtsch. Eine KAG muss in der Rechtsform der AG oder GmbH firmieren und ein Kapital im Nennwert von 2,5 Millionen Euro haben.

Das Sondervermögen selbst liegt bei der Depotbank. Sie soll auch überwachen, dass von der KAG die Anlagerichtlinien eingehalten werden. Dem Management fließen lediglich die vereinbarten Verwaltungsgebühren und eventuelle Auslagen direkt zu. Für ihre Kontrollleistungen kann die Depotbank im Gegenzug ebenfalls eine Vergütung verlangen. Die Trennung von KAG und Depotbank ist allerdings häufig nicht so strikt, wie es sich zunächst anhört. Beispielsweise wählte die Fondstochter der Dresdner Bank, der Deutsche Investment Trust, selbstverständlich die Konzernmutter als Depotbank.

Einer der Kernpunkte bei Fonds ist die Risikostreuung. Das Gesetz über Kapitalanlagegesellschaften enthält einige Bestimmungen, die ein Mindestmaß an Diversifikation sicherstellen sollen. So darf eine Investmentgesellschaft bei Aktienfonds maximal 10 Prozent ihres Vermögens in einen Titel investieren. Diese Grenze kann allerdings in Ausnahmefällen kurzzeitig überschritten werden, beispielsweise dann, wenn die Fondsgesellschaft ihr Bezugsrecht bei einer Kapitalerhöhung ausübt.

Höchstens 40 Prozent des gesamten Geldes dürfen in Aktien angelegt sein, die 5 bis 10 Prozent des Fondsvolumens ausmachen. Dies bedeutet auch, dass die vier bis acht größten Positionen im Fonds nicht mehr als besagte 40 Prozent umfassen dürfen. Zwar gilt die Regel, dass nur Aktien aus organisierten Märkten im Fonds enthalten sind, im Ausnahmefall dürfen jedoch 10 Prozent des Sondervermögens auch durch nicht notierte Titel gefüllt werden. Bis zu 49 Prozent des Sondervermögens dürfen bei Aktienfonds als Guthaben bei Banken oder in Geldmarktpapieren gehalten werden.

Kredite dürfen nur kurzfristiger Natur sein und maximal bis zu einem Umfang von 10 Prozent des Sondervermögens aufgenommen werden. Auch dürfen durch ein Sondervermögen nicht mehr als 10 Prozent der Stimmen eines Unternehmens erworben werden. Hierdurch soll übermäßiger Einfluss von Fondsmanagern auf Unternehmen verhindert werden.

Über den Inhalt des Gesetzes hinaus muss sich ein Fonds an seine Anlagerichtlinien halten. Diese können deutlich niedrigere Liquiditätsquoten vorsehen und geben unter Umständen verbindliche Größen für Investments in bestimmten Regionen oder Segmenten vor.

Die genannten Regelungen des Gesetzes stellen nur die wichtigsten Eckpunkte für Aktienfonds dar. Die Beschränkung des Kapitalerwerbs auf maximal 10 Prozent der Stimmrechte eines Unternehmens ist besonders für Nebenwertefonds relevant.

Das Management von Nebenwertefonds

Fondsmanager lieben oder hassen Indizes. An ihnen können und müssen sie sich messen lassen, sie sind ihre Benchmark. Auch im Nebenwertebereich gibt es reichlich davon. Fast jeder Indexanbieter hat neben den Wachstumsindizes und den Börsenbarometern für Standardwerte auch die substanzwertorientierten Kleinwerte im Programm. Die wichtigsten sollen hier kurz vorgestellt werden.

In Deutschland bietet die Deutsche Börse den SMAX und den SDAX an. Im europäischen Ausland hat zum Beispiel FTSE einen Small-Cap-Index kreiert, und natürlich gibt es einen MSCI Europe Small Cap Index, so wie die Morgan Stanley Capital International natürlich auch einen entsprechenden Weltindex anbietet. In Europa ebenfalls von Bedeutung unter den Nebenwerteindizes ist das Produkt von HSBC, der Smaller Euroland Index. Auch Amex ist mit einem Small-Cap-Index unterwegs, und bei Standard & Poor's hat in den USA der S & P 600 Value seinen Platz gefunden, dem als Hightech-Pendant der S & P 600 Growth gegenüber steht. Auch der Wilshire Small Cap Index ist in den Vereinigten Staaten von Bedeutung, eine noch größere Rolle aber spielt der Russell 2 000. In ihm sind sozusagen die Kleinen unter den Größten vertreten. Er leitet sich vom Russell 3 000 ab, der die 3 000 auf Basis der Marktkapitalisierung größten US-Unternehmen umfasst und damit fast 98 Prozent der US-Börsenlandschaft abdeckt. Wer hier nicht vertreten ist, muss sich schon als Micro Cap oder Penny Stock bezeichnen lassen.

Anhand eines Index lässt sich die Leistung eines Fonds einstufen. Damit dies für den Investment-Manager eine halbwegs erquickliche Sache wird, muss er auch bei Small Caps hart arbeiten. Der persönliche Kontakt zu den Unternehmen ist nach fast einhelliger Aussage der Herren über das Anlegergeld das A und O ihrer Tätigkeit. Gerade bei kleinen Werten gilt es schließlich, jene Informationen herauszukitzeln, die der Markt zwar noch nicht zur Kenntnis genommen hat, die aber die Motoren zukünftigen Börsenerfolgs sein können.

Neben dem genauen Studium der Zahlen müssen die Produkte geprüft und das Management in Augenschein genommen werden. Letztlich sind jene Punkte abzuklopfen, die auch für den Privatanleger von Belang sind, allerdings haben die Fondsmanager oft einen besseren Zugang zu den Chefetagen als das normale Fußvolk. Mehr als hundert Unternehmenskontakte bringt das rührige Managementteam eines Fonds pro Jahr über die Bühne.

Die meisten großen Fonds werden mittlerweile nicht mehr von einem Fondsmanager allein betreut. Stattdessen ist eine ganze Gruppe von Experten damit betraut, zu recherchieren und zu analysieren. Häufig wird diese von eigenen Analystenteams unterstützt, denn den Studien der Banken trauen die wenigsten Fondsverwalter vorbehaltlos. Allein der weltweite Branchenprimus Fidelity unterhält für sein Europageschäft in London einen Stab von fünfzig Analysten, jeder Dritte davon ist für Nebenwerte zuständig.

Im heimeligen Büro allein lässt sich der Job des Fondmanagers nicht erledigen. Zwar ist es schön, wenn die Unternehmensvorstände ihre Aufwartung machen, aber die Produktionsanlagen vor Ort sollten nach Möglichkeit zumindest einmal besichtigt worden sein. Dabei lohnt es sich für den seriösen Fondsmanager nur, solchen Unternehmen näher zu treten, in die er realistischerweise auch investieren kann. Im Nebenwertesektor sind Fondsvolumina im hohen zweistelligen oder gar dreistelligen Millionenbereich an der Tagesordnung, bei Blue Chips wird die Milliardengrenze schnell überschritten. Angesichts dessen fällt ein Teil der notierten Werte von vorneherein durch den Rost. Bei wenigen tausend Stück Umsatz am Tag und einem Aktienpreis im Bereich unter 5 Euro würde ein kursschonender Einstieg viel zu lange dauern.

Auch muss der Fondsstratege darauf achten, die Grenze von 10 Prozent der Stimmrechte einzuhalten, die er nach KAGG nicht überschreiten darf. An rund zwei Dutzend SMAX-Werten waren im Frühjahr 2002 nach damaligen Börsenkursen Beteiligungen von 10 Prozent schon für ungefähr 2 Millionen Euro zu haben. Aufgrund dieser Problematik haben gerade regional begrenzte Nebenwertefonds häufig ein Investmentproblem, wenn sie eine bestimmte Größe überschreiten. Zum Teil reagiert die Kapitalanlagegesellschaft in einer solchen Situation damit, dass der Fonds geschlossen wird, das heißt, neue Anleger können nicht mehr einsteigen. Auf diese Weise wächst das Volumen zumindest nicht weiter. Allerdings sind viele Nebenwertefonds regional so breit aufgestellt, dass sie sich mit solchen Fragen nicht auseinander setzen müssen. Dies gilt für alle Fonds, die ganz Europa als Anlageuniversum haben, und ebenso für Fonds, die in Deutschland auch Mid Caps beimischen dürfen.

Hat der Fondsmanager ein seiner Meinung nach lohnendes Anlageobjekt gefunden, so braucht er zunächst meistens viel Geduld. Die Hoffnung nämlich, dass alle Welt sofort nach dem eigenen Engagement den Hidden Champion ihrerseits entdeckt und der Kurs durch neue Investoren Flügel bekommt, trügt fast immer. Es kann bei Substanzwerten durchaus einige Jahre dauern, bis eine aussichtsreiche Story von Nachahmern entdeckt wird.

Die Auswahl des passenden Fonds

Die Zahl der europaweit anlegenden Nebenwerte-Fonds oder gar derer mit internationalem Ansatz ist erklecklich. Die in Deutschland angebotene Zahl geht in die Dutzende, in Europa insgesamt wird eine dreistellige Zahl angeboten, und in den USA haben rund 400 Fonds Small Caps im Visier. Der Auswahlprozess ist deshalb manchmal für den Investor nicht ganz einfach. Sie sollten sich allerdings nicht nur vom Namen leiten lassen. Nicht alle Fonds, die den Anspruch erheben, in Small Caps oder Smaller Caps zu investieren, führen auch wirklich nur substanzwertorientierte Nebenwerte. Viele Small-Cap-Fonds haben ihren Fokus auf Hightech-Werte gelegt, ihr Anlageschwerpunkt liegt dann in den europäischen Neuen Märkten oder der NASDAQ. Noch häufiger sind aber Mischformen aus Small Caps und Mid Caps, denen sogar ein bestimmter Prozentsatz an hochkapitalisierten Werten beigemischt werden darf.

Um sich als potenzieller Anleger Klarheit zu verschaffen, müssen Sie sich informieren: Investoren mit viel Zeit beschaffen sich den Verkaufsprospekt des Fonds und gehen die Anlagerichtlinien im Einzelnen durch. Hieraus sollte deutlich hervorgehen, was alles erlaubt ist. Die Verkaufsprospekte stellt die Fondsgesellschaft auf Anfrage zur Verfügung, aber auch die Vertriebspartner, also Banken oder Finanzdienstleister, müssen sie aushändigen. Oft reicht ein Blick ins Internet, wo das entsprechende Dokument zur Ansicht und zum Herunterladen bereitsteht.

Um sich einen ersten Eindruck zu bilden, genügt auch die Kurzdarstellung des Fonds, die von fast allen Investmentgesellschaften für ihre Produkte erstellt wurde. Hieraus geht hervor, wie der Fonds aktuell positioniert ist, aufgeführt sind das Fondsvolumen, die Aufteilung nach Branchen oder Regionen und die Top-Holdings. In Deutschland zugelassene Fonds müssen bestimmte Transparenzanforderungen erfüllen; dazu gehört unter anderem die Veröffentlichung von Halbjahres- und Jahresberichten. Einige Fonds veröffentlichen ihre größten Positionen sogar quartalsweise.

Wenn die ersten Unterlagen vorliegen, müssen Sie selektieren, welche Produkte für Sie infrage kommen. Dabei ist im Nebenwertebereich nach

Regionen zu unterscheiden: Soll der Fonds weltweit tätig sein, sich auf Europa beschränken oder nur auf Deutschland, dort vielleicht sogar nur auf den SMAX? Der nächste Schritt besteht in der Prüfung der Anlagestrategie. Nach welchen Kriterien werden Unternehmen ausgewählt? Steht möglicherweise die Dividendenrendite im Vordergrund, werden bestimmte Branchen bevorzugt? All diese Fragen gilt es zu beantworten. Der Blick auf die aktuellen Top-Investments hilft zu beurteilen, ob die schönen Worte auch umgesetzt werden. Bezogen auf den Investmentansatz, fahren viele Fondsmanager bei Nebenwerten eine so genannte Bottom-up-Strategie. Sie betreiben Stock Picking, suchen also nach aussichtsreichen Unternehmen, ohne sich vorher über bestimmte Länder und Branchen zum Einzelunternehmen vorzuarbeiten.

Sind Anlageuniversum und Strategie geprüft, richtet sich der Blick – ähnlich wie bei der Unternehmensanalyse – auf die Menschen. Wenn ein Fondsmanager im Vordergrund steht, können Sie via Presse und Internet Informationen über ihn sammeln. Klopfen Sie ihn auf seine Erfahrung, seine Reputation und seine Erfolge in der Vergangenheit hin ab. Allerdings sind zwei Dinge zu beachten: Viele Fondsgesellschaften stellen, erstens, einzelne Personen aus Marketing-Erwägungen ins Rampenlicht, obwohl faktisch ein ganzes Team am Investmentprozess entscheidend mitwirkt. Zweitens bieten Erfolge aus der Vergangenheit keinerlei Garantie für die Zukunft. Auch unter Fondsmanagern gibt es Stars, deren Stern in einer bestimmten Börsenphase aufgeht und anschließend wieder sinkt. Wer bei steigenden Kursen eine ausgezeichnete Performance hinlegt, kann in Baissephasen zu den schlechtesten seiner Zunft gehören, weil der Investmentstil dann nicht mehr zeitgemäß ist. Darüber hinaus zeigt die Auswertung von so genannten Fonds-Ratings, wie sie von Zeitschriften oft veröffentlicht werden, dass die Spitzengruppe unter den Fonds alle paar Jahre wechselt; die Besten von einst rutschen dann schnell ins hintere Mittelfeld ab. Nur eine Langzeitbetrachtung gibt gehaltvolle Hinweise auf das Können eines Fondsmanagers. Wenn dieser über zehn Jahre mit Erfolgen glänzen kann, ist dies aussagekräftiger als eine Spitzenleistung in einer Frist von ein oder drei Jahren.

Der Blick auf Personen kann sich auch kurzfristig lohnen. Vor allem wenn erfolgreiche Fondsmanager eine Investment-Gesellschaft verlassen, neigen ihre früheren Fonds häufig erst einmal zur Schwäche. Anleger ziehen Gelder ab, Positionen müssen deshalb überstürzt verkauft werden, das neue Management muss den Fonds erst nach seinen Vorstellungen neu ausrichten – diese Faktoren belasten kurzfristig.

Haben Sie schließlich den passenden Fonds ausgewählt – ein Prozess, der ruhig einige Tage und Wochen dauern darf –, dann kann das Gefeilsche bei den Konditionen losgehen. Die Recherche im Internet verrät schnell, wo der Fonds am billigsten angeboten wird. Wenn die Gesamtkosten dies rechtfertigen, sollten Sie als Anleger zuschlagen. Da aber Engagements in Nebenwerte eine zeitaufwändige Angelegenheit sind, sollten Sie gerade bei neu aufgelegten Produkten keine Wunder, also keine kurzfristigen Gewinne erwarten.

SMAX-Fonds – bisher noch selten

Die im Bundesverband Deutscher Investment- und Vermögensverwaltungs-Gesellschaften, BVI, organisierten Unternehmen führten Ende 2001 knapp 900 Aktienfonds mit nationalem und internationalem Anlageschwerpunkt. Davon waren lediglich drei SMAX-Fonds: der Lupus Alpha SMAX Plus, der MPC SMAX Plus und der Invesco Small Caps plus SMAX. Die beiden erstgenannten Produkte wurden von Lupus Alpha Partner und Karl Fickel, Fondsmanager des Jahres 1999, gemanagt, der Invesco Fond wurde federführend von Jochen Mathée betreut. Das Gesamtvolumen der Fonds belief sich auf rund 85 Millionen Euro, wozu Lupus Alpha knapp 75 Millionen beisteuerte, Invesco knapp 9 Millionen Euro und MPC weniger als 2 Millionen Euro. In der Summe sprechen diese Zahlen nicht gerade für ein großes Interesse der Anleger. Lupus Alpha war mit seinem Fonds Pionier am Markt, er wurde am 8. Januar 2000 aufgelegt. Es folgte am 11. Mai 2001 Invesco, bevor MPC am 1. August 2001 nachzog.

Die erwarteten großen Erfolge im Nebenwertesegment blieben in der Anfangsphase aus. Nur die Produkte von MPC und Invesco entwickelten sich leicht besser als der Index, lagen aber Ende März 2002 gegenüber ihren Startpreisen spürbar im Minus. Die Mindestanlagesumme beträgt bei Invesco 1 500 Euro, bei MPC 2 500 Euro und bei Lupus Alpha 7 500 Euro. Letzterer gewährt allerdings Anlegern ab 500 000 Euro bessere Konditionen. Die Managementgebühr beträgt bei allen drei Produkten (Stand April 2002) 1,5 Prozent, wobei MPC und Lupus Alpha bei einer positiven Kursentwicklung der Fondsanteile und einer gegenüber dem SMAX-All-

Share-Index überlegenen Leistung zusätzlich noch 17,5 Prozent des Mehrverdienstes als erfolgsabhängige Vergütung einbehalten.

Über die Gründe für die bescheidene Zahl von SMAX-Fonds und ihre mäßige Entwicklung lässt sich nur mutmaßen. Viele Investmentgesellschaften legen Fonds für bestimmte Segmente erst auf, wenn diese ein bis zwei Jahre alt sind, sodass in der Anfangsphase Zurückhaltung geübt wurde. Anschließend zeigte sich, dass die Anleger das Segment noch nicht voll akzeptiert hatten, was für weitere Abstinenz gesorgt haben könnte. Wenn die ersten Erfolge bei SMAX-Titeln und SMAX-Fonds zu beobachten sind, dürfte sich dies ändern. Für ausländische Fonds ist der SMAX überhaupt erst seit dem Jahr 2002 theoretisch interessant. Die Praxis vieler deutscher Nebenwerte, noch nach den Bestimmungen des Handelsgesetzbuches (HGB) zu bilanzieren, führt dazu, dass fast alle Fondsmanager jenseits der Landesgrenzen die Augen gen Himmel richten. Sie sind internationale Rechnungslegung nach IAS oder US-GAAP gewöhnt und können nur dann aussagefähige Vergleiche zwischen in- und ausländischen Small Caps anstellen. Die Einführung internationaler Rechnungslegung im SMAX ab 2002 ist somit ein Schritt in die richtige Richtung.

Interview mit Karl Fickel, Lupus Alpha

Die Investmentgesellschaft Lupus Alpha ist vergleichsweise neu am Markt. Seit Anfang 2000 bietet das Frankfurter Unternehmen Fonds an und konzentriert sich dabei auf Nebenwerte und den Neuen Markt. Lupus Alpha wurde von erfahrenen Finanzmarktexperten gegründet, darunter Karl Fickel. Der studierte Volkswirt begann seine berufliche Karriere bei der Commerzbank in den Bereichen Private Vermögensverwaltung und Portfolio-Management. 1994 wechselte Fickel ins Portfolio-Management bei der Investmentgesellschaft Invesco. 1999 wurde er von der Zeitschrift *Finanzen* zum Fondsmanager des Jahres in der Kategorie »Deutsche Aktien« gekürt.

Warum glauben Sie, dass sich mit Nebenwerten eine überdurchschnittliche Performance erzielen lässt?

Karl Fickel: Langfristige Analysen in den USA über einen Beobachtungszeitraum von 1925 bis 1999 haben ergeben, dass Small Caps mit einer jährlichen Rendite von 12,7 Prozent Large Caps mit 11 Prozent per annum deutlich outperformen. Vergleichbare Studien für den europäischen oder deutschen Markt sind aufgrund der kürzeren Historie allerdings nicht vorhanden. Für die überdurchschnittliche Entwicklung gibt es einige gute Gründe: Small Caps sind in der Regel flexibel und haben fokussierte Geschäftsmodelle. Diese Eigenschaften helfen ihnen, an einigen Trends wie verstärktem Outsourcing von Randaktivitäten, verkürzten Produktlebenszyklen und dem Übergang zur Losgröße eins, um nur einige zu nennen, stärker zu partizipieren als Large Caps.

Wie kommt es, dass sich der SMAX-Fonds von Lupus Alpha zu Beginn schlechter entwickelt hat als die Benchmark?

Fickel: Wir haben zu Beginn mit einer positiveren Konjunkturentwicklung für das Jahr 2001 gerechnet und uns dementsprechend stark in Finanztiteln und Venture-Capital-Gesellschaften engagiert, um eine gewisse Hebelwirkung auf die Kursentwicklung zu nutzen. Aber diese Titel haben weit schlechter performt als der Gesamtmarkt. In den letzten sechs Monaten konnten wir jedoch nach den Anfangsschwierigkeiten den Index um 2,5 Prozent schlagen und sehen uns für das Jahr 2002 gut positioniert.

Nach welchen Kriterien werden Werte für den Fonds ausgewählt?

Fickel: Wir filtern Unternehmen heraus, die auf der einen Seite günstig bewertet sind, auf der anderen Seite aber auch eine plausible Geschichte und ein zukunftsträchtiges Geschäftsmodell zu bieten haben. Um diese »Perlen« zu finden, muss man »Muschel für Muschel umdrehen«, sich also Unternehmen für Unternehmen sorgfältig anschauen. In Unternehmen, von denen wir uns kein persönliches Bild machen können, investieren wir nicht. Jede einzelne Investitionsentscheidung für den Fonds erfolgt auf der Basis einzelwertspezifischer Betrachtungen sowie qualitativer Bewertungen, wie Managementerfahrung und Markteintrittsbarrieren. Hinzu kommen quantitative Bewertungen, also KGV, Gewinnwachstum pro Aktie oder auch Relative Stärke gegenüber anderen Aktien und dem Vergleichsindex.

Wie häufig haben Sie Kontakt mit den einzelnen Unternehmen. Wer sind Ihre Ansprechpartner?

Fickel: Dort empfiehlt sich eine zweigeteilte Betrachtung: Unternehmen, die »on track«, also aus unserer Sicht fundamental einwandfrei sind, sehen wir in der Regel ein- bis zweimal jährlich, und dies entweder in unseren Geschäftsräumen oder vor Ort am Sitz des Unternehmens. Bei kritischeren Fällen – beispielsweise Turnaround-Kandidaten – nehmen wir wesentlich häufiger Kontakt mit dem Topmanagement oder der Investor-Relations-Abteilung auf, um zu sehen, wie sich das Unternehmen entwickelt.

Sehen Sie Unterschiede im Auswahlprozess zwischen Small Caps und Standardwerten?

Fickel: DAX-Werte werden von einer Vielzahl von Analysten beobachtet und untersucht, sodass sich alle Informationen sofort in der Kursentwicklung niederschlagen. Das Ausnutzen von Informationsineffizienzen ist somit praktisch unmöglich. Ganz anders bei Werten des SMAX: Die mittelständischen Unternehmen werden weit weniger genau beobachtet, sodass die Chance auf einen Zeit- und Informationsvorsprung ungleich höher ist. Hinzu kommt, dass Large Caps in der Regel global oder zumindest multinational tätige Unternehmen sind, für die weltweite konjunkturelle Aspekte weitaus bedeutsamer sind als für fokussierte, häufig in Nischenmärkten agierende Small Caps. Für den Investmentprozess bedeutet dies, dass die Top-down-Aspekte in einem Investmentprozess – wie Zinsen, Währungen, Konjunktur – wesentlich stärkere Berücksichtigung finden als bei einer Bottom-up-Betrachtung, wie wir sie für die Small Caps anwenden.

Wie gehen Sie mit der oft geringen Liquidität in den einzelnen Werten um? Ist das ein Hinderungsgrund für ein Investment?

Fickel: Als Beurteilungskriterien ziehen wir – wie bereits kurz erwähnt – die Bewertung einer Aktie, zu nennen sind hier noch einmal beispielhaft das KGV und die Dividendenrendite, heran, und vor allem die Qualität des Managements und die Marktstellung des Unternehmens und seiner Produkte wird berücksichtigt. Hinzu kommt der Blick auf Liquiditätskennziffern wie Marktkapitalisierung und Börsenumsatz. Das heißt, dass wir uns sehr wohl überlegen, ob sich die Investition in ein Unternehmen unter Liquiditätsgesichtspunkten lohnt – als Faustregel kann man sagen, dass eine Position nicht weniger als 0,5 bis 1 Prozent des Fonds ausmachen sollte –, wobei uns als institutionellem Investor auch häufiger Blöcke angeboten werden, die es uns ermöglichen, auch größere Positionen auf einen Schlag aufzubauen. Voraussetzung für eine Investition ist in diesem Fall eine sehr positive langfristige Einschätzung. Im Extremfall bedeutet die fehlende Liquidität jedoch eine »No-go«-Entscheidung. Die Arbeit am SMAX ist wohl am ehesten mit dem Uhrmacherhandwerk zu vergleichen, dort sind ein ruhiges Händchen und die entsprechende Geduld gefragt.

Ist die Zahl der Titel, die sich von der Marktkapitalisierung und der Liquidität her für eine Anlage eignen, nicht so begrenzt, dass sich alle Fonds nur auf wenige Titel stürzen?

Fickel: Hier kommt uns entgegen, dass wir den einzig wirklich reinrassigen SMAX-Fonds in Deutschland anbieten, während andere Gesellschaften den SMAX in der Regel nur zur Beimischung nutzen. Insbesondere große Gesellschaften, die Milliardenbeträge in einzelnen Fonds verwalten, setzen Mindestanforderungen in Bezug auf Liquidität und Marktkapitalisierung, die eine Vielzahl von Unternehmen am SMAX nicht erfüllen. In diesem Punkt sind wir als kleine, flexible Gesellschaft eindeutig im Vorteil. Für uns kommen auch Investments infrage, die für größere Gesellschaften – aus verständlichen Gründen – uninteressant sind.

Haben Sie bei Mittelzuflüssen überhaupt ausreichend Anlagealternativen, oder müsste der Fonds unter Umständen dann geschlossen werden?

Fickel: Das aktuelle Fondsvermögen von rund 80 Millionen Euro lässt sich noch gut verwalten. Wir haben aber von Anfang an gesagt, dass wir den Fonds schließen, wenn wir zu der Überzeugung gelangen, dass eine kritische Größe erreicht ist. Ein exaktes Volumen lässt sich jedoch nicht beziffern, da dies durch zahlreiche Faktoren wie Segmentwechsel, Neuemissionen und Steuerreform 2002 – um nur einige zu nennen – beeinflusst wird.

Warum ist das Interesse an Nebenwerten immer noch so gering? Ist das geringe Interesse ein deutsches Phänomen?

Fickel: In den letzten circa fünf bis zehn Jahren hatten wir eine Reihe von Phänomenen, die Large Caps begünstigt haben. Es fing an mit dem Thema Euro-Konvergenz, in der Investoren in Europa, und zwar in Large Caps, investiert haben; es folgte die Blase der Technologie-, Medien- und Telekom-Titel, und auch dort profitierten – neben den Neuen Märkten – schwerpunktmäßig Large Caps. Mit dem Ende der Blase suchten in den vergangenen zwei Jahren mehr und mehr Investoren einen sicheren Hafen, den MDAX. Aufgrund dieser Entwicklungen hatten klassische Small Caps nie Zeit, sich richtig zu entwickeln, und dennoch stellen wir ein deutlich gestiegenes Interesse an Nebenwerten fest – einfach nachvollziehbar an der Nachfrage nach unserem Fonds. Allerdings darf man nicht vergessen, dass Deutschland insgesamt ein Land mit einer noch jungen, insgesamt wenig ausgeprägten Aktienkultur ist, und ein Blick auf die wesentlich reiferen Märkte in Großbritannien und den USA zeigt, dass wir in Deutschland erst am Anfang der Entwicklung der Kapitalmärkte stehen. 98 Prozent des deutschen Bruttoinlandsprodukts werden von »mittelständischen« Unternehmen erwirtschaftet, die in der Regel als GmbH oder Personengesellschaft und nicht als am Kapitalmarkt notierte Aktiengesellschaft geführt werden. Das Potenzial ist also da. Besonders deutlich wird dies an der Kennzahl Marktkapitalisierung in Relation zum BIP – die 1998 sowohl für die USA als auch für Großbritannien bei circa 150 Prozent lag, in Deutschland jedoch nur bei 40 Prozent.

Was muss getan werden, um breitere Aufmerksamkeit zu schaffen?

Fickel: Es gibt eine Reihe von Beteiligten, die dazu beitragen können. Die Deutsche Börse könnte ihre Marketing- und PR-Aktivitäten für den SMAX erhöhen und zum Beispiel Branchentage durchführen, um das Segment bei Großinvestoren im In- und Ausland »hoffähig« zu machen und neue Unternehmen für den SMAX zu begeistern. Den größten »Hemmschuh«, das oftmals geringe Handelsvolumen, müssen die Unternehmen durch eine verstärkte IR- und PR-Arbeit in enger Zusammenarbeit mit ihren Konsortialbanken jedoch selbst beseitigen, und natürlich können auch die Medien durch eine ausgewogene Berichterstattung dazu beitragen.

Erhalten Sie ausreichend Informationen von den Unternehmen? Wo wird »gemauert«?

Fickel: Eine Reihe von Unternehmen betreibt inzwischen sehr aktiv Investor-Relations-Arbeit und beschränkt sich nicht nur auf die obligatorische Berichterstattung. Leider gibt es aber immer noch Unternehmen, die sich der Möglichkeit der Kapitalmarktkommunikation verweigern. Die meisten Manager sind auch gern bereit, Auskünfte über ihr Unternehmen, ihr Geschäftsmodell und ihre Strategie zu geben, wobei vom Eigentümer geführte Unternehmen tendenziell zurückhaltender sind. Aber es gibt auch Ausnahmen, die einen persönlichen Kontakt schlichtweg ablehnen. Die

Aktien solcher Unternehmen kommen allerdings für uns als Anlage nicht infrage.

Glauben Sie, dass in Deutschland mit weiteren Nebenwertefonds zu rechnen ist?

Fickel: Es gibt in Großbritannien 77 »UK Smaller Companies Fonds«. Allein diese Zahl zeigt, dass in Deutschland durchaus Raum für weitere Produkte ist, deren Auflage aber von der weiteren Entwicklung des gesamten Segments abhängen wird.

Inwieweit sollte der Privatanleger sich tatsächlich in einzelnen Nebenwerten engagieren?

Fickel: Das ist wie immer eine Frage, ob der Privatanleger die Zeit hat, sich mit dem Investment auseinander zu setzen und es auch nach dem Kauf regelmäßig zu verfolgen. Generell rate ich immer, dort zu investieren, wo man sich persönlich gut auskennt, sei es durch den Beruf oder durch ein Hobby, denn diese Voraussetzungen machen die Beurteilung eines Unternehmens und seiner Perspektiven wesentlich leichter.

Kapitel 5
Das Börsenleben – Szenen einer Ehe

Das Börsenleben eines Unternehmens vergleichen zynische Zeitgenossen gern mit den Szenen einer Ehe. Das Paar besteht dabei aus den Firmen auf der einen Seite und »dem Kapitalmarkt« auf der anderen. Unter letzterem Begriff sind Anleger, Banken und die Institution Börse gleichermaßen zusammengefasst.

Am Anfang der Beziehung umwerben sich die Beteiligten heftig und lassen nichts unversucht, um sich der anderen Seite in möglichst günstigem Licht zu präsentieren. Die Unternehmen wollen der Börse zeigen, dass sie reif für den Kapitalmarkt sind und einen Platz an der Kurstafel verdient haben. Und – hier kommt wieder die zynische Komponente ins Spiel – sie haben es natürlich auf das Geld ihres Partners abgesehen, glauben, dass es in ihren Kassen am besten aufgehoben ist. Der Kapitalmarkt auf der anderen Seite leckt sich die Finger nach attraktiven Unternehmen, solchen also, die auf eine rosarote gemeinsame Zukunft hoffen lassen. Und auch der Kapitalmarkt wird von finanziellen Interessen geleitet. Die Anleger schielen auf eine möglichst hohe Rendite aus der Partnerschaft, die Banken wollen an Provisionen verdienen, und die Börse ist naturgemäß an einer möglichst großen Zahl von notierten Unternehmen interessiert. Dies erhöht die Attraktivität eines Handelsplatzes und bringt Geschäft.

Nach der vorbörslichen Phase des Werbens, die durchaus mit Krisen und jeder Menge Anstrengung verbunden ist, wird die gemeinsame Zukunft mit dem Börsengang besiegelt. Ein besonderes Ereignis, welches denn auch gebührend gefeiert wird. Partystimmung und viele Gäste sind Teil der »Eheschließung«. Die Vorbereitungen für dieses Spektakel erstrecken sich über viele Monate, und ohne externe Hilfe kommt keiner aus. Die Rolle des Partyservice, des Schneiders oder Floristen wird an der Börse übernommen von Investmentbankern, IPO-Beratern, Wirtschaftsprüfern und Werbeagenturen. Und wie bei einer aufwändigen Hochzeit, geht die ganze Angelegenheit ziemlich ins Geld. Zu diesem Zeitpunkt sind sich aber alle Beteiligten einig: Es lohnt sich, schließlich geht man ja nur einmal im Leben an die Börse.

Danach beginnt der Alltag. Die Champagnergläser sind wieder fortgeräumt, nun müssen beide Partner miteinander auskommen. Dass eine Börsennotierung kein Zuckerschlecken, sondern auch mit einem Bündel von niedergeschriebenen oder stillschweigend erwarteten Pflichten verbunden ist, merken die Unternehmen recht schnell. Und die Pflichten sind mit Mühen und vor allem auch mit Kosten verbunden. Aber nur wer hier sein Bestes gibt, kann darauf hoffen, dass die beiderseitige Beziehung sich gut entwickelt. Nur wer mit Transparenz und einem hohen Maß an Kommunikation überzeugt, darf auf die Wertschätzung der Anleger hoffen.

Und in einigen Beziehungen zwischen Kapitalmarkt und Unternehmung fängt es irgendwann an zu kriseln. Enttäuschte Erwartungen, gebrochene Versprechen, erloschene Begeisterung – aus diesen Zutaten werden dann Trennungsgelüste. Das Thema Scheidung steht im Raum, die Ehe zwischen Kapitalmarkt und Unternehmen zerfällt. Im Börsenjargon nennt sich die Angelegenheit dann Delisting oder Squeeze-out. Dabei wird mit Vorwürfen über Versäumnisse der anderen Seite häufig nicht gespart.

Diese Phasen einer Ehe spielen sich im Grundsatz zwar bei Blue Chips und Nebenwerten ähnlich ab, aber im Detail stellen sich viele Chancen und Probleme bei Small Caps viel ausgeprägter dar. Das Initial Public Offering, der Börsengang also, ist für viele mittelständische Firmen der einzige Weg, die unternehmerische Nachfolgeproblematik zu bewältigen. Die Kosten der Börsennotiz spüren kleine Unternehmen oft härter als Firmen aus dem DAX, und der Rückzug von der Börse ist bei Nebenwerten mittlerweile eine normale Option geworden, bei der für den Anleger Chance und Risiko nahe beieinander liegen.

Vorbörsliche Beteiligungen

In euphorischen Börsenzeiten scheint das Geld geradezu auf der Straße zu liegen. Satte Gewinne versprechen dann oftmals gerade Neuemissionen. Voraussetzung für einen fetten Gewinn ist aber in diesen Zeiten, dass die eigene Order bei der Zuteilung Berücksichtigung findet, was bei oft hoffnungslos überzeichneten IPOs allerdings seltener der Fall ist. Gerade in diesen Phasen wünscht sich so mancher Anleger, doch schon früher, also vor dem Börsengang, an Aktien des Unternehmens herangekommen zu sein.

Doch während vorbörsliche Geldgeber in diesen Phasen noch rauschende Feste feiern und in der Sonne des Erfolges baden, wartet unweit der Cocktail-Bar schon der nächste Regenschauer. Denn gehören heftige Schwankungen ohnehin zur Börse, so gilt dies für vorbörsliche Beteiligungen meist noch wesentlich stärker. Kurzen Euphoriephasen folgen oftmals relativ lange Zeiträume mit einer mehr oder weniger stark ausgeprägten Weltuntergangsstimmung. Vergeblich sucht dann so mancher Investor einen Regenschirm, sprich jemanden, der ihm seine Papiere zu einem halbwegs vernünftigen Preis abnimmt.

Aber neben der ausgesprochen zyklischen Marktentwicklung lauern noch wesentlich mehr Risiken hinter einer vorbörslichen Beteiligung. So tummeln sich hier zahlreiche unseriöse Angebote. Doch auch bei den Firmen mit guten Absichten ist die Ausfallquote in Vergleich zu börsennotierten Unternehmen deutlich höher. Es ist davon auszugehen, dass, so sagen Kritiker, über 50 Prozent der vorbörslichen Beteiligungen zu Verlusten bei den Anlegern führen! Dies sollte jeder potenzielle Investor im Hinterkopf haben, wenn er sich auf die Pirsch nach den lukrativen Börsenkandidaten von morgen begibt.

Im Grunde genommen betätigt sich der Käufer vorbörslicher Beteiligungen wie eine kleine Venture-Capital-Gesellschaft. Er versucht die interessanten Unternehmensstorys herauszufiltern, um am Wertzuwachs zukünftiger Shooting Stars zu partizipieren. Die erste Frage muss also lauten: Warum wendet sich das Geld suchende Unternehmen überhaupt an Privatleute, warum nimmt es nicht einfach eine Venture-Capital-Gesellschaft an Bord?

> Unter *Venture Capital (VC)*, auch Wagniskapital, versteht man Beteiligungskapital für wachstumsträchtige, in der Regel kleine und mittelständische Unternehmen innovativer Branchen wie Telekommunikation oder Biotech.

Sicher wollen die VC-Gesellschaften mehr oder weniger stark auch Einfluss auf die Geschäftsgeschicke nehmen, wichtiger ist aber oftmals, dass sie im Vorwege der Scheckausstellung das Unternehmen auf Herz und Nieren prüfen, und zwar so gründlich, wie es der Privatanleger in der Regel nicht kann. Bleiben hier so manche Fragezeichen, die den gewünschten Geldsegen verhindern, dann suchen Unternehmen ihr Heil oftmals in der Ansprache von Kleininvestoren.

Denken und handeln Sie deshalb wie ein Venture-Kapitalist. Um einen besseren Überblick zu bekommen, betrachten wir zunächst die einzelnen Phasen einer Unternehmensentwicklung:

- Seed: Zu diesem Zeitpunkt befindet sich das Unternehmen noch in den Vorbereitungen für die Gründung. Meist existiert nicht viel mehr als eine Geschäftsidee. Die aufzunehmenden Mittel werden für die Umsetzung der Idee gebraucht und wandern meist vor allem in den Bereich Forschung und Produktentwicklung. Diese frühe Finanzierung birgt die höchsten Chancen, allerdings sind die Risiken aufgrund der fehlenden Zahlen der Vergangenheit hier auch mit Abstand am größten.

- Start-up: In diesem Stadium ist das Produkt so gut wie vorhanden, jetzt geht es um die Ideen zur Vermarktung und der Produktionsvorbereitung. Das Risiko, dass das Produkt überhaupt zur Marktreife entwickelt werden kann, sollte zu diesem Zeitpunkt also ausgeräumt sein. Dennoch muss sich erst noch zeigen, ob das Produkt auch wirklich Käufer findet. Auch zu diesem Zeitpunkt sind die Risiken also noch erheblich, da beispielsweise Daten zur Entwicklung in der Vergangenheit fehlen. Investoren mit speziellen Marktkenntnissen dürften nun im Vorteil sein, da sie am ehesten in der Lage sind, die Absatzchancen des Produktes einzuschätzen.

- Expansion: Die frischen Geldmittel sollen für den Produktionsbeginn beziehungsweise für den weiteren Ausbau der Produktionskapazitäten verwendet werden. Wichtig ist jetzt, dass es dem Unternehmen gelingt, das Produkt auf dem Markt zu positionieren und zu etablieren. Anleger sollten unter anderem prüfen, ob das Unternehmen inzwischen die notwendigen Organisationsstrukturen eingezogen hat, um das angestrebte Wachstum auch wirklich bewerkstelligen zu können.

- Bridge: Hierbei handelt es sich um eine Überbrückungsfinanzierung, »überbrückt« werden soll dabei der Zeitraum bis zu einem Börsengang oder dem Verkauf an ein anderes Unternehmen. Es besteht die Gefahr, dass sich die Bewertung aus der Sicht des Unternehmers bereits mit börsennotierten Firmen misst, auf der anderen Seite aber der ins Auge gefasste Börsengang zum Beispiel aufgrund eines veränderten Börsenumfeldes (noch) nicht realisierbar ist.

Je früher Sie sich an einem Unternehmen beteiligen, umso »billiger« sollte der Einstieg sein, denn umso höher sind die Risiken. Auf jeden Fall sollten Sie im Vorfeld die Gesellschaft gründlich unter die Lupe nehmen. Stößt die Bitte um die notwendigen Unterlagen auf taube Ohren, dann sollten Sie einen großen Bogen um die Company schlagen. Nur zur Erinnerung: Sie müssen davon ausgehen, dass über 50 Prozent der Beteiligungen im Minus enden. Wer mit Informationen hinter dem Berg hält, hat meist tatsächlich etwas zu verbergen. In einem solchen Fall ist also größte Vorsicht angesagt.

Gehen Sie stets davon aus, dass zwischen den Geld Suchenden und Ihnen als möglichem Investor erhebliche Informationsunterschiede über das zu finanzierende Unternehmen bestehen. Eine Frage sollte deshalb immer sein, warum der Unternehmer gerade jetzt Aktien verkauft. Die Informationsasymmetrien müssen durch eine weitestmöglich offene Informationspolitik des Unternehmens reduziert werden.

Da Daten über die Vergangenheit meist aufgrund der Jugend der Unternehmen nicht zu bekommen sind, sollte sich eine Prüfung zunächst vor allem mit dem Management beschäftigen.

Das Management

Gerade bei jungen Unternehmen ist die Geschäftsleitung von entscheidender Bedeutung für den Erfolg oder Misserfolg der Firma. Allerdings fällt es bei den hinter den Ohren noch nicht trockenen Firmen oftmals schwer, sich ein Bild von der Qualität der Führungscrew zu machen, da nicht selten auch die Führungsmannschaft noch jung ist.

Eine solide Ausbildung ist unabdingbar. Sie sollten prüfen, über welches technologische Know-how die Mannschaft in dem betreffenden Geschäftsfeld verfügt. Welche beruflichen Stationen gab es, worin bestand die Tätigkeit in diesen Firmen? Je höher das technologische Know-how, umso größer sind natürlich die Chancen, dass es sich wirklich um eine innovative Lösung im Produktportfolio handelt.

Doch Technologie alleine genügt nicht. Welche Erfahrungen gibt es im Management im Hinblick auf eine erfolgreiche Vermarktung? Auch hier sollten die Leistungen des Managements und der Mitarbeiter in der Vergangenheit, soweit möglich, unter die Lupe genommen werden.

Den dritten großen Bereich bilden die Finanzen. Auch hier muss genau geprüft werden, inwieweit die Firma über ein funktionierendes Rechnungswesen und Controlling verfügt. Als erfolgreich haben sich übrigens des Öfteren Kombinationen von jungen Technologie-Freaks mit gestandenen Marketing- und Finanzstrategen erwiesen.

Sollten Sie auch nur den geringsten Zweifel an der Seriosität auch nur einer der handelnden Personen haben, ist dringend von einem Investment abzuraten. Frei nach dem Motto »Wer einmal lügt, dem glaubt man nicht«, ist die Gefahr groß, dass auch dieses Mal wieder jemand, im Zweifel Sie, über den Tisch gezogen werden soll.

Die Produktpalette

Geld verdienen will und muss ein Unternehmen letztlich mit seinen Produkten beziehungsweise Dienstleistungen. Die jungen Firmen haben dabei meist besonders innovative Angebote im Gepäck. Doch selbst wenn ein Produkt innovativ ist, so bedeutet dies noch lange nicht, dass es auch tatsächlich einen reichlichen Verdienst einbringt. Sie sollten also prüfen, inwieweit die Produktpalette wirklich Vorteile gegenüber vergleichbaren Angeboten der Mitbewerber bietet.

Je geringer die Markteintrittsbarrieren, umso dürftiger erscheint der mögliche Erfolg. Die zahlreichen Negativbeispiele im E-Commerce sollten als Mahnung gesehen werden.

Darüber hinaus müssen die Wachstumsmöglichkeiten der gesamten Branche abgeschätzt werden. Je stärker das Segment nach oben treibt, umso größer ist die Chance, dass das eigene Unternehmen mitgespült wird.

Die Planungen

Prognosen sind schwierig, vor allem wenn sie in die Zukunft gerichtet sind. Frei nach diesem Motto des legendären amerikanischen Baseball-Spielers

Yogi Berra wird in den Prospekten der vorbörslichen Vertreter oft gelogen, dass sich die Balken biegen. »Soll doch erst einmal jemand das Gegenteil beweisen«, so ist es oft aus den Schilderungen herauszuhören. Da die Zahlen in der Regel bei diesen Kandidaten nicht durch Externe geprüft werden, muss der Anleger dies wohl oder übel selbst tun.

Die gesamte Planung sollte einer Plausibilitätsprüfung unterzogen werden. Erscheint der angestrebte Umsatz mit den Geldmitteln, den Mitarbeitern und aufgrund der Konkurrenzsituation möglich? Erscheinen die Margen, die durchgesetzt werden sollen, aufgrund der Ertragskraft anderer Anbieter realistisch? Zugegeben, die Prüfung ist nicht ganz einfach und sicherlich oftmals schweißtreibend, doch ohne sie radelt der gutgläubige Investor fast zwangsläufig in die Katastrophe.

Prüfen Sie auch, ob die vorhandenen zuzüglich der einzusammelnden Mittel auch wirklich für einen überschaubaren Zeitraum das weitere Wachstum sichern können. Ist schon bald eine neue Finanzierungsrunde fällig, erscheint das Risiko groß, dass eine Anschlussfinanzierung unter Umständen einmal nicht gelingt und das Unternehmen in eine bedrohliche Lage gerät.

Das Beteiligungsangebot

Zu den einzelnen Phasen einer Unternehmensentwicklung haben wir bereits oben das Wichtigste zusammengefasst. Im Hinblick auf die Bewertung gilt wie erwähnt: Je jünger das Unternehmen ist, desto niedriger muss aufgrund der höheren Risiken der Preis sein.

Verwenden Sie als Ausgangspunkt und Hilfsgrößen für Ihre Bewertung die Kennzahlen von vergleichbaren Unternehmen an der Börse. Beachten Sie dabei aber auch unterschiedliche Marktstellungen und Wachstumsraten.

Auch bei den Brückenfinanzierungen sollte noch ein nennenswerter Abschlag zu bereits notierten Vertretern der Zunft bestehen; nur so kann auch hier eine Beteiligung für frohe Mienen bei den Anlegern sorgen. Wurden im Vorfeld bereits Kapitalrunden durchgeführt, sollte der aktuell angebotene Kurs mit den zuvor gezahlten Preisen verglichen werden. Fragen Sie sich dabei, ob sich der Wert des Unternehmens in der Zwischenzeit entsprechend der Preisvorstellung entwickelt hat.

Für eine vergleichende Bewertung müssen Sie natürlich wieder die Planzahlen heranziehen. Ob teuer oder billiger eingekauft wurde, erweist sich meist erst später, wenn die Zuverlässigkeit der Prognosen besser abgeschätzt werden kann. Bewahren Sie sich deshalb stets eine gewisse Skepsis gegenüber den Planzahlen.

Darüber hinaus sollten Sie ein Auge auf die Quelle der angebotenen Aktien werfen. Stammen die Papiere vollständig aus einer Kapitalerhöhung, so fließt auch der gesamte Erlös in die Unternehmung. Wollen jedoch Altaktionäre Kasse machen, ist größte Vorsicht angebracht.

Die Entscheidung

Der Prüfprozess erfordert Fleiß, keine Frage. Oftmals dürfte es zudem nicht einfach sein, die erforderlichen Unterlagen zu beschaffen. Doch angesichts der leider extrem hohen Ausfallrisiken im Bereich vorbörslicher Beteiligungen kann an einer sorgfältigen Auslese kein Weg vorbeiführen.

Bei den Profis, den VC-Gesellschaften, werden in der Regel ebenfalls meist nur 1 bis 5 Prozent der eingereichten Finanzierungsgesuche positiv beschieden. Also keine Bange, wenn Sie auch nach der Prüfung von zehn verschiedenen Unternehmen noch immer keinen einzigen Euro investiert haben.

Vorbörsliche Notierungen

Für ein Investment spielt zudem die Veräußerbarkeit vor einem Börsengang eine wichtige Rolle. Diesbezüglich gibt es in Deutschland gleich mehrere Anbieter, die im so genannten Telefonhandel für die von ihnen betreuten Unternehmen Kauf- und Verkaufspreise stellen.

Dennoch sind die Umsätze in diesen Werten meist ausgesprochen dürftig, Verkäufe können eine längere Zeit in Anspruch nehmen und sind des Öfteren nur mit Kurseinbußen möglich. Zudem haben sich einige der Anbieter oftmals Stücke der Gesellschaften ins eigene Depot gelegt. Es kann somit sein, dass die Gesellschaft zunächst die selbst übernommenen Stücke an den Mann oder die Frau bringen möchte, bevor Papiere von Dritten gehandelt werden. Gegenüber dem Börsenhandel ist zudem die Differenz zwischen Kauf- und Verkaufskurs in der Regel deutlich höher. Die Aktie muss zuweilen um 10 Prozent oder gar mehr steigen, um den Anleger in die Gewinnzone zu führen.

Längst nicht alle der im Telefonhandel geführten Unternehmen streben auch tatsächlich einen Börsengang an. Vor einem Investment sollte somit auch eine mögliche Ausstiegs- beziehungsweise Exit-Strategie mitberücksichtigt werden. Bedenken Sie, dass es in Deutschland weit über 8 000 Aktiengesellschaften gibt, die theoretisch gelistet sein könnten, während an den Börsen aber nur rund 1 500 Firmen zu finden sind. Zudem gelang in der Vergangenheit auch in guten Jahren in der Spitze nur rund 100 Unternehmen ein Börsenlisting.

In Deutschland sind unter anderen Schnigge (www.schnigge.de) und VEH (www.veh.com) schon seit längerem im Telefonhandel tätig. Hier finden Sie Kauf- und Verkaufskurse zu zahlreichen Werten des Telefonhandels.

VC-Fonds als Anlagealternative

Wer das Risiko einer Einzelanlage scheut, kann sein Geld auch in VC-Fonds stecken. Hierbei wird eine größere Summe für einen geschlossenen Fonds eingesammelt, die dann in mehrere Unternehmen entsprechend des Finanzierungsziels des Fonds investiert wird. Durch die Beteiligung an verschiedenen Gesellschaften wird eine gewisse Risikostreuung erreicht. Zudem können Sie davon ausgehen, dass der Fondsmanager bei der Auswahl der Investments professionell vorgeht. Unterm Strich müssen natürlich die positiven Investments die negativen übersteigen, um das Anlegerherz höher schlagen zu lassen.

Der Anlagehorizont beträgt bei VC-Fonds in der Regel rund zwei bis zehn Jahre, wobei der überwiegende Teil der Investments meist gar nicht den Weg an die Börse finden wird. Stattdessen sind so genannte Trade-Sales, sprich der Verkauf an einen industriellen Partner, wesentlich häufiger anzutreffen. Über 50 Prozent der Exits erfolgten zuletzt über diese Verkaufsvariante.

Für den Investor bedeutet der oben genannte Anlagehorizont, dass er von einer entsprechenden Laufzeit des Fonds ausgehen muss. In der Regel profitiert er durch laufende Dividendenausschüttungen, falls möglich, sowie durch die Veräußerungserlöse. War früher ein Investment in entsprechenden Fonds nur Großanlegern vorbehalten, so bieten heute mehrere Gesellschaften auch Fonds mit einem Einstiegsvolumen ab rund 20 000 Euro an.

Vor einer Beteiligung sollten Sie die Erfolge der bisher von der Fondsgesellschaft aufgelegten Produkte unter die Lupe nehmen. Findet sich eine positive Performance im Bereich der Beteiligungsfonds, so spricht dieses für die Qualität des Anlagemanagements. Sie können in diesem Fall hoffen, dass die Zukunft ähnlich positiv verläuft. Des Weiteren sollten Sie einen Blick auf die weichen Kosten werfen, also auf die Gelder, die nicht für ein Investment zur Verfügung stehen, sondern für Vertrieb und Konzeptionierung des Fonds eingesetzt werden.

Neben der Abschlussgebühr sowie weiteren möglichen Kosten ist in der Regel eine jährliche Managementgebühr fällig. Darüber hinaus findet sich häufig eine prozentuale Beteiligung des Fonds am Erfolg. Das Motto dabei: »Macht es dem Fondsinhaber Spaß, soll es auch der Fondsgesellschaft zusätzliche Freude bereiten.«

Aufgrund der Laufzeit sollten Sie in den Bereich Beteiligungsfonds nur Geld stecken, auf das Sie längerfristig verzichten können. Da das Risiko trotz der Streuung nicht unterschätzt werden darf, sollte ein Investment nur als Beimischung dienen.

Börsennotierte VC-Gesellschaften

Eine weitere Möglichkeit, am erhofften Erfolg vorbörslicher Beteiligungen zu partizipieren, ergibt sich durch den Kauf von Aktien börsennotierter VC- und Beteiligungsgesellschaften. Durch die gleichzeitige Finanzierung mehrerer Unternehmen ergibt sich auch hier eine Streuung der Risiken. Dennoch verbleibt ein nicht zu unterschätzendes Restrisiko.

Der Aktionär profitiert durch laufende Dividendenzahlungen, soweit die Gesellschaft hierzu in der Lage ist. Daneben besteht die Chance, dass die Wertsteigerungen im VC-Portfolio zu steigenden Kursen der Gesellschaft führen. Durch die Börsennotiz hat der Aktionär die Möglichkeit, sich relativ schnell wieder aus dem Investment zu verabschieden. Als notierte Gesellschaften in Deutschland sind unter anderen Gold-Zack, Knorr

Capital Partner und TFG zu nennen. Daneben gibt es aber noch eine größere Zahl kleinerer und größerer Gesellschaften mit unterschiedlichen Anlagestrategien.

Vor einem Investment sollten Sie die üblichen Bewertungskriterien wie beispielsweise das Kurs-Gewinn-Verhältnis (KGV) anlegen, daneben aber auch die Wertentwicklung bei den Beteiligungen besonders im Auge behalten. Besonders wichtig bei den Beteiligungsgesellschaften ist auch eine Betrachtung der Vergangenheit. Inwieweit wurden die Planungen jeweils erfüllt, welche Erfolge kann das Management vorweisen, zum Beispiel in Form lukrativer Trade-Sales oder IPOs? Auch hier gilt: War die Führungscrew in der Vergangenheit erfolgreich, so können Sie darauf hoffen, dass die Erfolge auch in Zukunft fortgeschrieben werden.

Die große Frage bei der Bewertung der Gesellschaften ist aber stets, wie werthaltig das Beteiligungsportfolio wirklich ist. So lässt sich für den Anleger kaum erkennen, ob die Wertansätze für die einzelnen Investments zu hoch, zu niedrig oder angemessen sind. Somit können stille Reserven oder notwendige Abschreibungen auch meist nur schwer geschätzt werden.

Auch hier sollten Sie hilfsweise ein Blick in die Vergangenheit wagen. Wurden aus Verkäufen stets nennenswerte Gewinne realisiert, so lässt dies auf eine recht konservative Bewertung schließen. Vorsicht ist beispielsweise dann angebracht, wenn die gesamte Branche aufgrund einer schlechten Börsenentwicklung durch Abschreibungen auf die Beteiligungen mit Gewinnwarnungen glänzt, einzelne Gesellschaften aber hiervon scheinbar unbeeindruckt ihre Bahnen ziehen. Eine genaue Prüfung der Anlagestrategie sowie ein Blick ins Portfolio erscheinen in einem solchen Fall ratsam. Nicht selten zeigte sich in der Vergangenheit, dass es nur eine Frage der Zeit war, bis auch andere Vertreter der Zunft den Anlegern die Hoffnung auf einen unbeschadeten Durchmarsch durch die Krise nahmen.

Die Kursentwicklung der Gesellschaften hängt sehr stark von der Börsenentwicklung ab, wird doch von den meisten Gesellschaften ein erklecklicher Gewinnbeitrag durch Börsengänge generiert. Ist die Stimmung am Kapitalmarkt mies, gelingt jedoch so gut wie kein IPO. Zudem führen sinkende Börsenkurse tendenziell zu Abschreibungsbedarf im Beteiligungsportfolio. Wie stark die Kursentwicklung von der Börsenlage abhängt, zeigt Abbildung 3 (S. 152).

Ein Großteil der VC-Fantasie Ende des ausgeklungenen Jahrhunderts war dem lukrativen Exit-Kanal Neuer Markt zu verdanken. Ist dieser

Abbildung 3: Kursentwicklung der Knorr Capital Partner AG im Verhältnis zum NEMAX

verstopft, kommt die gesamte Zunft unter Druck. Hinzu kamen 2001 steuerliche Gegebenheiten, die es für Beteiligungsgesellschaften vorteilhafter erschienen ließen, Veräußerungserlöse erst ab 2002 zu erzielen. Hierdurch war der Ergebnisausweis der gesamten Vertreter zusätzlich »belastet«.

Interview mit Thomas H. Knorr, Knorr Capital Partner AG

Die bereits 1989 gegründete Risikokapitalgesellschaft Knorr Capital Partner AG berät Wachstumsunternehmen in allen Fragen der Wachstums- und Eigenkapitalstrategie. Die Investitionen werden dabei breit gefächert und das Risiko somit auf unterschiedliche Branchen und Wachstumsphasen verteilt. Traditionell stark vertreten sind die Branchen Telekommunikation, Hard- und Software, IT-Sevices und Life Sciences.

Als unabhängiger Berater entwickelt die Knorr Capital Partner AG Lösungen aus einer Hand unter Berücksichtigung der strategischen, finanziellen, steuerlichen und rechtlichen Bedürfnisse des jeweiligen Unternehmens. Knorr Capital greift dabei auf ein standardisiertes Geschäftsprozessmodell zurück, das über viele Jahre entwickelt wurde und kurz vor der Zertifizierung nach ISO Norm 9001 steht. Damit versucht das Unternehmen, erstmals in der Risikokapitalbranche ein Verfahren zu etablieren, das eine systematische Beratung und Erfolgskontrolle von Wachstumsunternehmen miteinander verbindet.

Die Veräußerung der Beteiligungen erfolgt über verschiedene Kanäle, zum Beispiel über die Börsennotierung von Unternehmen und über Verkäufe an Finanzinvestoren oder an strategische Investoren.

Welche durchschnittliche Rendite ist bei einer vorbörslichen Beteiligung zu erwarten?

Thomas H. Knorr: Über den Gesamtmarkt betrachtet und vor allem bei Berücksichtigung des klassischen VC-Geschäfts, das zum Ziel hat, sich in einem früheren Stadium der Unternehmensentwicklung anzunehmen und im Optimalfall die Gesellschaft an die Börse zu führen, reden wir über Renditen pro Jahr von über 20 Prozent auf das eingesetzte Kapital. Teilweise haben Gesellschaften 1999 oder 2000 Renditen von deutlich über 50 Prozent eingefahren, aber das war ja bekanntlich eine besonders goldene Zeit. Ob solche Entwicklungen wiederkommen, lässt sich nur schwer sagen. Sicher nicht in den nächsten zwei bis drei Jahren.

Wie hoch ist das Ausfallrisiko bei VC-Beteiligungen?

Knorr: Rund 40 Prozent der Unternehmen scheitern. 40 Prozent verdienen für den Investor Renditen, die mit einer langfristigen Anlage im festverzinslichen Bereich zu vergleichen sind, so um die 6 bis 7 Prozent. Hier wird also kein Geld verloren, aber es ist auch nicht berauschend. 20 Prozent sind zu den Top-Performern zu zählen. Mit diesen 20 Prozent macht der VC letztendlich seinen Profit.

Halten Sie eine vorbörsliche Beteiligung von Kleinanlegern für viel versprechend?

Knorr: Absolut nicht. Hier muss man ganz klar sagen: Wenn sich Privatanleger im VC-Geschäft engagieren wollen, dann sollten sie das über VC-

Fonds oder über VC-Gesellschaften tun. Eine Direktbeteiligung für den Privatanleger an Unternehmen, die sich in einem Venture-Stadium befinden, ist vom Risiko her nicht anzuraten.

Wie hoch schätzen Sie die Rate der unseriösen Angebote bei vorbörslichen Beteiligungen?

Knorr: Das ist ein relativ grauer Markt, deshalb gibt es keine verlässlichen Informationen. Aussagen, die man findet, zeigen einen zweistelligen Milliardenmarkt auf, aber hierzu dürften nicht nur der Bereich Risikokapital/VC-Kapital zu zählen sein, sondern auch dubiose Anlagen in irgendwelche Spekulationen und unseriöse Angebote im Hinblick auf Traumrenditen, wie sie auch immer wieder in Kleinanzeigen in der Tagespresse zu finden sind. Es ist wirklich überraschend, dass jährlich eine solch riesige Summe in zweifelhafte Anlageprodukte gesteckt wird.

Wie kann der Kleinanleger sich vor unseriösen Angeboten schützen?

Knorr: Der Anleger sollte absolut Distanz zu solchen Angeboten halten, die Renditen versprechen, die nicht in einem nachvollziehbaren Rahmen liegen. Renditen von 20 Prozent pro Jahr sind langfristiger Durchschnitt von soliden Venture-Capital-Gesellschaften. Wer Renditen prognostiziert, die selbst von Top-VC-Gesellschaften mit einem langfristigen *track record* nicht erreicht werden, der handelt fahrlässig und behaftet sich mit dem Hauch des Unseriösen.

Wem würden Sie VC-Fonds empfehlen?

Knorr: VC-Fonds haben natürlich den Vorteil, dass die Anlage weitgehend von Kursschwankungen frei ist. Bei börsennotierten VC-Gesellschaften sehen wir hingegen täglich Kursveränderungen. Dennoch sind natürlich auch hier die Anlagen mit dem gleichen Risiko behaftet wie bei den börsennotierten Gesellschaften. Entscheidend ist letztendlich die Güte der Investitionen, die vom Management vorgenommen werden, und wie die VC-Gesellschaften die Beteiligungen unterstützen und fördern. Es ist sicherlich zeitweise ein Vorteil, dass man als Anleger nicht laufend auf die aktuelle Notiz schielen muss. Wer als Anleger aber mehr auf die Liquidität seiner Investition achtet, ist mit dem Kauf einer börsennotierten VC-Gesellschaft oder einem börsennotierten Fonds besser dran.

Worauf sollte ein Kleinanleger bei der Investmentauswahl besonders achten?

Knorr: Es gibt klassisch gesehen eigentlich nur ein Kriterium: Wer sitzt im Management und welche Erfahrungen sind hier vorhanden? Sie investieren ja bei einem Fonds normalerweise in einen *blind pool*, das heißt, es steht beim Kauf des Fondsanteils noch nicht fest, in welche Firmen letztendlich das Geld gesteckt wird. Bekannt ist zu diesem Zeitpunkt meist nur die Investitionsstrategie, also welche Investitionskriterien man den Entscheidungen zugrunde legen wird. Es gibt hinsichtlich der Investments keine Sicherheit für den Anleger. Anders sieht es bei einer börsennotierten VC-Gesellschaft aus, wo letztlich ein Beteiligungsportfolio schon vorhanden ist und der Anleger sich durch einen Vergleich des fairen Wertes des Portfolios mit dem aktuellen Kurs der Gesellschaft die Attraktivität seines Investments herleiten kann.

In wie viele der von Ihnen geprüften Finanzierungsanfragen stecken Sie tatsächlich Geld?

Knorr: Die Ablehnungsquote liegt im Vorwege bei der Knorr Capital Partner bei rund 90 bis 95 Prozent. Von 20 Angeboten ist in der Regel eines attraktiv, sodass man sich zumindest detailliert damit beschäftigt. Aber zu einer positiven Investitionsentscheidung kommt es meist dann nur bei rund 1 Prozent. Dabei wurden in Boomzeiten rund 5 000 Anträge bei uns eingereicht. Der Markt ist 2000 und 2001 deutlich zurückgegangen, da viele gesehen haben, dass es nicht so einfach ist, Geld von einem VC-Geber zu bekommen. Es wird jetzt nicht mehr versucht, jede Pommes-Bude Richtung Börse zu trimmen. Der Markt hat sich von einem Verkäufermarkt, also von einem durch die sich überbietenden VC-Geber getriebenen Markt, völlig gedreht. Jetzt haben die VC-Gesellschaften wieder das Sagen und konfrontieren die Unternehmen mit harten Konditionen. Dafür gibt es anschließend auch eine enge Zusammenarbeit. Bei der Knorr Capital Partner kommen auf einen Investmentberater heute maximal zwei Unternehmen, die er zu betreuen hat.

Haben Sie zum Zeitpunkt des Investments schon klare Vorstellungen, wie die Beteiligungen in der Zukunft wieder veräußert werden sollen?

Knorr: Jeder VC-Geldgeber muss sich schon beim Einstieg überlegen, wie das Exit-Szenario aussehen könnte. Schließlich resultiert hieraus ja seine Zielrendite. Der Zeitraum vom Einstieg bis zum erhofften erfolgreichen Verkauf muss als ein strukturierter Prozess gesehen werden. Festgelegt wird, wie die VC-Gesellschaft die Wertentwicklung und das Wachstum der Gesellschaft unterstützen kann. Die VC-Gesellschaften sind heute aufgefordert, mehr zu liefern als das, was in der Vergangenheit praktiziert wurde. Wir nennen das eine prozessgestützte Wertentwicklungsarbeit.

Woran scheitern die meisten Jungunternehmen?

Knorr: Das häufigste Problem ist, dass die Strategie der Unternehmen nicht sorgfältig genug durchdacht ist. Viele Konzepte der Unternehmen sind sehr oberflächlich ausgearbeitet und nur auf den ersten Blick attraktiv und viel versprechend. Hier machen sich viele Unternehmen etwas vor und unterschätzen auch oft die Marktsituation. Das zeigt sich häufig bei Unternehmen, die meinen, einen Technikvorsprung zu haben. Hieraus resultieren nämlich nicht automatisch gleich auch die Kunden. Oft können etablierte Mitbewerber mit einer vielleicht etwas schlechteren Technologie, aber bewährtem Service und gutem Ruf im Markt erfolgreich weiter agieren. Hier herrscht teilweise zu viel Enthusiasmus. Die Kunden sind häufig eben nicht so leicht zu bewegen, von einem vertrauten Lieferanten zu einer jungen Firma zu wechseln. Ein zweites großes Problem ist das Thema Wachstumsmanagement. Immer wieder ist festzustellen, dass für die Ausarbeitung einer Strategie und auch die Entwicklung einer Technologie ganz andere Talente erforderlich sind als für das Management eines Unternehmens im Wachstumsprozess. Hier haben wir einen großen Kulturwechsel bei den Unternehmen zu durchlaufen, das Unternehmen muss praktisch von der Forschung und Entwicklung als Mittelpunkt hin zur Organisation und zum Management des Wachstums kommen. Wenn ein Unternehmen in der Lage ist, ein weit überdurchschnittliches Wachstum zu bewerkstelligen und so eine marktbedeutende Stellung einzunehmen, so bringt dieses für die VC-Gesellschaft letztendlich die notwendige Rendite.

Wie kann der Anleger die Qualität des Managements einschätzen?

Knorr: Der Anleger kann letztendlich die Qualität des Managements von jungen Unternehmen, in die er VC-Geld steckt, in der Regel gar nicht einschätzen. Wir versuchen deshalb, das Management unserer Portfolio-Unternehmen in unsere Öffentlichkeitsarbeit mit einzubeziehen, um so mehr Informationen für den Anleger verfügbar zu machen. So kann er die Informationen, die er vom VC bekommt, in einer Entscheidungsmatrix zusammenstellen. Bei einem VC-Fonds erhält der Anleger in der Regel halbjährlich einen Bericht, bei den börsennotierten Gesellschaften quartalsweise. Die Informationsqualität ist bei den an der Börse befindlichen Unternehmen höher einzuschätzen, da der Berichtsumfang viel detaillierter vorgeschrieben ist.

Wie kann der Anleger bei VC-Gesellschaften die Werthaltigkeit des Portfolios einschätzen?

Knorr: Das gelingt zusehends besser, da die VC-Gesellschaften zu einer Standardisierung ihrer Reportings durch den Anleger, durch gesetzliche Vorschriften und durch den Markt gezwungen werden. So hat sich die Knorr Capital Partner entschieden, die strengen amerikanischen Regeln anzuwenden. Erstmalig geschah dies beim Jahresabschluss 2001. In Europa wird ansonsten noch überwiegend nach den Regeln der EVCA gearbeitet, das ist eine freiwillige Branchenorganisation, die letztlich unverbindliche Regeln für die Branche erarbeitet hat. Die Auslegung dieser Regeln wird dabei nicht überprüft. Im Gegensatz hierzu werden bei der Knorr Capital Partner durch den Wirtschaftsprüfer die Beteiligungen auf ihren Wertansatz hin geprüft und testiert.

Welche Unterlagen sollten vor einem vorbörslichen Investment von einem Kleinanleger geprüft werden?

Knorr: Von solchen Engagements kann wie gesagt nur abgeraten werden. Letztendlich hat der Anleger keine Chance, das Angebot vernünftig zu prüfen. Kauft er stattdessen eine börsennotierte VC-Gesellschaft, so hat zum Beispiel ein Wirtschaftsprüfer für die Angaben zu haften. Wir involvieren zum Beispiel auch bei den Quartalszahlen den Wirtschaftsprüfer, so wird für Kontinuität gesorgt. Im Zweifelsfall hat also der Anleger bei einer börsennotierten Gesellschaft die bessere Informationsqualität.

Gibt es eine Möglichkeit, auf einfache Art und Weise die Planungen auf Plausibilität zu untersuchen?

Knorr: Eine der wichtigsten Aufgaben eines VC-Gebers ist es, die Planungen zu verifizieren. Dies geschieht auf zweierlei Weise: einmal, indem man das Rechenwerk an sich auf seine Planungsprämissen untersucht, insbesondere hinsichtlich der Plausibilität; das Zweite ist aber, dass man auf jeden Fall die Gesellschaft dazu zwingen muss, neben einer Top-down-Planung, die wir zu 95 Prozent antreffen, auch die Verifikation der Planung durch einen Bottom-up-Ansatz, also eine Planung aus dem Markt heraus, aufzubauen. Es kommt nicht selten vor, dass danach die Planungen auf einen Bruchteil ihres vorherigen Niveaus zusammenschmelzen. Für die Überprüfung sind in der Regel viel Marktkenntnis und Sachverstand erforderlich, sodass ein Privatanleger kaum eine Abschätzung einer Planung vornehmen kann. Denkt man an ein im Forschungsstadium befindliches Biotech-Unternehmen, so wird klar, dass man als Laie in der Regel zu diesem Zeitpunkt nicht abschätzen kann, ob aus den Forschungen wirklich verkaufsstarke Pharmaprodukte werden können. Das ist dann wie Lottospielen – nur, dass das Ergebnis oft jahrelang unbekannt bleibt.

Welche Bewertungen scheinen für Unternehmen in Abhängigkeit vom Lebenszyklus gerechtfertigt?

Knorr: Für Gesellschaften, die bereits profitabel arbeiten, ist eine Bewertung natürlich viel einfacher zu bewerkstelligen als bei ganz jungen Unternehmen. Es gibt Erfahrungswerte aus der Vergangenheit, es gibt Kunden und Produkte, die Organisations- und Kostenstruktur sind bekannt. Meist ist auch ganz gut abzuschätzen, wie sich das Unternehmen langfristig in dem Markt entwickeln kann. In diesen Fällen liegt das EBIT-Multiple* bei rund fünf bis sechs. Oftmals finden sich bei diesen Firmen, die sich eher in stagnierenden Märkten bewegen und teils hohe Innovationspotenziale vor allem auf der Kostenseite aufweisen, Management-Buyouts. Während bei strategischen Investments Multiple zwischen acht und zwölf je nach strategischem Wert für den Übernehmer bezahlt werden. Im Bereich des typischen VC werden meist Multiple um acht bezahlt.

---

* Ähnlich wie beim KGV zeigen sich in der Praxis Bewertungsvielfache, die von den Akteuren bezahlt werden. Ein EBIT-Multiple von 6 bedeutet also, dass der Investor bereit ist, für die Firma das Sechsfache des Unternehmensergebnis vor Zinsen und Steuern (EBIT) zu zahlen.

Können Sie Gründe nennen, warum junge Unternehmen Geld über eine vorbörsliche Platzierung ohne Einschaltung von VC- oder Beteiligungsgesellschaften suchen?

Knorr: Ein Grund ist oft, dass Unternehmer alleine die Entscheidungen in einer Gesellschaft treffen wollen. So haben VC-Gesellschaften ja in der Regel hohe Erwartungen hinsichtlich des Wachstumstempos und wollen strategischen Einfluss auf die Unternehmensentwicklung nehmen. Hierbei ist zu berücksichtigen, dass die VC-Gesellschaften ihre Anlage zeitlich befristet sehen, zum Beispiel auf fünf oder sieben Jahre.

Für wie lange sollte eine Finanzierungsrunde in Abhängigkeit vom Geschäftsmodell Geld in die Unternehmenskasse spülen?

Knorr: Hier gibt es zwei Interessenkonflikte. Einerseits dürfen die Unternehmen nicht zu eng finanziert werden, schließlich soll die Gesellschaft ja ihre Ziele auch erreichen können, andererseits muss man als Investor sehr aufpassen, Gesellschaften nicht überzufinanzieren. Dieses war ja zum Beispiel die Problematik in den Jahren 1999 und 2000. Mit zu viel Geld in den Taschen ist die Verführung sehr groß, das Geld in alle möglichen Ideen zu stecken oder auch für nicht betriebsnotwendige Investitionen auszugeben. Die Folge ist, dass es dann nicht mehr entsprechend verzinst werden kann, unrentabel eingesetzt wird oder gar verloren geht.

Wie sehen Sie die Entwicklung des gesamten vorbörslichen Beteiligungsgeschäfts in den nächsten Jahren?

Knorr: Der Markt ist nach den Übertreibungen 1999/2000 wieder in eine gesunde Phase zurückgekehrt. Es werden wieder vernünftige Bewertungen bezahlt, die Qualität der Anfragen hat deutlich zugenommen. Es sind mehr Qualität und mehr Sachverstand bei den Investoren im Markt. Insgesamt ist Europa im VC-Bereich ja noch am Anfang der Entwicklung zu sehen. Ich sehe noch deutliches Wachstumspotenzial.

Gibt es Branchen, von denen man generell die Finger lassen sollte?

Knorr: Das kann man eigentlich nicht sagen. Der typische VC-Investor ist orientiert auf innovative Technologien in den verschiedenen Märkten, von Life Science über neue Ansätze im Dienstleistungsbereich bis zu klassischen Technologiesektoren im Umfeld der Halbleiterindustrie. Aber auch die Bereiche Photonic, die Nanotechnologie sowie Teile des Umweltsektors sind viel versprechend. Es gibt somit ein breites Investitionsfeld. Generell sollte man aber nur in Branchen investieren, die man kennt und von deren Chancen und Risiken man etwas versteht.

Der Börsengang – zwischen Stress und Euphorie

Meistens gibt es Sekt oder Champagner. Die Unternehmensvorstände versammeln sich mit einer ausgewählten Schar von Investmentbankern auf dem Parkett oder der Besuchergalerie der Frankfurter Börse, und gemeinsam wartet man gebannt auf den ersten Kurs. So feiert eine Firma, wenn sie nach anstrengenden Monaten den Sprung auf das glatte Börsenparkett geschafft hat.

Die Motive für die Partylaune haben sich in den vergangenen Jahren allerdings teilweise geändert. Bis in die zweite Hälfte der neunziger Jahre waren Börsengänge auch in der öffentlichen Wahrnehmung seltene Ereignisse (siehe Tabelle 1, S. 49). Solche Ereignisse wurden gebührend gewürdigt – allerdings eher von dem ausgewählten Zirkel aus Managern und Bankern, die Privatanlegerschaft hingegen war weit entfernt von der IPO-Euphorie späterer Jahre.

In den Boomjahren 1998 und vor allem 1999 und 2000 feierten die Akteure beim Börsendebüt das Ende der vorangegangenen Mühen und freuten sich vorrangig auf die lukrative Zukunft. Die Tatsache an sich, dass ein Unternehmen es an den Markt geschafft hatte, wurde als selbstverständlich angesehen. Gerade am Neuen Markt war die Zeichnungswut der Anleger auch durch noch so schwachbrüstige Geschäftsmodelle nicht zu bremsen. Die Statistik zeigt, dass die Hälfte der Firmen, die im Jahr 2000 an die Börse gingen, im Jahr zuvor noch Verluste geschrieben hatten. Der Nachfrage nach Börsengängen tat dies bei den Anlegern keinen Abbruch. Dabei gab die Praxis den Investoren Recht.

Wer bei einer Emission eine Aktienzuteilung erhielt, konnte dies fast als sichere Geldvermehrung ansehen. Nicht selten lag die Spanne zwischen dem ersten Börsenkurs einer Gesellschaft und dem Preis, zu dem die Anleger die Aktien beim IPO erhielten, bei 100 Prozent und mehr. In einer Untersuchung an der Universität Frankfurt am Main wurde für die Zeit zwischen der Gründung des Neuen Marktes und dem Monat Juli 1999 eine durchschnittliche Zeichnungsrendite von 66,8 Prozent ermittelt. Dieser Wert ist bereits um die Entwicklung des Gesamtmarktes vom Beginn der Zeichnungsfrist bis zum ersten Handelstag bereinigt. Der Effekt fiel bei der einzelnen Aktie demnach umso stärker aus, je besser sich der gesamte Neue Markt während der Zeichnungsfrist entwickelte. In Phasen steigender Börsenkurse also eine feine Sache – und bis März 2001 stiegen die Indizes in Deutschland.

Die Zeichnungsrenditen am Neuen Markt erreichten historisch und regional betrachtet extrem ungewöhnliche Dimensionen. Untersuchungen für 222 Börsengänge in Deutschland zwischen 1960 und 1995 ergaben eine Zeichnungsrendite von lediglich 15,8 Prozent. Mit vergleichbaren oder zum Teil niedrigeren Werten mussten sich in der Vergangenheit beispielsweise Anleger in den USA zufrieden geben.

Die deutschen Anleger waren zum Jahrtausendwechsel von der Börse begeistert, und die Banken standen Schlange, um Börsenkandidaten an den Markt zu bringen. Obwohl man möglicherweise in manch einer Emissionsabteilung insgeheim über einige Firmen den Kopf schüttelte, hieß es, Geschäfte zu machen. Das Motto »Wenn wir es nicht tun, macht die Konkurrenz den Börsengang«, traf zweifellos zu.

Spätestens seit 2001 jedoch zeigte sich bei den IPO-Feierstunden immer öfter pure Erleichterung, es doch noch geschafft zu haben. Anleger und Medien waren gemeinschaftlich dazu übergegangen, Unternehmen mit Börsenambitionen kritischer unter die Lupe zu nehmen – waren sie doch aus schlechter Erfahrung klug geworden. Gerade am Neuen Markt wurde die Luftnummernfraktion nämlich immer zahlreicher. Gigabell hatte im September 2000 als erstes Unternehmen des Segments einen Insolvenzantrag gestellt. In den darauf folgenden achtzehn Monaten mussten mehr als zwanzig weitere Unternehmen in gleicher Sache den schweren Gang zum Amtsgericht antreten. Zudem sausten die Kurse nur so in den Keller. Der NEMAX All Share als der am breitesten gefasste Index für den Neuen Markt verlor zwischen März 2000 und September 2001 mehr als 90 Prozent.

Die Folge der verheerenden Entwicklungen: Niemand wollte mehr Neuemissionen haben. Die Zeichnungsgewinne blieben aus, die Anleger übten sich in vornehmer Zurückhaltung, und die Banken schafften es nicht mehr mit der gewohnten Leichtigkeit, die Aktienpakete unters Volk zu bringen. Der erste natürliche Reflex in einer solchen Situation: runter mit dem Preis.

Wird das KGV als Maßstab für die Bewertung genommen, so wurde für die Börsengänge 2000 noch ein Emissions-KGV von knapp fünfzig gefordert. 2001 betrug der Multiplikator nur noch knapp 32. Allerdings muss dabei berücksichtigt werden, dass die Emissionstätigkeit am Neuen Markt, wo traditionell höhere Bewertungen gefordert wurden, 2001 besonders stark einbrach. Auch das durchschnittliche Kurs-Umsatz-Verhältnis auf Basis der Analystenstudien zum Börsengang kam unter die Räder, es halbierte sich auf 2,5.

Doch auch mit vermeintlichen Billigangeboten ließen sich oft keine Investoren mehr hinter dem Ofen hervorlocken. Da half es auch nichts, wenn während der Zeichnungsfrist die Zeichnungsspanne nachträglich nochmals nach unten gesetzt wurde und die Frist, in der Zeichnungsaufträge bei den Banken abgegeben werden konnten, zusätzlich um einige Tage verlängert wurde. In einer Übergangsphase gelang es allerdings schlagkräftigen Bankenkonsortien, mithilfe solcher Maßnahmen und ihrer geballten Platzierungskraft Unternehmen trotz schlechter »Presse« in den Markt zu drücken.

Fallbeispiel: Letsbuyit.com – Börsengang mit der Brechstange

Wollte ein Autor ein Lehrbuch über einen völlig vermurksten Börsengang schreiben, so tauchte die Firma Letsbuyit.com darin mit großer Sicherheit an prominenter Stelle auf. Die Mischung aus Terminverschiebungen, Preisreduzierung, Zeichnungsverlängerung, juristischen Querelen und geschäftlichen Problemen ist geradezu klassisch.

Letsbuyit kann als typische Dotcom-Company bezeichnet werden. Mit einem so genannten Co-Shopping-Konzept im Internet wollte das Unternehmen durch Nachfragebündelung Preissenkungen beim Einkauf für seine Kunden durchsetzen. Kein Geschäftsmodell, das gegen Nachahmer stark abgeschottet ist, meinen viele Fachleute, zumal die Margen eher dürftig ausfallen. Dennoch wollte die Firma mit Sitz in den Niederlanden an den Neuen Markt. Am 25. Mai 2000 sollte die Zeichnungsfrist beginnen. Wie sich herausstellen sollte, kein glücklicher Zeitpunkt. Der Neue Markt befand sich im freien Fall, und die ersten Todeslisten von pleitegefährdeten Unternehmen machten die Runde. Letsbuyit.com tauchte darin zwar nicht auf, hatte aber aufgrund tiefroter Zahlen in diesem Umfeld dennoch wenig zu lachen. Hinzu kamen skeptische Äußerungen von Analysten über das

Unternehmen. In den Medien machten Verballhornungen des Unternehmensnamens die Runde, die von »Dontbuyit.com« bis »Letssellit.com« reichten. Die Preisvorstellung der begleitenden Banken von etwa 14 Euro je Aktie wurden vielfach mit Unverständnis kommentiert.

Am Vortag des Beginns der Zeichnungsfrist bekam der Konsortialführer, die US-Investmentbank Robertson Stephens, offenbar kalte Füße. Der Börsengang wurde zunächst abgeblasen, wegen des schlechten Marktumfeldes, so hieß es.

Wenige Wochen später war es wieder so weit. Letsbuyit wollte an die Börse. Als begleitende Banken präsentierte das Unternehmen einmal mehr Robertson Stephens, die DG Bank, die Skandinaviska Enskilda Banken, Sal. Oppenheim und das Virtuelle Emissionshaus (VEM). Als die Zeichnungsfrist am 3. Juli 2000 endlich begann, lautete die Preisspanne nur noch auf 6 bis 7 Euro. Aber auch zu diesem Preis bestand kein ausreichendes Interesse. Die Kommentare der Finanzwelt waren in der Zwischenzeit auch nicht freundlicher geworden. Die Preise im so genannten Handel per Erscheinen, oder auch Graumarkt genannt, pendelten spürbar unterhalb der festgelegten Spanne. Wieder hing ein Hauch von Fehlschlag in der Luft. Zu diesem Zeitpunkt während der Zeichnungsfrist stieg Sal. Oppenheim ohne Angabe von Gründen aus dem Konsortium aus. Die Gerüchteküche brodelte, und die Financial Community spekulierte, die Kölner Privatbankiers wollten sich mit diesem Schritt vor einer Beteiligung an dem erwarteten Debakel schützen.

Die verbleibenden Konsorten machten hingegen keine Anstalten, den Börsengang erneut abzublasen. Stattdessen wurde die Zeichnungsfrist verlängert und die Preisspanne auf 3 bis 4 Euro reduziert. Nach einer weiteren Verlängerung der Preisfindungsphase war es am 21. Juli dann tatsächlich doch noch so weit. Letsbuyit wurde an der Frankfurter Börse gehandelt. Rund 90 Prozent der mehr als 17 Millionen Aktien wurden bei institutionellen Anlegern platziert, die Privatkundschaft war beim besten Willen nicht zu begeistern gewesen. Der Ausgabepreis betrug schließlich 3,50 Euro. Kurzfristige Genugtuung für die Zeichner, der erste Börsenkurs lag bei 5 Euro, ein Zeichnungsgewinn von 43 Prozent. Allerdings wollten Marktbeobachter wissen, dass durch Nachkäufe der Zeichner dem Kurs von interessierter Seite kräftig auf die Sprünge geholfen wurde.

Das dicke Ende kam schnell. Wenige Monate nach dem Börsengang hatte das Unternehmen massive finanzielle Probleme. Der Mittelzufluss aus dem Börsengang war durch den gesenkten Preis viel geringer ausgefallen als ehemals erwartet, und dieses Geld war nun verbraucht. Im Januar 2001 stellte Letsbuyit beim Amtsgericht in Amsterdam den Antrag auf Anschlusskonkurs. Das endgültige Aus konnte im ersten Schritt durch eine merkwürdige Nacht-und-Nebel-Aktion des schillernden Internet-Investors und ehemaligen Hackers Kim Schmitz verhindert werden. Für Schmitz und seine angeblich selbstlose Tat interessierte sich Anfang 2002 die Justiz. Im Januar setzte sich Schmitz nach Thailand ab, wurde dort jedoch inhaftiert und wenig später nach Deutschland ausgeliefert, wo die Staatsanwaltschaft eine Anklage wegen Insiderhandels im Zusammenhang mit Letsbuyit-Aktien vorbereitete. Die Aktie notierte im März 2002 bei 0,02 Euro.

IPO-Statistik 1998 bis 2001

Am Ende der Negativentwicklung bei Börsengängen stand immer häufiger, dass IPOs in letzter Minute verschoben wurden. Manchmal unternahm eine Firma einen zweiten Anlauf, meistens verschwanden die Börsenaspiranten aber dauerhaft in der Versenkung. Zudem wurden viele Börsenwillige von den Banken nun rundweg abgelehnt. Nach einer Serie von Pleiten wollten die Geldhäuser ihren Ruf nicht weiter schädigen.

Euphorie und Ernüchterung bei Börsengängen lassen sich an der Statistik leicht ablesen. Ausgelöst durch die Aktienplatzierung der Deutschen Telekom im November 1996 und den Erfolg des Neuen Marktes ab März 1997, stieg die Zahl der Emissionen zunächst sprunghaft an, um 2001 wieder auf ein Niveau zu sinken, das bis Mitte der neunziger Jahre als normal gegolten hatte (vergleiche Tabelle 2).
Es zeigt sich, dass der Neue Markt in der Boomphase besonders stark bei den IPOs zulegen konnte; der Amtliche Handel und der Geregelte Markt zeigten zwischen 1998 und 2000 weit geringere Schwankungen, erst die

Tabelle 2: Börsengänge seit 1998

Jahr	Neuer Markt	Amtlicher Handel/ Geregelter Markt	Freiverkehr	Gesamt
1998	42	28	12	82
1999	130	36	16	182
2000	137	22	5	164
2001	11	10	1	22

Flaute 2001 zeigte auch dort deutliche Spuren – ebenso wie übrigens auch der Freiverkehr.

Bei der Aufteilung des Emissionsvolumens auf Amtlichen Handel und Geregelten Markt einerseits und den Neuen Markt andererseits wurde 2001 wieder das Niveau von 1997 erreicht. Damals lautete die Relation 81 Prozent zu 19 Prozent zu Ungunsten des Neuen Marktes, und 2001 war das Verhältnis mit 83 Prozent zu 17 Prozent ähnlich. Die drei größten Emissionen des Jahres 2001, Deutsche Börse, Fraport und Deutsche Euroshop, alle nicht am Neuen Markt, vereinten allein gut 81 Prozent des Gesamtvolumens von rund 3,2 Milliarden Euro auf sich. Nur im Jahr 1999 behielt der Neue Markt mit 54 Prozent zu 46 Prozent einmalig die Nase vorn.

Die Flaute bei Börsengängen war im Jahr 2001 übrigens kein rein deutsches Phänomen. Auch in Japan lag das Emissionsvolumen deutlich unter dem des Vorjahres, und in den USA wurde Ende 2001 gar die niedrigste Zahl von Börsengängen seit 25 Jahren registriert.

Warum Unternehmen an die Börse gehen

Die Jahre des IPO-Booms haben jede Menge Glücksritter auf den Plan gerufen. Unternehmen wurden gegründet, nur damit sie wenig später an die Börse gebracht werden und die Gründer sich dabei die Taschen füllen konnten. Es wurden teilweise unsinnige Geschäftsideen mit riesigen Geldmitteln finanziert, zunächst von Venture-Capital-Gesellschaften, die dann über die Börse ausstiegen, in der nächsten Runde direkt von den Anlegern. Jede Menge Geld wurde dabei verloren. Soweit zum negativen Teil. Positiv aber ist zu werten, dass das Going Public für viele Unternehmen und Unternehmer heute ganz selbstverständlich zu einer Option für die Zukunft geworden ist. Der künftige Gestaltungsspielraum ist für die Firmen damit größer geworden. Die Gründe, warum Unternehmen Zeit, Geld und Mühe für ihr Börsenleben aufwenden, lauten hauptsächlich:

- Kapitalbeschaffung,
- Entschärfung der Nachfolgeproblematik,
- Mitarbeiterbindung,
- Erhöhung des Bekanntheitsgrades.

Besonders für Unternehmen aus dem Mittelstand sind diese Gründe wichtig. Im Folgenden werden sie kurz näher erläutert.

Kapitalbeschaffung

Die Wirtschaftsordnung der Industrienationen ist auf Wachstum ausgelegt. Entsprechend verstört reagieren Theoretiker stets auf länger andauernde Phasen der Stagnation oder sogar Rezession. Gesamtwirtschaftliches Wachstum kommt entweder dadurch zustande, dass einzelne Firmen wachsen oder dass sich vermehrt neue Gesellschaften am Wirtschaftsprozess beteiligen.

Beide Varianten benötigen Kapital, entweder zum Aus- und Umbau von Produktionskapazitäten oder für Neugründungen. Den Kapitalbedarf kann ein Unternehmen aus eigener Kraft, nämlich den positiven Cashflows aus dem laufenden Geschäft beziehungsweise den Rücklagen bestreiten; in diesem Fall spricht man von der so genannten Innenfinanzierung. Bei größeren Investitionsvorhaben und Geschäftsausweitungen ist dies aber nicht immer möglich; dann muss das Unternehmen stattdessen auf Unterstützung von außen zurückgreifen. Die Außenfinanzierung erfolgt in Form von Fremd- oder Eigenkapital. Fremdkapital ist der Sammelbegriff für Anleihen und Kredite von Banken oder Lieferanten. Die Aufnahme von zusätzlichem Eigenkapital meint hingegen, dass entweder die bestehenden Eigentümer dem Unternehmen zusätzliche Mittel zur Verfügung stellen oder dass weitere Gesellschafter gegen Bar- oder Sacheinlagen am Unternehmen beteiligt werden.

Rein theoretisch ist – ohne Berücksichtigung von Transaktionskosten und Steuern – die Kapitalstruktur für die Unternehmensbewertung irrelevant. In der Praxis hingegen spielt die Mischung aus Eigen- und Fremdkapital sehr wohl eine Rolle. Zwar lässt sich durch einen hohen Anteil an Fremdkapital möglicherweise eine so genannte Hebelwirkung (Leverage-Effekt) erzielen, mit der die Rentabilität des Eigenkapitals gesteigert werden kann; andererseits nimmt aber die Bilanzqualität ab einer bestimmten Fremdkapitalquote ab. Ist die Eigenkapitaldecke dünn, so wächst die Gefährdung des Unternehmens in wirtschaftlichen Schwächephasen, Insolvenz kann die Folge sein. Zudem bevorzugen Fremdkapitalgeber eine höhere Eigenkapitaldecke, da dann das Risiko vor allem auf den Schultern des haftenden Eigenkapitals liegt. Andernfalls wird für Fremdkapital ein

Renditezuschlag verlangt, die Zinsen gehen hoch. Für deutsche Unternehmen nimmt dieser grundsätzliche Zusammenhang spätestens dann konkretere Formen an, wenn die neuen Richtlinien zur Kreditvergabe (»Basel II«) in Kraft treten. Aber auch schon vor Basel II konnte so mancher Mittelständler bereits ein Lied von der Sturheit seiner Hausbank singen, wenn er um Kredite für sein Unternehmen nachfragte.

Eine gesunde Eigenkapitalausstattung tut also Not. Vielen Unternehmen mangelt es allerdings an Eigenkapital, und nicht umsonst hat das Wort von der »Eigenkapitallücke« in Deutschland Konjunktur. Die Eigenkapitalquote bundesdeutscher Unternehmen liegt unter 20 Prozent und sieht damit im internationalen Vergleich schlecht aus. Kleine und mittlere Unternehmen, also all jene, die tendenzielle Small Caps an der Börse abgeben, stehen noch schlechter da. Während nämlich Unternehmen mit mehr als 50 Millionen Euro Jahresumsatz laut Mittelstandsanalyse der Sparkassen eine Eigenkapitalquote von rund 23 Prozent aufweisen, bringen es die kleinen und mittleren Betriebe insgesamt im Durchschnitt lediglich auf 7 Prozent. Zum Teil liegt dies daran, dass der Gesetzgeber lange Zeit für diese Firmen bestimmte Rechtsformen, wie etwa die GmbH, favorisiert hat, welche es umständlich machen, zusätzliches Eigenkapital aufzunehmen. Die Einrichtung der »kleinen AG« seit 1994 soll hier Abhilfe schaffen. Damit ist dann auch ein erster Schritt in Richtung Börsennotiz getan.

Mit dem Gang an die Börse kann ein Unternehmen beim IPO Eigenmittel einsammeln, dieser Vorgang kann in der Folge durch Kapitalerhöhungen wiederholt werden. Nicht umsonst beträgt die Eigenkapitalquote bei börsennotierten Gesellschaften etwa 40 Prozent und ist damit Welten von den zuvor genannten Durchschnittszahlen entfernt.

Die Nachfolge regeln

Rund 3,3 Millionen Unternehmen bilden das, was gern als das Rückgrat der deutschen Wirtschaft bezeichnet wird, nämlich den Mittelstand. Sie beschäftigen deutlich mehr als zwei Drittel aller Arbeitnehmer und tragen die Hauptlast der Ausbildung. Von diesen 3,3 Millionen Betrieben mit weniger als 500 Beschäftigten stehen künftig viele vor einem Problem: Bei 380 000 mittelständischen Unternehmen ist in den kommenden fünf Jahren ein Wechsel an der Unternehmensspitze fällig, und nicht alle sind dafür gerüstet.

Im schlimmsten Fall stehen endlose Erbstreitigkeiten an, ein Käufer für das Gesamtunternehmen findet sich nicht, die Kinder sind nicht bereit oder fähig, in die Fußstapfen der Unternehmensgründer zu treten, und so sieht sich die Firma plötzlich führungslos in einer schweren, vielleicht sogar existenzbedrohenden Krise.

Auch in diesem Fall hat die Rechtsform der Aktiengesellschaft, verbunden mit einer Börsennotiz, deutliche Vorteile. Die Unternehmensanteile lassen sich vergleichsweise problemlos auf potenzielle Erben übertragen beziehungsweise an der Börse veräußern. In diesem Fall muss der Käuferkreis auch nicht mehr aus einer oder wenigen Personen bestehen, was ebenfalls von Vorteil ist.

Darüber hinaus lässt sich ein qualifizierter Manager als Nachfolger des bisherigen Chefs möglicherweise schneller finden und dauerhafter an das Unternehmen binden, wenn eine Aktienbeteiligung an der Gesellschaft winkt, die sich darüber hinaus in Teilen jederzeit auch wieder zu Geld machen lässt. Zudem besteht natürlich eine gewisse Tendenz bei börsennotierten Gesellschaften, dass der Streubesitz im Laufe der Zeit steigt, weil die Gründerfamilien einige Stücke abgeben. Damit erhöht sich möglicherweise der Handlungsspielraum eines Topmanagers mit Vorstandsposten. Dieser Anreizmechanismus wirkt nicht nur in den Topetagen, sondern kann auch bei anderen Mitarbeitern die Identifikation mit dem Unternehmen erhöhen.

Börsennotiz zur Mitarbeiterbindung

Er steckt irgendwo in den meisten von uns: der Egoist und Faulpelz. Dies ist nicht abwertend gemeint. Schließlich postulierte bereits Adam Smith vor mehr als 200 Jahren, dass das Streben des Einzelnen nach Maximierung seines eigenen Vorteils als »unsichtbare Hand« auch dem Wohl der Gesamtheit diene.

Für einen Unternehmer kann es aber durchaus kritisch sein, wenn seine Mitarbeiter ihr Handeln vor allem daran ausrichten, ihre eigenen Interessen zu verfolgen, und dabei das Wohl des Unternehmens nur berücksichtigen, wenn es ihnen dient oder zumindest nicht schadet. Das Problem des Unternehmenseigentümers besteht darin, dass er den Arbeitseinsatz seines Mitarbeiters nie vollständig kontrollieren kann. Gibt dieser wirklich sein Bestes und agiert er tatsächlich im Sinne des Unternehmers und des Unternehmens? Durchaus möglich, dass ein Angestellter sich vor der Arbeit drückt und sich stattdessen den neuesten Computer auf Firmenkosten ins Büro stellt, um damit private Recherchen im Internet anzustellen oder seiner Spielleidenschaft zu frönen. Und der angestellte Manager mag eher einen prestigeträchtigen Firmenwagen und eine hochwertige Büroausstattung anstreben als das Wohl der Firma.

Mit den Konflikten, die entstehen, wenn Personen im Auftrag anderer handeln, beschäftigt sich auf wirtschaftswissenschaftlichem Gebiet die so genannte »Principal Agent Theory«, die von amerikanischen Wissenschaftlern begründet wurde. Wichtigstes Element dieser Theorie ist die asymmetrische Information: Der Agent (der Ausführende) ist über den Umfang seiner Handlungen und deren Wirkungen voll informiert, während der Principal (der Auftraggeber) darüber mehr oder weniger im Ungewissen ist. Um dennoch sicherzustellen, dass der Agent zwar aus Eigennutz, aber doch auch nutzensteigernd für den Principal handelt, greift die Theorie auf so genannte anreizkompatible Belohnungen zurück. Die Grundidee ist dabei, dass der Principal dem Agenten eine variable Belohnung nach Maßgabe einer Bemessungsgrundlage gewährt, die sich mit dem Faktor deckt, der den Nutzen des Principals erhöht.

Die Theorie erklärt, warum beispielsweise ein Unternehmen, das an einem möglichst hohen Gewinn interessiert ist, nicht vernünftig handelt, wenn es seinen Außendienstmitarbeitern Boni gewährt, deren Höhe vom akquirierten Umsatz abhängt. Der Außendienstler wird folgerichtig möglichst viel Umsatz heranschaffen, auch wenn dieser nicht profitabel, sondern mit hohen Kosten verbunden ist.

Ein Unternehmer, der im Idealfall danach strebt, den Wert seiner Firma zu steigern, sollte diesen Überlegungen folgend seine Mitarbeiter direkt am Wertzuwachs der Gesellschaft beteiligen, sofern die Mitarbeiter diesen beeinflussen können. Ein Instrument dazu sind Aktienoptionen. Sie gewinnen zusätzlich an Attraktivität, wenn der Angestellte seinen Eigentumsanteil versilbern kann, was wiederum bei börsennotierten Unternehmen am leichtesten möglich ist.

Die Praxis geht in diesem Fall Hand in Hand mit der Theorie. In den USA bestehen wesentliche Gehaltsbestandteile von Managern aus Aktienoptionen. Auch die IT-Branche betrachtete in den letzten Jahren Aktienoptionen als außerordentlich wirksames Mittel: Wenn Fachkräfte knapp sind und die Börse gen Himmel strebt, sind Optionen der Wurstzipfel, mit dem den Computerfreaks der Mund wässrig gemacht wird.

In Deutschland darf der Umfang des Optionsprogramms bis zu 10 Prozent des Grundkapitals betragen. Die Berechtigung zum Kauf von Aktien zu einem vorher festgelegten Preis kann erst nach Ablauf von zwei Jahren ausgeübt werden. Dann wird bis zu einem Drittel der Optionen fällig. Im vierten Jahr folgt das zweite Drittel, bevor im fünften Jahr der Rest gezogen werden kann. Später kann das Spiel von neuem beginnen. Zwar sind Aktienoptionen nicht an eine Börsennotiz gekoppelt, sie entfalten ihren Charme aber vor allem bei Unternehmen, die an der Börse gehandelt werden. Der Vorteil wird für den Mitarbeiter unmittelbar augenfällig, wenn ihn die Option berechtigt, eine Aktie beispielsweise zu einem Ausübungspreis von 10 Euro zu erwerben, die an der Börse bereits 15 Euro kostet.

Tendenziell lässt sich sagen, dass Aktien beziehungsweise Aktienoptionen besonders bei Firmen sinnvoll sind, die stark von der Qualität und Loyalität ihrer Mitarbeiter abhängig sind. Allerdings sollte stets ins Kalkül einbezogen werden, dass sich bei negativer Börsenentwicklung eventuell entsprechende Frustration breit macht. Die Mitarbeiter, die fest mit einem Zusatzeinkommen durch ihre Optionen gerechnet hatten, sind in aller Regel nicht begeistert, wenn sich die frohe Erwartung plötzlich in Nichts auflöst, weil der Börsenkurs unter den Ausübungspreis gefallen ist. Wer zudem sieht, wie sein ehemaliger Reichtum während der zweijährigen Sperrfrist täglich weiter schmilzt, kehrt womöglich dem Unternehmen enttäuscht den Rücken. Allerdings lässt dies auf eine schwache Firmenentwicklung schließen, die vielleicht ohnehin Personalabbau erforderlich macht.

Bekannt durch die Börse

Der Börsenerfolg kann den Unternehmensgang positiv beeinflussen: Neben den handfesten Vorteilen der Kapitalaufnahme kann auch ein positiver Imageeffekt entstehen. Die Gesellschaft wird durch die Kapitalmarktpräsenz einem breiten Publikum bekannt – ein Umstand, der sonst mit Werbeaufwendungen vielleicht erst erkauft werden müsste. Auch steigt das Vertrauen in die Zahlungsfähigkeit einer Gesellschaft, wenn Lieferanten wissen, dass der Kapitalmarkt als eine mögliche Finanzierungsquelle zur Verfügung steht.

Viele Unternehmen versprechen sich vom Börsengang auch ein Mehr an Reputation in den Augen ihrer Kunden. Nicht umsonst streben zum Beispiel viele deutsche Firmen ein Listing an der New York Stock Exchange an, wenn sie viele Kunden in den USA haben. Hat der Kunde die Wahl, mit wem er geschäftlich zusammenarbeitet, kann neben fachlichen Erwägungen auch eine Rolle spielen, ob er Aktionär der betrachteten Gesellschaft ist.

Der Weg an die Börse

Es gibt viele guten Gründe für einen Börsengang – und auch einige gute dagegen, wie beispielsweise die Kosten und die Publizitätspflichten. Der pure Wille allein hat aber noch niemanden an den Markt gebracht. Die Umsetzung des Plans für einen Börsengang beansprucht bis zum Sekt am ersten Handelstag mindestens einige Monate. Die wichtigsten Helfer dabei sind Banken, Steuerberater und Wirtschaftsprüfer, Rechtsanwälte, IR- und PR-Berater sowie last but not least ein Emissionsberater. Letzteren suchen sich viele Unternehmen in einem sehr frühen Stadium, wenn das Management sich mit dem Gedanken trägt, an die Börse zu gehen. Der Emissionsberater steht mit Rat und Tat zur Seite und vertritt die Interessen des Unternehmens gegenüber den anderen Parteien.

Drum prüfe ...

Spätestens wenn ein Emissionsberater eingeschaltet ist, sollte sich das Unternehmen klarmachen, welche Ziele es mit dem Börsengang verfolgt und wie der Zeitplan für das Kapitalmarktdebüt aussehen soll. Zwar zeigt die praktische Erfahrung, dass Zeitpläne immer wieder zur Disposition stehen, aber zumindest bieten sie eine zeitliche Richtschnur, an der sich die Firma ansatzweise entlanghangeln kann.

Im nächsten Schritt gilt es zu prüfen, ob ein Unternehmen überhaupt börsenreif ist. Dabei ist zwischen formalen beziehungsweise organisatorischen und qualitativen Kriterien zu unterscheiden. Die Börsenreife setzt zunächst einmal die geeignete Rechtsform voraus. Die Firma muss als Aktiengesellschaft oder als KGaA, also als Kommanditgesellschaft auf Aktien, eingetragen sein – wobei die Konstruktion der KGaA am Kapitalmarkt von außenstehenden Investoren stets mit einer gewissen Skepsis beäugt wird, da hier die Rechte der Hauptversammlung und des Aufsichtsrates durch den Komplementär eingeschränkt sind. Dieser hat beispielsweise bei Grundlagenbeschlüssen der Hauptversammlung ein Vetorecht. In der Regel wird deshalb für eine KGaA an der Börse ein Bewertungsabschlag vorgenommen, der mittelfristig manchmal zur Umwandlung der Gesellschaft in eine AG führt.

Danach ist Klarheit darüber zu schaffen, ob das Unternehmen auch anderen Kriterien der Börse entspricht. Hat es das entsprechende Alter für das angestrebte Börsensegment? Ist das Grundkapital hoch genug?

Als Nächstes stellt sich die Frage, ob das Geschäftsmodell, die Produkte, die Organisationsstruktur und die Marktstellung der Firma überhaupt eine Notiz an der Börse hergeben. Lautet die Antwort hier nein, so muss das IPO zunächst zu den Akten gelegt werden. Fällt die erste Analyse positiv aus, dann können eventuell nötige Änderungen der Gesellschaftsform angegangen werden – beispielsweise indem eine GmbH in eine AG umgewandelt oder die bisherige Gesellschaft in eine neue gegründete AG eingebracht wird.

Der Beauty Contest

Spätestens an diesem Punkt treten die Banken auf den Plan, denn dann müssen Nägel mit Köpfen gemacht werden. Das gegenseitige Beschnuppern zwischen Gesellschaft und Geldinstituten trägt den schönen Namen »Beauty Contest«. Hier zeigt sich jeder von seiner Schokoladenseite und versucht dabei, den potenziellen Partner zu durchleuchten.

Zum Beauty Contest lädt ein Unternehmen mehrere Banken ein. Es präsentiert sich mit seiner Positionierung im Markt, und es stellt sein Emissionskonzept vor. Damit sollen die Institute überzeugt werden, dass die Firma ein attraktiver Börsenkandidat ist, mit dem sich am Kapitalmarkt Ehre einlegen und vor allem Geld verdienen lässt. Dann ist die andere Seite am Zug. Die Banken sind gefordert, ihre Stärken aufzuzeigen. Dazu zählen bisherige Erfolge, ihre Platzierungskraft und das Team, welches für eine Börseneinführung verantwortlich wäre. Zudem ist jede Bank aufgefordert, ihre Vorstellungen zur Story des Unternehmens und zu Einzelheiten des Börsengangs darzulegen. Wichtige Punkte dabei sind die Einschätzungen zur Platzierungsmöglichkeit bei bestimmten Kundengruppen, zur optimalen Transaktionsstruktur, zum Zeitplan des IPOs und zum erzielbaren Preis. Der letzte Punkt war in der Vergangenheit für viele Gesellschaften von allerhöchster Bedeutung. Zum einen hängt davon ab, wie viel Geld aufgrund der Kapitalerhöhung in der Unternehmenskasse zu erwarten ist. Nicht wenige Manager stellten aber noch viel weiter gehende Berechnungen darüber an, welchen Mittelzufluss die eigene Kasse verbuchen könnte, würden sie zum IPO eigene Aktien abgeben.

Wie bereits gesagt, versuchen Unternehmen und Banken gleichermaßen, beim Beauty Contest eine möglichst gute Figur zu machen. Die Ausgangsposition in dieser Schönheitskonkurrenz hängt dabei von der allgemeinen Börsengroßwetterlage und den erwarteten Verdienstmöglichkeiten ab. Kleine Börsengänge mit einem Emissionsvolumen von nur wenigen Millionen Euro sind für größere Banken kaum von Interesse. Hier stehen die Einnahmen aus dem IPO in einem ungünstigen Verhältnis zu den Kosten, die anfallen, wenn der gesamte Investmentbanking-Apparat angeworfen wird. Die Folge: Das entsprechende Unternehmen muss strampeln, will es einen klangvollen Namen für das Konsortium gewinnen. Auch wenn die Aufnahmefähigkeit des Marktes für IPOs mäßig ist und Presse sowie Investoren jeden Kandidaten kritisch beäugen, hat jede börsenwillige Gesellschaft einen vergleichsweise schwierigen Stand. Dann wird das Geschäftsmodell mit besonderer Akribie auseinander genommen, und die Gefahr einer Ablehnung durch die Banken ist hoch.

Ganz anders die Situation in besseren IPO-Tagen. Dann sitzen die Unternehmen am längeren Hebel. Das Fehlschlagsrisiko für die Banken ist überschaubar, und der Blick der Banker richtet sich stattdessen auf die möglichen Einnahmen. Hauptgesprächsthema beim Beauty Contest ist der Emissionspreis. Denn das Unternehmen kann sich das begleitende Institut praktisch aussuchen und spielt diese Karte mit Genuss aus. Das übliche Reaktionsschema besteht darin, dass die Banken beim erzielbaren Emissionspreis den Mund reichlich voll nehmen. Es wird versprochen, was die Manager des künftigen Börsenstars hören wollen. Wer diese Kunst am besten beherrscht, hat gute Aussichten, den Zuschlag zu bekommen. Was später kommen wird – ja, das ist dann eine ganz andere Sache.

Der Ausleseprozess kann sich über mehrere Tage oder Wochen hinziehen. Wenn aber zumindest einige zufriedene Gesichter am Verhandlungstisch zu finden sind, dann haben sich eine Bank und das Unternehmen geeinigt – zumindest vorläufig. Der Beauty Contest ist abgeschlossen. Das beiderseitige Übereinkommen wird mit einem »Letter of Engagement« besiegelt. Dies ist eine Absichtserklärung, die aber keinen verbindlichen Charakter hat.

Das Konsortium

Im Beauty Contest wird der Konsortialführer bestimmt, das heißt diejenige Bank, die beim Börsengang das Heft in der Hand hat. Wenn das Unternehmen ein großes Aktienpaket am Markt platzieren will, dann ist es unter Umständen sinnvoll, mehrere Institute mit der Transaktion zu betrauen. Gleiches gilt, wenn eine Gesellschaft in den Monaten vor dem endgültigen Start an der Börse eine Zwischenfinanzierung benötigt und diese die Summe übersteigt, die ein einzelnes Geldhaus bereitstellen kann oder will. Der Hauptansprechpartner ist und bleibt aber der Konsortialführer, der so genannte Lead Manager. Er sorgt auch für die Zusammensetzung des Konsortiums, wird sich dabei allerdings drängend vorgetragenen Unternehmenswünschen meistens nicht verschließen. Neben dem Lead Manager kann es einen mit in der vordersten Reihe stehenden Co-Lead Manager geben, dahinter einen Co-Manager und als schwächste Partei den Selling Agent.

Die Zusammensetzung des Konsortiums richtet sich nach den Anforderungen der Emission. Sollen die Aktien an Privatkunden – so genannte Retail-Kunden – und Institutionelle gleichermaßen abgegeben werden, hat aber der Lead Manager vor allem gute Kontakte zu Letzteren, dann wird üblicherweise eine stark privatanlegerorientierte Bank mit ins Konsortium genommen, beispielsweise eine Sparkasse oder Landesbank oder aber ein Institut aus dem Kreis der Volks- und Raiffeisenbanken. Auch eine internationale Platzierung des Aktienangebots wirkt sich auf die Zusammensetzung des Konsortiums aus. Wer im großen Stil US-amerikanische Investoren für sich interessieren will, ist mit der Kreissparkasse Hintertupfingen nicht wirklich gut beraten, wenngleich diese ihre Rolle bei der Platzierung in der Region möglicherweise sehr gut ausfüllen kann.

Letzte Handgriffe vor dem IPO

Dem Konsortialführer obliegt es, die so genannte Due Diligence durchzuführen. Dabei ist er auf die Mithilfe von Rechtsanwälten, Technikfachleuten, Wirtschaftsprüfern und Steuerberatern angewiesen. Die Due Diligence ist der in die Tiefe gehende Rundum-Check des Unternehmens. Mögliche Rechtsprobleme im Umfeld des Börsengangs werden ebenso geprüft wie die Qualität und Positionierung der Produkte. Die Finanzen der Firma werden analysiert. Erst nach erfolgreicher Due Diligence kommt ein bindender Konsortialvertrag zustande. Darin verpflichten sich die Konsorten zur Übernahme der Emission mit dem Ziel, die Aktien bei Investoren zu platzieren.

Ein erstes Gefühl für die mögliche Akzeptanz bei Anlegern liefert das »Pre-Marketing«, bei dem institutionelle Investoren angesprochen werden und bei dem das Unternehmen vorgestellt wird. Ein wichtiges Ziel ist es, die Preisspanne auszuloten, die diese Gruppe für angemessen hält, bei der also mit Nachfrage zu rechnen ist. Zum Pre-Marketing liegen bereits erste Research-Ergebnisse der Analysten vor, auch wenn deren endgültige Studien noch nicht fertig gestellt sind.

Wurden beim Beauty Contest mit dem Ziel, das Mandat als Bank zu bekommen, manchmal noch traumhaft hohe Bewertungen verkündet, so kehrt spätestens beim Pre-Marketing langsam Realismus ein. In vielen Fällen wird der Börsenkandidat von seinem Konsortialführer nun mit etwas niedrigeren Preisen vertraut gemacht – ein Umstand, der bei nicht wenigen Firmen zu Verärgerung führt.

Der Preis

Die letzte, heiße Phase der Börseneinführung beginnt, wenn das Pre-Marketing abgeschlossen ist, der Verkaufsprospekt erstellt ist und alle rechtlichen Fragen zur Börsenzulassung geklärt sind. Nun heißt es, Farbe zu bekennen: Die endgültige Preisfindung beginnt. Dazu muss die Entscheidung zwischen mehreren Verfahren getroffen werden:

- Auktionsverfahren,
- Bookbuilding-Verfahren,
- Festpreisverfahren.

Die genannten Möglichkeiten unterscheiden sich durch den Grad der Flexibilität der Preisgestaltung während der Zeichnungsphase. In jedem Fall werden die Aktien in Deutschland am Ende aber allen Anlegern zum gleichen Preis zugeteilt.

Das *Auktionsverfahren* bildet am ehesten einen völlig freien Markt nach. Bei dieser Variante wird von den begleitenden Banken und dem Unternehmen allenfalls ein Mindestpreis vorgegeben, dann müssen Zeichnungswillige ihre Gebote abgeben, die einen Preis und eine Aktienstückzahl umfassen. Am Ende der Zeichnungsfrist werden alle Aufträge nach den offerierten Preisen sortiert. Von oben (mit dem höchsten Gebot) beginnend, werden nun jene Gebote ermittelt, die die komplette Platzierung der Emission zu höchstmöglichen Preisen erlauben. Der Ausgabepreis wird durch denjenigen Zeichnungsauftrag bestimmt, dem die letzten Aktien zugeteilt werden können. Alle darüber liegenden Gebote werden ebenfalls zu diesem Preis bedient, Zeichnungswünsche zu niedrigeren Preisen gehen leer aus. Diese Form der Zuteilung bei Auktionen wird als holländisches Verfahren bezeichnet.

Bei aller Flexibilität des Auktionsverfahrens: Es verlangt vom Anleger extrem komplexe Entscheidungen und eine besonders intensive Analyse des Unternehmens. Die Frage ist zu stellen, ob der Privatinvestor über die nötigen Informationen und Kenntnisse verfügt, um dies in jedem Fall leisten zu können. Das Auktionsverfahren ist in der Praxis eher selten anzutreffen. Im Jahr 2000 wurde es in Deutschland in einem Fall angewandt, im Jahr 2001 hingegen kein einziges Mal.

Beim *Bookbuilding* wird den Anlegern eine Preisspanne vorgegeben, in der sich die Zeichnungsaufträge bewegen müssen, es sei denn, sie werden ohne jedes Limit aufgegeben. Die Preisspanne ergibt sich aus dem Research der Banken und den Erfahrungen aus dem Pre-Marketing. Bindende Regelungen für die Festlegung existieren aber nicht, letztlich wird die Spanne zwischen dem Börsenkandidaten und den Banken frei verhandelt. Oft ist dies ein zäher Prozess. Er findet am Tag oder Abend vor der Emissionspressekonferenz statt, alle Akteure sind gereizt und gestresst, nicht selten wird um den letzten halben Euro an der Ober- und Untergrenze erbittert gefeilscht. Die Banken votieren nun meistens für etwas niedrigere Preise, damit die Emission umso leichter an den Markt zu bringen ist. Die Unternehmen sind umgekehrt nur ungern bereit, einmal mehr Zugeständnisse zu machen.

Die eingehenden Zeichnungsaufträge werden vom Konsortialführer im so genannten »Buch« gesammelt – das aber heute in der Regel eine Computerdatei ist. Die Bezeichnung »Bookbuilding« stammt aus diesem Zusammenhang, der Konsortialführer wird folgerichtig als »Bookrunner« bezeichnet. Am Ende der Zeichnungsfrist, die sich grundsätzlich über mehrere Tage erstreckt, bei heftigem Andrang aber vorzeitig beendet werden kann, wird das Buch geschlossen und der endgültige Emissionspreis im Rahmen der Spanne festgelegt. Letztlich ist auch dieser Preis wieder Ermessenssache, er wird aber so gewählt, dass die Emission komplett zugeteilt werden kann. Alle Zeichner, deren Aufträge den Ausgabepreis mindestens getroffen haben, kommen für eine Zuteilung infrage, ebenso die Orders ohne Limit.

Wenn die Nachfrage zum Ausgabepreis das Angebot an Aktien übersteigt, wird nicht jede Order voll bedient. Möglicherweise gehen einige Anleger ganz leer aus, oder jede Order wird nur nach einem bestimmten Schlüssel bedient.

Das Bookbuilding-Verfahren hat sich inzwischen zur häufigsten Variante in Deutschland gemausert. Zum einen trägt die Orderstruktur hier zur Preisfindung bei, auf der anderen Seite wird aber eine deutliche Orientierungsgröße vorgegeben. Schließlich liegen zwischen Ober- und Untergrenze der Spanne meistens nur gut 20 Prozent. Außerdem hat der Konsortialführer bei diesem Verfahren im Gegensatz zum Auktionsverfahren Spielraum bei der genauen Preisfestlegung und dem Zuteilungsmodus. Auf diese Weise kann zum Beispiel ein bestimmter Zuteilungsschlüssel zwischen privaten und institutionellen Investoren oder in- und ausländischen Anlegern realisiert werden.

Trotz einer gewissen Flexibilität bei der Preisbestimmung: Stärkere Abweichungen von dem Niveau, welches die Börse später im Handel für angemessen hält, sind durch das Bookbuilding in der Vergangenheit nicht vermieden worden. Die Kursverdoppler am ersten Handelstag in der Boomphase des Neuen Marktes dürften vielen Anlegern noch gut genug in Erinnerung sein. Eine kleine Stellschraube haben die begleitenden Banken und Wertpapierhandelsunternehmen noch durch die so genannte Mehrzuteilungsreserve bei der Emission. Sie ermöglicht es ihnen, weitere Aktien zum Ausgabepreis zu erwerben und in den Markt zu geben, um eine starke Nachfrage in den ersten Handelstagen an der Börse abzufedern. Das Verfahren wurde erstmals beim Börsengang der Greenshoe Manufacturing Company eingesetzt, die Mehrzuteilungsreserve wird deshalb auch als »Greenshoe« bezeichnet.

Mit dem geringsten Aufwand – allerdings auch mit dem geringsten Spielraum, um ganz kurzfristig auf die Investorennachfrage während der Zeichnungsphase zu reagieren – ist das *Festpreisverfahren* verbunden. Dabei wird vor Zeichnungsbeginn ein fixer Ausgabepreis genannt, interessierte Investoren haben nur noch die Möglichkeit, die Angaben zur gewünschten Stückzahl zu variieren. Besonders bei kleinen Emissionen kommt diese Spielart manchmal zum Einsatz. Sie dient zur Begrenzung der Kosten und bietet sich besonders dann an, wenn für die geringe Aktienstückzahl bereits während des Pre-Marketings weitgehende Abnahmeangebote von Investorenseite gemacht wurden. Das Festpreisverfahren war bis in die erste Hälfte der neunziger Jahre in Deutschland die dominierende Art der Platzierung.

Road Show, Presserummel – und geschafft

Die Zeichnungsphase läuft, und es heißt, potenziellen Investoren die Papiere noch einmal möglichst schmackhaft zu machen. Zu diesem Zweck werden Medienkontakte und direkte Investorengespräche gleichermaßen genutzt. Ist die Medienpräsenz auf der Emissionspressekonferenz hoch, strahlen die Augen der Unternehmensvertreter und Banker. Halten sich die kritischen Fragen dann noch in Grenzen, ist die Freude noch größer. Schließlich darf dann auf positive Zeitungs- und Fernsehberichte gehofft werden, in denen die Empfehlung »Zeichnen« häufiger auftaucht. Auch für die Analysten außerhalb des Bankenkonsortiums wird eine Veranstaltung abgehalten, manchmal werden sie aber auch mit den Journalisten zusammen informiert. Wenn die letzte Frage der Presseleute beantwortet ist, beginnen die Einzelgespräche mit Institutionellen. In 45 bis 90 Minuten müssen Fondsmanager und Vermögensverwalter nun endgültig zur Zeichnung animiert werden. Diese so genannte Road Show dehnt sich je nach Platzierungsvolumen auf mehrere Länder aus. Neben mehreren deutschen Städten steht oft eine Visite in London und Zürich auf dem Programm, zum erweiterten Aktionsradius gehören Paris und Mailand.

Es erfordert schon einige Professionalität von den Unternehmenschefs, um in schneller Folge immer wieder die gleiche Präsentation zu halten und auf fast identische Fragen zu antworten, ohne bei den Gesprächspartnern den Eindruck zu erwecken, man wolle sie mit einer Standardantwort abfertigen. Je nach Börsenphase und Lage am IPO-Markt ist die Überzeugungsarbeit leichter oder schwerer.

Nach einigen Tagen ist es dann doch geschafft. Das Buch wird geschlossen, die Zeichnungsfrist ist verstrichen. Die Orders werden ausgewertet und Überlegungen zum endgültigen Ausgabepreis und Zuteilungsschlüssel angestellt. Dieser Vorgang dauert einige Zeit, sodass das Debüt auf dem Börsenparkett üblicherweise erst zwei Tage nach Zeichnungsende ansteht. Das Unternehmen freut sich über den (hoffentlich) gelungenen Start, die Banken vereinnahmen ihre Provision. Unter dem Strich beträgt diese 2 bis 5 Prozent des Emissionsvolumens, mit fallender Tendenz seit dem Jahr 2000.

Kriterien bei der Zeichnung von Nebenwerten – Loewe gegen Tigerente

Potenzielle Zeichner bei der Neuemission von Nebenwerten sollten über die normale Prüfung eines Investments hinaus besonderes Augenmerk auf einige Dinge legen, die sich als Renditekiller erweisen könnten:

- vorbörsliche Privatplatzierungen,
- vorbörslicher Handel,
- Haltefristen für Altaktionäre,
- Qualität des Research,
- Qualität des Konsortiums,
- Einbindung institutioneller Investoren.

Es ist ausgesprochen wichtig, diese Punkte intensiv zu untersuchen. Ihre Bedeutung soll im Folgenden an einem Beispiel gezeigt werden. Es handelt sich um den Börsengang der Firma B.A.U.M. AG. Er muss als Flop bezeichnet werden. Aber für diesen Fehlschlag gab es ausreichend Indizien.

Fallbeispiel B.A.U.M. AG – Tigerente säuft ab

Die B.A.U.M. AG hat zwei Geschäftsfelder: zum einen die Beratung von Unternehmen und öffentlichen Institutionen in den Bereichen Umwelt und Nachhaltigkeit und zum anderen den Mediensektor, wo insbesondere der Besitz der Rechte am Werk des Kinderbuchautors Janosch zu nennen ist, der unter anderem mit seiner Figur »Tigerente« populär geworden ist.

Am 21. Dezember 2001 begann das offizielle Börsenleben der B.A.U.M. AG im Geregelten Markt der Frankfurter Börse. Der Ausgabepreis der Aktien lag bei 3,15 Euro. Frühzeichner erhielten einen Rabatt und mussten »nur« 3 Euro hinblättern. Der erste Börsenkurs lag bei sage und schreibe 0,50 Euro! Ein Wertverlust von 83 Prozent auf einen Schlag. Im Laufe des Tages kletterten die Papiere zwar wieder merklich über 1 Euro, fielen in den folgenden Monaten jedoch mit schöner Regelmäßigkeit und notierten Ende März 2002 zwischen 0,60 und 0,70 Euro.

Bereits zum Zeitpunkt des IPOs am Geregelten Markt hatte B.A.U.M. rund 1 200 Aktionäre. Der größte davon hielt 8,2 Prozent, die meisten übrigen nur geringe Stückzahlen. Auch das Grundkapital war mit gut 6,6 Millionen Aktien ausgesprochen hoch. Das Unternehmen hatte sich in den Jahren zuvor über eine Vielzahl von Kapitalerhöhungen finanziert und seine Aktionärsbasis dabei immer stärker erweitert. Unter anderem bei den Firmen AHAG und Valora wurden für die B.A.U.M. außerbörsliche Kurse gestellt.

Als Ende 2001 der Börsengang auf der Agenda stand, war bekannt, dass es nicht gelingen würde, alle Altaktionäre zu einer Halteverpflichtung, einer so genannten Lock-up, von mindestens sechs Monaten zu verpflichten. Schon damit war klar, dass zum IPO damit zu rechnen war, dass einige Altaktionäre den liquideren Handel nutzen könnten, um ihre Stücke auf den Markt zu werfen. Für den Kursverlauf waren dies natürlich unerfreuliche Perspektiven und damit auch für mögliche Zeichner. Die Kurse im außerbörslichen Handel hatten einige Monate vor dem Börsengang noch in der Region um 2 Euro gelegen. Früher hatten sie allerdings auch deutlich höher gelegen, als noch Berichte aus dem Unternehmen kursierten, denen zufolge die Tochter Baumhaus an den Neuen Markt gebracht werden sollte.

Die Emission von B.A.U.M. sollte bis zu 3 Millionen Aktien umfassen. Wäre alles glatt gegangen, so hätte das Grundkapital sich also nach erfolgreicher Platzierung aus über 9,6 Millionen Aktien zusammengesetzt. Der Spielraum für den Ausgabepreis war damit eigentlich gering, sahen die Erlösprognosen bei B.A.U.M. für 2001 auch nur 8,75 Millionen Euro Umsatz, für 2002 dann 11 Millionen Euro vor. Die Planungen für 2001 wurden im Endeffekt zwar etwas übertroffen, die Ergebnisprognosen aber deutlich verfehlt. (Solche Fehlprognosen sind allerdings kein spezifisches Problem von Nebenwerten.)

Die Emission wurde voll auf Privatanleger zugeschnitten. Institutionelle hatten nach diversen Nasenstübern am Neuen Markt Ende 2001 längst kein Interesse mehr an defizitären Minifirmen. Die Ausrichtung auf Private zeigte sich unter anderem an den Anreizen, die für umfangreiche Zeichnungen gewährt werden sollten. Es gab effektive Stücke der Aktie mit einem Janosch-Motiv. Ein Fondsmanager hätte sich damit wohl kaum ködern lassen. Auch die sehr lange Zeichnungsfrist vom 9. bis zum 30. November 2001 ist zwar für kleine Nebenwerte nicht ungewöhnlich, aber sie deutet ebenfalls auf eine starke Ausrichtung auf Kleinaktionäre hin. Während der Zeichnungsphase wurde die Frist um eine Woche verlängert.

Nicht zuletzt das Konsortium ließ keinen Zweifel mehr daran, dass Institutionelle bei diesem IPO keine Rolle spielen würden. Das Virtuelle Emissionhaus, VEM, aus München stellte den Lead Manager. Es wurde lediglich von der DAB Bank als Selling Agent unterstützt. VEM ist eine Internetplattform zur Aktienplatzierung, deren Fokus fast ausschließlich bei Privatkunden liegt, ebenso wie bei der DAB Bank, der Onlinebroker-Tochter der HypoVereinsbank.

Dieses Konsortium und die Struktur der ganzen Transaktion schlossen praktisch aus, dass Institutionelle mit im Boot sein würden, was tendenziell nach dem IPO für eine Kursstabilisierung hätte sorgen können. Auch musste sich der Vorstand von B.A.U.M nicht den kritischen Fragen von Fondsmanagern stellen, die schon im Pre-Marketing sehr wahrscheinlich für einen deutlich niedrigeren Ausgabepreis gesorgt hätten. B.A.U.M. wurde zum Festpreis gebracht, auch kleinere Justierungen beim Preis während eines Bookbuildings waren somit nicht möglich.

Die Research-Basis, auf die sich Anleger bei ihrer Zeichnungsentscheidung stützen konnten, war bei dem eher übersichtlichen Konsortium dünn. Das VEM-eigene Research legte eine Analyse vor. Diese zeichnete sich unter anderem dadurch aus, dass sie kühn behauptete, ein deutlicher Bewertungsaufschlag gegenüber den Vergleichsunternehmen, die sich aus verschiedenen Unternehmen vom Neuen Markt, aber auch dem US-Riesen Walt Disney und dem Beratungs-Koloss KPMG zusammensetzten, sei angemessen. Ein Standpunkt, der kaum nachzuvollziehen ist. Wohl gemerkt, die Aussage wurde Ende 2001 getroffen – zu einer Zeit also, als der IPO-Markt nahezu tot danieder lag. Zusätzlich tauchte dann noch eine Studie von Murphy & Spitz Research auf, eines bankenunabhängigen Unternehmens, das bei Aktieneinführungen bisher noch nicht umfangreich in Erscheinung getreten war. Diese Studie kam zu dem Ergebnis, der Ausgabepreis von 3,15 Euro sei völlig in Ordnung, der faire Wert wurde gar mit 3,51 Euro angegeben.

Anleger, die sich in dem 34-seitigen Werk bis zum Kleingedruckten am Schluss vorkämpften, erfuhren dort allerdings von Murphy & Spitz: »Die vorliegende Studie wurde als Honorarauftrag der B.A.U.M. AG geschrieben.« Von Unabhängigkeit konnte also bei der bezahlten Analyse keine Rede sein. Die unabhängigen Finanzjournalisten zeigten sich überwiegend wenig angetan von der Emission. »Nicht zeichnen« war die häufigste Einschätzung.

Es kam, wie es anhand der Konstellation fast zwangsläufig kommen musste: Das Zeichnungsinteresse blieb gering, trotz Verlängerung der Frist, trotz Frühzeichnerrabatt und schön gestalteter effektiver Stücke für den Bilderrahmen. Am Ende konnten von den bis auf 3 Millionen Stück geplanten Aktien lediglich rund 320 000 platziert werden! Dennoch wurde die Emission durchgezogen mit dem Ergebnis, dass sich der Kurs gegenüber dem Ausgabepreis sechstelte.

Neben dem schwachen Börsenumfeld zum IPO waren das platzierungsschwache Konsortium, verbunden mit der dünnen Research-Basis, die totale Abstinenz der Institutionellen und der mögliche Abgabedruck durch Altaktionäre die Gründe für den Misserfolg. Als Investor sollten Sie all diese Dinge besonders bei Nebenwerten abklopfen. Dass es auch anders geht, zeigt das Beispiel der Loewe AG.

Fallbeispiel Loewe – gut gebrüllt

Bei Loewe zeigte es sich, wie Anleger beim IPO eines Nebenwertes profitieren können. Wegen der Tatsache, dass es sich um einen Small Cap handelt, ist die Bewertung zum Börsengang relativ niedrig. Der Aktionär kann zu diesen Preisen bei einem Unternehmen einsteigen, welches später in eine andere Größenklasse und damit in eine neue Bewertungsdimension hineinwächst. Loewe begann im SMAX, stieg dann aber recht schnell in den MDAX auf, wo Aktien im Durchschnitt höhere Bewertungen zugebilligt werden. Das KGV liegt rund 20 Prozent über dem SMAX-Durchschnitt.

Die Loewe AG, die heute vor allem Unterhaltungselektronik- und Multimediaprodukte herstellt, wurde 1923 gegründet und wollte es 1999 an der Börse wissen. Die Zeichnungsphase lief vom 28. Juni bis zum 6. Juli 1999. Die Banken beeilten sich bei der Festlegung des Ausgabepreises und der Zuteilung, sodass schon am 7. Juli die erste Notierung im SMAX vorgenommen werden konnte. Die Aktionäre setzten sich überwiegend aus Managern des Unternehmens sowie aus der Venture-Capital-Gesellschaft 3i zusammen, die vor dem Börsengang fast 40 Prozent der Anteile hielt.

Das Konsortium bildeten Credit Suisse First Boston (CSFB) als Lead Manager, die HypoVereinsbank, die Bayerische Landesbank und die Privatbank Sal. Oppenheim. Für die Emission wurde das Bookbuilding-Verfahren gewählt, die Preisspanne wurde mit 18 bis 22 Euro festgelegt. Von den 3,1 Millionen platzierten Aktien stammten 1,1 Millionen aus dem Besitz der Altaktionäre, der ganz überwiegende Teil von 3i, das heißt 2 Millionen Stücke wurden aus einer Kapitalerhöhung von 5,07 auf 7,07 Millionen Euro bereitgestellt. Die Zuteilung erfolgte schließlich zu 18 Euro. Auch institutionelle Anleger wurden dabei reichlich bedacht. Der erste Börsenkurs lag bei 18,50 Euro. In den Monaten nach dem IPO ermäßigte sich der Kurs bis auf rund 12 Euro, stieg dann aber steil an und notierte Ende März 2002 bei gut 30 Euro. Damit wurden alle Vergleichsindizes deutlich geschlagen.

Loewe stößt auch als Nebenwert bei Analysten auf großes Interesse. Zwei Jahre nach dem IPO beobachteten fast ein Dutzend nationale und internationale Häuser die Aktie. Aber auch die ehemaligen Konsorten kommen immer wieder mit Studien an den Markt. Ende 2001 wurde Loewe in den MDAX aufgenommen.

Interview mit Ralf Droz, S-Broker AG

Neben den klassischen Investmentbanken sind Ende der neunziger Jahre verstärkt Unternehmen am Markt aktiv geworden, die das Internet als Vertriebsstrategie nutzen. Pionier in der Branche war die amerikanische Wit Capital, an der sich später Goldman Sachs beteiligte. In Deutschland gehörten das Virtuelle Emissionshaus und net.IPO zu den ersten Anbietern am Markt, sie richten sich vor allem an Privatkunden. net.IPO hat sich inzwischen aus dem Emissionsgeschäft zurückgezogen.

Ralf Droz war von 1999 bis 2001 in leitender Funktion bei net.IPO beschäftigt und hat in dieser Zeit mehr als dreißig Unternehmen an die Börse begleitet. Droz studierte Politologie in Frankfurt am Main und internationale Beziehungen an der Universität in Amsterdam. Aktuell ist er bei der S-Broker AG beschäftigt, dem zentralen Online-Broker der Sparkassen. Dort zeichnet Droz für die strategische Ausrichtung des Unternehmens verantwortlich.

Her Droz, net.IPO war ein Emissionshaus der etwas anderen Sorte. Sie haben Aktien über das Internet platziert und dabei fast ausschließlich Privatanleger adressiert. Worin bestehen die Unterschiede zu einer »normalen« Investmentbank?

Ralf Droz: Ende des Jahres 1998 beziehungsweise Anfang 1999 war die Zeichnung von Neuemissionen über das Internet noch eine echte Sensation. Aber innerhalb eines Jahres setzte sich das Konzept als Ergänzung zur herkömmlichen Aktienplatzierung durch. Und 2001 gab es dann kaum noch eine Neuemission, an der nicht wenigstens eines der drei führenden Internet-Emissionshäuser teilnahm. Grund für diese breite Akzeptanz der Internetplatzierung bei Anlegern, Emittenten und Bankenpartnern waren die Vorteile für alle Beteiligten. Zum ersten Mal konnte die Nachfrage von Privatanlegern über einen Kanal und völlig unabhängig von der bestehenden Bankverbindung kostengünstig bedient werden. Denn Kleinstorders der Privatanleger von wenigen tausend Euro Volumen werden gebündelt und an den jeweiligen Lead Manager weitergegeben. Die Zuteilung erfolgt dann automatisch über das jeweilige Internet-Emissionshaus. Bei einer Überzeichnung ist es üblich, dass nur die Kunden der im Konsortium vertretenen Banken eine Zuteilung erhalten. Im Gegensatz zu einer klassischen Emissionsbank kann bei einem Internet-Emissionshaus jeder Mitglied werden – und das, ohne ein Konto dort zu führen. Demnach werden Kunden aller Banken bei der Zuteilung bedient. Diese breite Platzierung hat natürlich auch viele Börsenkandidaten gereizt. Außerdem konnte natürlich ein bestimmter Zuteilungsschlüssel vereinbart werden. Wir haben dann in einem qualifizierten Zuteilungsverfahren bestimmte Merkmale der Kunden abgefragt und berücksichtigt. Das trägt zu einer höheren Bindung der Anleger an den Emittenten bei.

Wie haben Sie denn gewährleistet, dass die Anleger sich auch informieren konnten?

Droz: In puncto Information hat das Internet sogar einen riesigen Vorteil. Denn selbstverständlich wird der Verkaufsprospekt zum Download angeboten. Meistens wurde dieses Informationsangebot dann noch um eine Vielzahl von Features erweitert. Das waren zum Beispiel Online-Chats des Vorstands mit den Anlegern. Im direkten Webkontakt können bei einer derartigen Veranstaltung Fragen und Antworten ausgetauscht werden. An diesen Chats nahmen bis zu 400 Privatanleger teil. Natürlich wurden die Antworten dann auch auf den üblichen Anleger-Boards diskutiert und verbreiteten sich so unter den potenziellen Anlegern weiter. Daneben wurden Unternehmenspräsentationen als Videostreams angeboten und in einigen Fällen auch die Research Reports zum Herunterladen angeboten.

Wie lange vor dem IPO hatten Sie Kontakt zu den Unternehmen?

Droz: Die Prozedur sieht folgendermaßen aus: Wenn ein Haus am Markt etabliert ist und als so genannter Underwriter agiert, gibt es das bekannt, und die Unternehmen oder der Konsortialführer laden es zum Beauty Contest ein. Da muss man dann das Unternehmen und den Lead Manager von seinen Vorzügen überzeugen. Die Einladung zum Beauty Contest kann auch über einen Emissionsberater oder eine andere befreundete Bank ausgesprochen werden. Schließlich kennt man sich ja aus vorangegangenen Börsengängen. So ein Beauty-Contest findet in der Regel sechs Monate vor dem IPO statt. Wenn eine Bank nur als so genannter Selling Agent beim IPO dabei sein soll, kann die Sache schneller gehen. Dann kann die Mandatierung auch wenige Wochen vor dem IPO noch stattfinden. Der Selling Agent greift dann auf das Research der Konsortialbanken zurück, und das verkürzt natürlich seine Prüfung des Emittenten.

Wie viele Leute sind bei einem Börsengang auf Bankenseite involviert?

Droz: Grundsätzlich besteht auf Bankenseite das Team aus Investmentbankern und Analysten sowie einer Rechtsberatung. Somit ist die Mindestgröße schon einmal definiert. Die Größe des Teams wird über die Transaktionsgröße bestimmt. Je höher das Transaktionsvolumen, desto höher der personelle Aufwand. Im Gegensatz zu einer nationalen Transaktion steigt bei einem internationalen IPO auch der Grad der Komplexität. Die anfallende Mehrarbeit und die Beantwortung von Fragestellungen, beispielsweise zu juristischen Problemen und Zulassungsmodalitäten, wird auf weitere Schultern verteilt. So kann ein Bankenteam bei größeren Transaktionen durchaus aus über 35 Personen bestehen. Dazu kommt eine Reihe von administrativen Aufgaben, die über die Abteilung Equity Markets einer Investmentbank geleistet werden. Natürlich spielen auch die Größe einer Investmentbank und die derzeitige Auslastung eine Rolle. In ruhigen Zeiten wird schon mal einiges mehr an Personal mit einem Deal beschäftigt als in stürmischen Zeiten.

Welche Kosten fallen dabei für das Unternehmen an?

Droz: Das richtet sich nach dem Börsensegment und dem Emissionsvolumen. Die Honorare der Banken liegen zwischen 3 und 5 Prozent des Emissionsvolumens. Dazu kommen erhebliche weitere Ausgaben. Die Erstellung und der Druck des Verkaufsprospektes, die IPO-Beratung, Börsenzulassung, Marketing, Werbung und PR verdoppeln schnell die bereits genannten Kosten. Oft müssen auch interne Strukturen geschaffen werden, die einen höheren Personalaufwand und damit Mehrkosten bedeuten.

Wie beratungsfähig sind Unternehmen, was ihre Equity Story und vor allem die Bewertung angeht?

Droz: Jeder Unternehmer, der den Gang an die Börse wagen will, ist gut beraten, wenn er sich beraten lässt. Gerade im Bereich der Bewertung tendieren Unternehmer zu einer Überbewertung – was natürlich in der Natur der Sache liegt. Darüber hinaus neigt ein Unternehmer dazu, die Einmaligkeit seines Betriebes herauszustellen. Das ist zwar das Salz in der Suppe der Equity Story – aber nicht die Substanz, die satt macht. Es ist die Aufgabe der Investmentbank, das Unternehmen in einen Bewertungsrahmen zu setzen und mit anderen, bereits börsennotierten Unternehmen zu vergleichen. Erst dann im zweiten Schritt wird die Story durch die Alleinstellungsmerkmale entwickelt.

Was passiert, wenn Bank und Unternehmen sich nicht einig werden?

Droz: Gerade, wenn es um das Pricing geht, kann die Beziehung des Unternehmens zum Konsortialführer auf eine Belastungsprobe gestellt werden. Wenn die Investmentbanken in den Beauty Contest um ein Mandat gehen, werden sie einen Bewertungsrahmen nennen, der durchaus ausschlaggebend für eine Mandatierung sein kann. Zwischen dieser Mandatierung und dem Beginn der Zeichnungsfrist vergehen Monate. In dieser Zeit kann sich der Markt und damit die Bewertung geändert haben. Diese Diskrepanz im potenziellen IPO-Erlös muss die Investmentbank dem Unternehmen erklären. Doch auch dann kann noch einiges passieren. Fällt die Bewertung der Peer-Group während der Bookbuilding-Spanne so rapide, dass die Nachfrage leidet, sind weitere Korrekturen vonnöten. Sollte die Schmerzgrenze erreicht sein, und im Dialog zwischen Investmentbank und

IPO-Kandidat lässt sich kein angemessener Preis finden, kann der Börsengang bis zur letzten Minute abgebrochen werden.

Von welchen Kriterien hängt die Bewertung in der Praxis ab?

Droz: Auf der Research-Seite ist das eine Mischung aus Kennziffern wie KGV oder Umsatzmultiple. Fast nie fehlt zum Börsengang auch eine Discounted-Cash-Flow-Rechnung. Eine Mischform all dieser Größen führt dann zur Bewertung. In die fließt dann noch die Nachfrage im Pre-Marketing ein. Wenn es da nicht läuft, muss nochmals nachgebessert werden, egal, was die Fundamentalanalyse hergibt. Oder der Börsengang wird verschoben.

Welche Rolle spielen vorher festgelegte Zuteilungsschlüssel Private/Institutionelle bei der endgültigen Zuteilung?

Droz: Bereits bei der Zusammensetzung eines Konsortiums entscheidet sich oft, wie die Aufteilung zwischen Privatanlegern und institutionellen Investoren sein soll. Jede Investmentbank hat ihre Stärken in einem der genannten Bereiche. Und jedes Konsortialmitglied wird durch sein Underwriting, also die Übernahme einer Platzierungsgarantie, signalisieren, was es in seinem Kundenkreis an Stücken unterbringen kann. Durch diese Quoten beeinflussen das Unternehmen und der Lead Manager die Gewichtung zwischen Privatanlegern und Institutionellen. Nach Beendigung der Bookbuilding-Phase kann über die Festlegung der tatsächlichen Zuteilungsquoten noch einmal eine gewisse Feinabstimmung vorgenommen werden. Diese wird sich aber prinzipiell an den Quoten des Underwriting ausrichten.

Wonach haben Sie entschieden, ob Sie bei IPOs im Konsortium dabei sein wollten?

Droz: Der Auswahlprozess wird von vielen unterschiedlichen Faktoren bestimmt. Basis einer jeden Due Diligence sind die Fundamentaldaten. Dabei wurden die Wachstumsprognosen einbezogen. Neben den harten Fakten des Zahlenmaterials haben wir uns das Management genau angeschaut. Hier zählten Erfahrungen, Branchenkenntnis, Führungsqualitäten und die Bindung zum Unternehmen. Auch interne Gründe spielen selbstverständlich eine Rolle: Grundsätzlich musste das Unternehmen uns überzeugen und zu uns als Internet-Investmentbank passen. So trat über die Zeit eine gewisse Konzentration auf Technologie- und Internetunternehmen ein. Bei der Konzentration auf den Privatanleger sollte auch die Story verständlich und vermittelbar sein. Dies ist ein Grund, warum wir keine Biotech-Unternehmen an die Börse begleitet haben

Haben Sie auch Angebote abgelehnt?

Droz: Aber klar. Die wenigsten Unternehmen, die sich mit einem Börsengang beschäftigen, werden jemals ein Listing erreichen. Da wir grundsätzlich nur Unternehmen aus dem Geregelten Markt und dem Neuen Markt begleiteten, lehnten wir alle Transaktionen aus den Bereichen Private Placements und Freiverkehr ab. Aber auch in den anspruchsvolleren Segmenten lehnten wir viele Transaktionen ab, die den internen Anforderungen nicht gerecht wurden. Bei etwa einem Drittel aller Anfragen haben wir von unserer Seite aus abgewunken.

Wie lange zieht sich ein Beauty Contest hin, wie gehen die Unternehmen dabei vor?

Droz: Als Investmentbank müssen Sie den Unternehmer in wenigen Minuten von Ihren Qualitäten überzeugen. Die schwierigste und wahrscheinlich auch wichtigste Wahl ist die des Lead Managers. Diesen zu finden, ist nicht gerade einfach. Einige Unternehmen bedienen sich eines IPO-Beraters, der die Suche übernimmt. Das ist zwar nicht der billigste Weg – doch ein guter IPO-Berater kann viele Schwierigkeiten vermeiden helfen und ist in der Regel sein Geld wert. Der häufigste Weg ist der über die Hausbank. Zu einem gewissen Zeitpunkt wird der Unternehmer entweder seine Hausbank zum Thema IPO ansprechen oder die Bank selbst wird die Initiative ergreifen. Dies gilt gerade für mittelständische Unternehmen. Seit dem Entstehen der New Economy wurden viele Unternehmen über Venture Capital finanziert. Für diese Venture-Capital-Gesellschaften ist ein IPO eine so genannte Exit-Möglichkeit, das heißt die Möglichkeit zum Ausstieg. Diese Kapitalgesellschaften unterstützen in der Regel die Vorbereitung eines Börsenganges und pflegen gute Kontakte zu potenziellen Lead Managern. Ist der Lead Manager über den einen oder anderen Weg gefunden und der Zeitplan zum IPO festgezurrt, kann zum Beauty Contest eingeladen werden. Das eigentliche Verfahren verläuft in der Regel recht routiniert und ist schnell abgewickelt. Wesentlich zeitaufwändiger ist tatsächlich der geschilderte Prozess davor. Hier vergehen schnell ein bis zwei Jahre.

Worauf sollten Anleger bei der Zeichnung von Neuemissionen achten?

Droz: Möglichst viel Informationen zu sammeln, ist entscheidend. Das wichtigste Dokument zu einem IPO ist der Verkaufsprospekt. Darin finden sich alle Informationen zum Börsenaspiranten. Auch mögliche Risiken werden darin explizit genannt. Wenn man sie bekommt, sind auch Studien sehr interessant. Sie geben ein Einblick, wie die jeweilige Bank auf ihre Einschätzung zum Pricing gekommen ist. Dabei zählt weniger das Ergebnis. Sie werden feststellen, dass die Bookbuilding-Spanne immer 10 bis 30 Prozent unter dem errechneten fairen Preis liegt. Viel interessanter ist, ob die Rechnung nachvollziehbar erscheint und welche Vergleichsunternehmen in welcher Gewichtung herangezogen werden. Plant ein Unternehmen sehr optimistisch, ohne in der Vergangenheit mindestens genauso gut gewesen zu sein, ist eine Plausibilitätsprüfung unumgänglich. Das nötige Zahlenmaterial findet sich im Verkaufsprospekt und wird in der Regel in der Berichterstattung der Wirtschaftsjournalisten genannt. Weitere Punkte: Wer gibt zum IPO Anteile ab? Trennen sich Altaktionäre im großen Maße von ihrem Bestand, sollten sie dieses glaubwürdig erklären können. Gerade wenn Vorstands- und Aufsichtsratsmitglieder sowie deren Familienangehörige Stücke abgeben, ist Vorsicht angesagt. Angaben hierüber findet man ebenfalls im Verkaufsprospekt. Geht der zwölfte Anbieter von CRM-Lösungen* an den Markt, sollten die Alleinstellungsmerkmale wirklich überragend sein. Schließlich wird an der Börse auch für die Zukunftsaussichten bezahlt.

Sind Banken heute noch kursstützend nach dem Börsengang tätig?

Droz: Eine gute Investmentbank zeichnet sich dadurch aus, dass sie den Markt richtig einschätzt und dementsprechend den angemessenen Preis für ein neu gelistetes Unternehmen findet. Wenn der Preis stimmt, besteht die zweite Pflicht einer Investmentbank darin, die richtigen Anleger für das Unternehmen zu finden und diesen Anteile in passender Höhe zuzuteilen. Der richtige Anleger muss das nötige Verständnis für das Unternehmen und seinen Markt mitbringen. Er muss über das entsprechende Portfolio verfügen, in das das Unternehmen hineinpasst.

---

* CRM: Costumer Relationship Management; Lösungen, die die Beziehungen von Unternehmen zu ihren Kunden optimieren sollen.

Auch die Zuteilungshöhe muss stimmen. Ist sie zu gering, besteht die Gefahr, dass der Anleger sofort wieder verkauft, da es sich nicht lohnt, das Unternehmen weiter zu verfolgen. Ist die Zuteilung zu groß, kann auch damit gerechnet werden, dass ein Teil der Stücke wieder abgestoßen wird. Sollte sich der Markt zwischen Preisfeststellung und erstem Handelstag sehr volatil verhalten, kann die Aktie gleich zu Handelsbeginn unter Druck geraten. Grundsätzlich hat eine Investmentbank hohes Interesse daran, dass ihre IPOs gut laufen. Denn das ist die beste Visitenkarte für den nächsten Pitch*. Allein deshalb ist ein korrigierendes Eingreifen wahrscheinlich.

Das Leben an der Börse

Der Weg an die Börse ist alles andere als ein Spaziergang. Doch wer meint, dass die Sorgen und Nöte nach der Erstnotiz für das Unternehmen ein Ende haben, liegt deutlich daneben. Der Spaß geht dann meist erst richtig los. Nun heißt es nämlich, die neuen Geldgeber auch wirklich zufrieden zu stellen, soll die Geldkuh Börse nicht in der Zukunft trocken stehen. Dabei spielt die Erfüllung der Geschäftserwartung sicher eine herausragende, aber nicht die alleinige Rolle. In den vorherigen Kapiteln haben wir uns ausführlich mit den speziellen Anforderungen in den einzelnen Handelssegmenten beschäftigt. Im Folgenden werden wir ausgewählte Anforderungen noch einmal komprimiert vor allem unter zwei Aspekten beleuchten, die losgelöst vom Unternehmenserfolg für potenzielle Geldgeber von besonderem Interesse sind:

- Kosten der Informationsbeschaffung,
- Höhe der Transaktionskosten.

Was nützt es dem Anleger, wenn es ein wunderbar wachsendes Unternehmen mit hervorragenden Zukunftsaussichten gibt, das darüber hinaus auch noch ausgesprochen attraktiv bewertet ist, wenn er von dessen Existenz wenig weiß? Doch auch die laufende Information über die Firma ist ausgesprochen wichtig. Je schwieriger es ist, an (verlässliche) Informationen he-

* Pitch: Präsentation, bei der mehrere Anbieter miteinander konkurrieren.

ranzukommen, umso höher gestalten sich die Suchkosten. Das aber bedeutet nichts anderes, als dass die Bewertung für diese Gesellschaften niedriger sein muss als bei solchen, über die leichter Daten zu bekommen sind. Auch wenn die Qualität der Informationen schwer einzuschätzen ist, müssen Sie in der Regel für das höhere Risiko von Fehleinschätzungen der Unternehmensentwicklung einen Abschlag auf die Bewertung des Unternehmens vornehmen.

Ein zweiter Aspekt ist ebenfalls nicht zu unterschätzen. Wenn tagelang die Papiere nicht an den Mann zu bringen sind, dann kann, wenn immer wieder Gebühren für Teilausführungen anfallen, ein möglicher Gewinn beim Verkauf kräftig ins Schrumpfen geraten. Auch dieses Risiko müssen Sie einkalkulieren.

Diese Aspekte führen unter anderem dazu, dass in Abhängigkeit vom Börsensegment unterschiedliche Durchschnittsbewertungen durchaus berechtigt sind und entsprechend langfristig Bestand haben. Eine Betrachtung der Regelungen und Gewohnheiten in den einzelnen Börsensegmenten, die für Nebenwerte besonders relevant erscheinen, ist deshalb erforderlich.

Telefonhandel

Hier ist so gut wie alles möglich und vertreten. Mit anderen Worten: Es ist oftmals ausgesprochen schwierig, Informationen über ein Investment zu bekommen. Da die Anzahl der Aktionäre aber gering ist, sollte ein enger Kontakt zu der Führungsriege der Gesellschaft gehalten werden. Für das Unternehmen bedeutet dies, im eigenen Interesse auf Anfragen von Eignerseite vorbereitet zu sein.

Die oft nur geringe Anzahl der gehandelten Stücke bleibt aber auf jeden Fall ein Manko. Unterm Strich sollten sich beide Parteien, Anleger und Unternehmen, auf eine Bewertung der Gesellschaft einstellen, die deutlich niedriger ist als bei Firmen, die in höheren Börsensegmenten gelistet sind. Durch die zahlreichen Pleiten in diesem Bereich ist höchste Vorsicht angesagt.

Freiverkehr

Nur wenig besser gestellt erscheinen Unternehmen, die im Freiverkehr einer Börse gelistet sind. Hier muss die Gesellschaft allerdings zumindest einem Zulassungsausschuss vorgestellt werden, der über die Aufnahme einer Notiz entscheidet. Jenseits dessen halten sich die Informationspflichten jedoch in Grenzen. Für den Freiverkehr in Berlin heißt es beispielsweise, dass mindestens halbjährlich ein Zwischenbericht vorgelegt werden soll. Gesetzlich verpflichtend ist dieser allerdings nicht. Daneben können Sie als Anleger auf den Geschäftsbericht zurückgreifen. Doch die grundsätzliche Problematik, dass oft nur schwer Informationen über das Unternehmen zu bekommen sind, bleibt bestehen. Die Gesellschaften können zudem meist nicht das Interesse von Analysten und oftmals auch nicht dasjenige der breiten Presse auf sich ziehen, weshalb sich die Begeisterung bei den Anlegern meist in Grenzen hält. Zudem bleibt das Handelsvolumen oft ausgesprochen bescheiden.

Doch die Notiz bringt auch deutliche Vorteile mit sich. So findet der Handel an der Börse statt, was eine gewisse Aufwertung der Gesellschaft bedeutet. Dennoch: Da sich aus Sicht der Anleger auch viele eher zweifelhafte Titel in diesem Segment befinden, bleiben bei vielen ernsthafte Sorgen hinsichtlich der Seriosität der hier vertretenen Gesellschaften bestehen. Auf der anderen Seite halten sich die Kosten für die Unternehmung in Grenzen. Neben Geschäftsberichten und Zwischenberichten bleiben oft nur die Anfragen von Kleinanlegern. Aufwändige Road Shows oder Konferenzen sind kaum erforderlich. Das Börsenleben auf Sparflamme bedeutet allerdings einen Bewertungsabschlag gegenüber den Vertretern aus höheren Segmenten.

SMAX

Beim SMAX handelt es sich, wie bereits angeführt, um ein Qualitätssegment des Amtlichen Handels oder des Geregelten Markts. Die Unternehmen verpflichten sich hier vor allem zu einer größeren Transparenz sowie zur Rechnungslegung gemäß internationaler Standards.

So müssen die Gesellschaften jedes Quartal über den Geschäftsgang berichten, und dies spätestens zwei Monate nach Ende der Berichtsperiode.

Dass dies oft nicht so ganz einfach ist, zeigt sich meist kurz nach dem Börsengang. Nicht selten kann der anvisierte Termin für die Zahlen nämlich beim ersten Mal nicht eingehalten werden, weil einfach die nötige Erfahrung fehlt und der Zeitaufwand entsprechend unterschätzt wird. Muss doch beispielsweise auch auf Englisch berichtet werden.

Doch auch die Zahlen selbst haben es in sich. So müssen die SMAX-Vertreter, wie bereits angeführt, nach internationalen Standards bilanzieren. Da ursprünglich die meisten Gesellen aus der deutschen HGB-Ecke stammen, hat dieser Umstand schon so manchem Lenker graue Haare beschert. Doch die Vorteile liegen auf der Hand.

Für den Anteilseigner besteht die Chance, alle drei Monate Einblick in den Geschäftsbetrieb zu nehmen, und zwar auf Basis gut vergleichbarer Zahlen. Zudem stehen die Gesellschaften des SMAX in der Regel auch stärker unter der Beobachtung der Presse, und sie ziehen so manche Bankenrecherche auf sich, wenn auch zuweilen nur in der Sparversion. Deshalb sind die Kosten für die Informationsbeschaffung aufseiten des Aktionärs deutlich niedriger als im Fall der zuvor genannten Handelsformen.

Dafür allerdings muss die Gesellschaft tief in die Tasche greifen. Die internationale Rechnungslegung, die Veröffentlichung in Englisch und vor allem die Quartalsberichte erfordern doch einiges an Infrastruktur. Zudem ist der Dialog mit den Medien und den Aktionären meist so zeitaufwändig, dass ein Vorstand diese Aufgabe kaum mehr nebenbei erledigen kann. Es findet sich bei diesen Gesellschaften deshalb in der Regel jemand, der eigens für Investor Relations zuständig ist.

Extraaufwand verursacht zudem die Verpflichtung der SMAX-Teilnehmer zur Ad-hoc-Publizität. So müssen kursrelevante Sachverhalte umgehend einer breiten Masse zugänglich gemacht werden. Allein die einmalige Verbreitung kostet dabei schon mehr als 500 Euro, die Erstellung der Meldung ist natürlich ebenfalls nicht kostenfrei.

Doch während die Unternehmen brav ihre Zahlen veröffentlichen, ist zusätzlich eine laufende Beobachtung durch die Banken, sprich Analysten, für die Meinungsbildung absolut notwendig. Doch Vorsicht ist auch bei den Verlautbarungen der außenstehenden Sachverständigen geboten. Meist gibt es Studien kurz nach einem Börsengang nur von den begleitenden Banken, und diese dürften in der Regel ein positives Bild zeichnen. Wichtig ist also, dass eine breite Masse ein Auge auf den Wert hält. Allerdings gelingt es gerade kleineren Vertretern des SMAX meist nicht, mehrere Banken zu einer laufenden Beobachtung des Wertes zu bewegen.

Damit ein Mindestmaß an Research-Material überhaupt zur Verfügung steht, springt der Designated Sponsor ein. Die eigentliche Aufgabe dieses Betreuers ist es aber, eine Grundliquidität in dem Wert sicherzustellen, indem verbindliche Kauf- und Verkaufskurse gestellt werden müssen, sodass jederzeit gewisse Volumina an der Börse auch tatsächlich umzusetzen sind.

Neuer Markt

Der Neue Markt ist bezüglich der Konzeption dem SMAX ausgesprochen ähnlich, genau genommen wurde der SMAX dem Neuen Markt nachempfunden. Nachdem in den ersten Jahren im Wachstumssegment die Post abging und zahlreiche Gesellschaften händeringend um Aufnahme baten, nutzte die Deutsche Börse die Erfolgskriterien Transparenz und Liquidität auch für kleine und mittlere Unternehmen, die nicht zu den wachstumsstarken Gesellschaften gehören, als Maßstab für ein Börsensegment.

Anders als beim SMAX, müssen die Gesellschaften des Neuen Marktes zwei Designated Sponsors unter Vertrag haben. Das bedeutet aber auch, dass für jeden von ihnen rund 50 000 Euro zu berappen sind.

Darüber hinaus sind die Erwartungen hinsichtlich der Öffentlichkeitsarbeit deutlich höher gesteckt. So ist eine Investor-Relations-Abteilung geradezu ein Muss. Auch ein Mitglied des Vorstandes, meist der Hüter der Finanzen, sollte mindestens einen Tag in der Woche für Anleger, Analysten und die Presse zur Verfügung stehen. Termine bei Pressevertretern und Banken, Road Shows, also Präsentationen vor einer größeren Anlegerschaft, sind ebenfalls gang und gäbe.

Die Kosten gegenüber einer SMAX-Notiz sind insgesamt wesentlich höher. Dafür aber können die Vertreter des Neuen Marktes oftmals auch eine deutlich höhere Bewertung erreichen. Dies wirkt positiv auf das Image bei Kunden und Mitarbeitern. Nicht zu vernachlässigen ist der Vorteil bei zukünftigen Kapitalerhöhungen, da hierdurch der Zugang zu frischen Mitteln leichter fällt. Zudem können in der Regel bei Akquisitionen eigene Aktien als Ersatzwährung in die Waagschale geworfen werden, wodurch auch kleinere Player mitunter bei den größeren für reichlich Stimmung sorgen.

Doch klein darf eine Gesellschaft am Neuen Markt kaum bleiben. Mit Kosten, die in der Regel deutlich über 500 000 Euro pro Jahr liegen, muss das Geschäft schon eine gewisse Größe erreichen, um allein die Notiz finanzieren zu können. Somit lautet die Devise »Wachsen oder weichen«. Wer sein Wachstumspotenzial verspielt hat oder gar insolvent geworden ist, für den ist die Verabschiedung aus dem Segment nur eine logische Konsequenz.

Grundsätzlich ist zum Börsenhandel zu sagen, dass es das ideale Segment nicht gibt. Je höher die Anforderungen in einem Segment sind, umso höher sind natürlich auch die mit der Notiz verbundenen Kosten. Jedes notierte Unternehmen muss also prüfen, wie wichtig die Transparenz und die Liquidität der Papiere für die Gesellschaft sind, um das optimale Segment ausfindig zumachen.

Das Gleiche gilt für die Aktionäre. Eine bessere Informationslage mit der Möglichkeit, auch jederzeit die Stücke wieder verkaufen zu können, bedeutet in der Regel auch, dass Sie die Aktien »teurer« erwerben müssen.

Da für die einzelnen Segmente in der Regel aufgrund der verschiedenen Anforderungen an das Listing unterschiedliche Bewertungsniveaus bestehen, bringt der Wechsel des Segments meist auch eine entsprechende Änderung der Bewertung mit sich. Gehen Sie also davon aus, dass ein Unternehmen, das den SMAX oder den Neuen Markt verlässt, eine Rückstufung seines Ansehens und damit der zugestandenen Kennzahlen in Kauf nehmen muss.

Doch gerade die Krise am Neuen Markt hat gezeigt, dass der hohe Preis für das Listing keinen Sinn macht, wenn die erwarteten Vorteile sich nicht einstellen. Es ist deshalb nicht verwunderlich, dass praktisch alle Marktteilnehmer um die Qualitäten des Neuen Marktes kämpften. Fängt sich ein Unternehmen nämlich durch die Notiz am Neuen Mark nicht nur hohe Kosten ein, sondern auch ein Negativimage, kann es nur rational sein, dieses Börsensegment schnellstmöglich zu verlassen.

Ähnlich die Entwicklung beim SMAX: Wem es nicht gelingt, durch die höhere Transparenz und Liquidität Anleger auf den Geschmack an den eigenen Papieren zu bringen, der hat nur zwei Möglichkeiten. Entweder er poliert noch einmal mit letzter Kraft das Image der Gesellschaft deutlich auf und kämpft um die Gunst der Anleger, oder er verabschiedet sich aus dem Segment.

Die nachfolgend betrachtete Neschen AG (Abbildung 4, S. 196) war lange Zeit Vertreter des SMAX und ist Ende 2001 aus dem Segment ausge-

Abbildung 4: Kursentwicklung der Neschen AG

stiegen. Aufgrund ihrer Größe muss Neschen schon kräftig um Aufmerksamkeit bei den Marktakteuren buhlen.

Interview mit Rolf W. Zinn, Neschen AG

Die Neschen AG geht zurück auf die 1889 als Hersteller von Kautschukpflastern und pharmazeutischen Präparaten gegründete Hans König GmbH. Nach dem Zweiten Weltkrieg trat 1948 Hans Neschen in das Unternehmen ein, und die Produktion von selbstklebenden Buchschutzfolien wurde aufgenommen. 1959 wurde die Gesellschaft in die Hans Neschen GmbH & Co. KG umgewandelt. Nach dem Konkurs der Firma im Jahre 1995 wurden die Vermögenswerte von Rolf Werner Zinn, dem heutigen Vorstandsvorsitzenden, übernommen. 1997 erfolgte die Umwandlung in eine Aktiengesellschaft. Im Februar 1999 wurde die Aktie erstmalig im Amtlichen Handel an der Frankfurter Börse notiert und im April desselben Jahres in den SMAX aufgenommen.

Neschen ist heute ein Anbieter von Systemlösungen in den folgenden Bereichen:

- digitale Bildbearbeitung,
- Werbegestaltung,
- Selbstklebeprodukte für industrielle Anwendungen (zum Beispiel Medizintechnik),
- Buchschutz,
- Massenkonservierung neuzeitlicher Dokumente.

Mit der Ausweitung der Geschäftsbereiche durch Gründung neuer Gesellschaften (mittlerweile bestehen 26 Gesellschaften mit Vertretungen in über 70 Ländern) sowie durch gezielte Akquisitionen wurde der Umsatz von 32 Millionen Euro im Jahr 1995 auf schätzungsweise über 100 Millionen Euro im Jahr 2001 gesteigert.

Was waren die Gründe für den Börsengang am 26. Februar 1999?

Rolf W. Zinn: Unser Markt bot zahlreiche Entwicklungschancen, die wir nutzen wollten. Das bedeutet aber, dass wir kräftig investieren mussten. So kostet bei uns eine Großanlage insgesamt um die 10 Millionen Euro. Ich bin ein Verfechter von gesunden Bilanzrelationen. Ich möchte kein Unternehmen mit einer Eigenkapitalquote von unter 25 Prozent führen. Eine niedrigere Quote halte ich bei hochinvestiven Unternehmen für nicht ratsam. Die Kapitalerhöhung beim Börsengang hat uns die notwendigen Mittel zur Verfügung gestellt.

Was haben Sie sich von der Aufnahme in den SMAX versprochen?

Zinn: Weitaus höhere Börsenumsätze und einfach eine höhere Aufmerksamkeit.

Sind Ihre Erwartungen erfüllt worden?

Zinn: Nein, nirgendwo. Man hätte die Voraussetzungen im SMAX von Anfang an wesentlich höher setzen müssen. So zum Beispiel, dass es sich um Wachstumsunternehmen handeln muss, oder dass sich die Unternehmen stärker den Anlegern zuwenden müssen und auch ihre Tore für regelmäßige Betriebsbesichtigungen öffnen. Die meisten verstecken ihre Betriebe geradezu vor den Aktionären. Das geht nicht.

Wo sehen Sie die Hauptprobleme des Segments?

Zinn: Bei den Werten mit hohem Streubesitz hat der SMAX wenig Probleme. Bei den anderen Werten führt aber der geringe Streubesitz zu einem mangelnden Interesse bei institutionellen Anlegern und damit zu niedrigen Umsätzen. Die Neschen AG hat zum Beispiel 36 Prozent der Aktien im Free Float, das entspricht 2,2 Millionen Aktien. Bei dieser relativ geringen Stückzahl finden Sie keine Bank, die auch nur einen Finger krumm macht. Auch die Presse berichtet nicht über diese Werte.

Wie viel kostet Sie die Notiz im SMAX pro Jahr?

Zinn: Alles zusammen inklusive der Personalkosten liegen wir bei einer Viertelmillion Euro.

Wenn Sie eine Kosten-Nutzen-Rechnung für Ihre Börsennotierung aufstellen, wie fällt diese aus?

Zinn: Negativ, das war der Grund, warum wir dem SMAX den Rücken gekehrt haben. Es machte einfach keinen Sinn. Das Problem liegt vor allem bei den Großbanken, die auf der einen Seite mittelständische Unternehmen an die Börse bringen und dafür die Provisionen einstreichen, auf der anderen Seite aber wissen, dass sie die Gesellschaften später nicht begleiten werden. Einfach weil das Unternehmen bundesweit betrachtet zu klein ist.

Was tun Sie, um die Attraktivität ihrer Aktie zu erhöhen?

Zinn: Wir werben im regionalen Bereich. Die regionalen Börsen sind gefordert, die mittelständischen Unternehmen stärker zu fördern. Auch die Banken sollten zu einer stärkeren regionalen Betrachtung der Börsenlandschaft gebracht werden. Hierzu ist auch die Ansiedlung von Analysten bei den einzelnen Börsen vorstellbar, die dann für eine professionelle Begleitung der mittelständischen Werte sorgen könnten. Wichtig ist hierbei natürlich, das man nur Analysten einsetzt, die auch über die notwendige Ausbildung und Erfahrung verfügen.

Hat sich der Austritt aus dem SMAX negativ auf Ihr Unternehmen ausgewirkt?

Zinn: Nein, überhaupt nicht. Das war im Grunde gar nicht zu merken.

Der Kurs ist sogar geringfügig gestiegen. Da hieß es eher, die rechnen wenigstens und schmeißen das Geld nicht zum Fenster raus. Auch wenn die Kostenersparnis sicher nicht ganz zu greifen ist, so gehe ich doch davon aus, dass wir rund die Hälfte der bisherigen Kosten einsparen konnten.

Was wissen Sie über Ihre Aktionärsstruktur, wie bekommen Sie Informationen über Veränderungen im Aktionärskreis?

Zinn: Aus den Anfragen bei uns gewinnen wir natürlich Informationen über unseren Aktionärskreis. Da wir aber keine Namensaktien haben, ist es schwierig, etwas über die Aktionärsstruktur zu erfahren. Wir hangeln uns praktisch von Hauptversammlung zu Hauptversammlung. Hier können wir die Namenslisten festhalten, aber ob sie beim nächsten Mal noch investiert sind, wissen wir natürlich nicht. Auch über den Bestand bei den Fonds haben wir nur eine grobe Vermutung.

Welche Möglichkeiten hat der Aktionär, sich aktuell über die Geschäftsentwicklung zu informieren?

Zinn: Er kann zu uns kommen. So organisieren wir auch für Gruppen gerne Betriebsbesichtigungen. Selbstverständlich sind wir auch telefonisch erreichbar und veröffentlichen auch über unsere Homepage www.neschen.com Neuigkeiten rund um die Neschen AG. Zusätzlich gibt es bei Bedarf einen extra Newsletter, der über aktuelle Entwicklungen informiert.

Wie viele Anfragen von Aktionärsseite bekommen Sie in der Woche?

Zinn: Das ist sehr unterschiedlich, so zwischen fünf und dreißig.

Inwieweit gelingt es Ihnen, dass Banken Empfehlungen über Ihr Unternehmen ausgeben, oder haben die Banken generell kaum Interesse an Nebenwerten?

Zinn: Die einen sagen, wir stehen bei ihnen nicht unter Beobachtung, und wenn wir nicht unter Beobachtung stehen, dürfen sie auch keine Empfehlung aussprechen. Wenn wir unter Beobachtung stehen, heißt es aber auch, dass wir zu klein sind für eine Empfehlung. Die notwendigen Handelsvolumina, um eine Empfehlung richtig umzusetzen, waren einfach nicht vorhanden.

Wie sehen Sie die Entwicklung des gesamten SMAX in den nächsten Jahren?

Zinn: Es muss sich erst zeigen, wie sich Regeländerungen längerfristig auswirken. Bisher ist der Erfolg des Segments ausgesprochen bescheiden.

Muss bei den Zulassungskriterien etwas geändert werden, würden Sie dann wieder in den SMAX gehen?

Zinn: Ich glaube, ich würde auch nach einer Änderung der Kriterien nicht wieder in den SMAX gehen.

Inwieweit spielt der Aktienkurs für Ihr Unternehmen eine Rolle? Von Mitarbeiter-, Kunden-, Lieferantenseite?

Zinn: Überhaupt keine, weder bei den Mitarbeitern, noch bei den Kunden oder den Lieferanten. Sollte die Aktie deutlich höher notieren als heute, so würde ich mich freuen. Liegt die Notiz deutlich niedriger, so würde ich aus heutiger Sicht am liebsten die ganzen Papiere kaufen und mich von der Börse verabschieden. Leider ist das nicht so einfach.

Hat sich die erforderliche Offenlegung der Geschäftszahlen negativ auf Ihr Unternehmen bei Verhandlungen mit Mitarbeitern, Kunden oder Lieferanten ausgewirkt?

Zinn: Ich habe 1995 Neschen übernommen. Wir haben schon im ersten Jahr, also lange vor dem Börsengang, den Geschäftsbericht jedem Mitarbeiter in die Hand gedrückt. Ich meine, der Mitarbeiter muss wissen, wie es um das Unternehmen steht. Die vorgelegten Zahlen wurden dabei noch nie als Grund für eine Gehaltserhöhung herangezogen. Wichtig ist für die Mitarbeiter, dass sie sich im Betrieb wohl fühlen. Ich gucke mir auch die Zahlen meiner Lieferanten an. Wenn die gesund sind, kann ich auch auf eine stabile Geschäftsbeziehung setzen. Genauso geht es unseren Informanten. Wer ordentlich verdient, kann auch seine Rechnungen bezahlen. Bei den Mitarbeitern ist es übrigens so, dass ohnehin jeder an der Maschine merkt, ob es aktuell gut um das Unternehmen steht.

Glauben Sie, dass die Höhe der Dividendenzahlung Auswirkungen auf den Kurs hat?

Zinn: Ich glaube, dass die Bedeutung der Dividendenzahlung oft überinterpretiert wird. Ich habe kein Verständnis dafür, wenn für die Dividende die Kapitalbasis geschmälert wird. Dividenden zahlt man normalerweise aus wirklich verdientem Geld und nicht aus Reserven. Es kommt vielmehr darauf an, wo das Unternehmen steht. Wurde viel investiert, können auch hierdurch die Gewinne belastet sein. Bei uns liegen die Investitionen für eine Anlage, wie bereits angeführt, bei rund 10 Millionen Euro, dabei muss auch berücksichtigt werden, dass in der Regel ein Jahr für den Aufbau benötigt wird. Hierdurch kann die Dividende dann niedriger ausfallen, obwohl die Investitionen ja für die Gewinne der Zukunft sorgen sollen. Auch die Aktionäre sollten viel mehr auf die Zukunftsaussichten achten als auf die aktuelle Dividendenhöhe.

Welchen Einfluss haben Analystenveranstaltungen und Präsentationen bei institutionellen Anlegern auf die Notiz?

Zinn: Eine Reaktion war bei uns eigentlich nicht festzustellen. Wir gehen auch nicht mehr zu solchen Veranstaltungen, wenn es nicht notwendig ist. Da melden sich 25 Journalisten an, und es kommt letztendlich so gut wie keiner. Ähnlich sieht es bei den Analystenveranstaltungen aus. Und die, die kommen, schreiben dann noch nicht einmal etwas, weil das Unternehmen zu klein ist. Der Platz in unserer Publikation ist schon mit wichtigeren Meldungen belegt, ist meist das Motto.

Wie werten Sie Aktienverkäufe aus dem Management?

Zinn: Das ist nicht immer negativ zu sehen. Manche verkaufen, weil sie ihr neues Auto oder ihr Haus bezahlen möchten. Es kommt immer auf die Umstände an.

Worauf sollte ein Anleger Ihrer Meinung nach achten, wenn er in Nebenwerte investieren will?

Zinn: Er sollte sich die Unternehmen genau anschauen, zum Beispiel auch, ob die Anlagen in einem guten und sauberen Zustand sind. Oft kann man hieraus schon auf die Qualität der Bilanzzahlen schließen. Daneben sollte vor allem das Management unter die Lupe genommen werden. Bei den Bilanzzahlen sollten die Abschreibungspolitik und die Eigenkapitalquote betrachtet werden. Will er kurzfristig hohe Gewinne einfahren, dann ist er aber bei Nebenwerten sicher an der falschen Adresse. Hier zählt eine langfristige Anlage.

Wie bereiten Sie sich auf Einzelgespräche mit Institutionellen und der Presse vor?

Zinn: Eigentlich gar nicht. Da ich die Zahlen des Unternehmens sowieso präsent haben muss, ist eine weitere Vorbereitung in der Regel nicht notwendig. Wir haben immer eine laufende Präsentation vorbereitet, auf die zurückgegriffen werden kann. Die sieht für alle Adressaten gleich aus. Das heißt, der Kleinanleger, der bei uns den Betrieb besichtigt, bekommt die gleiche Unterlage wie der professionelle Analyst. Wir haben ja nichts zu verstecken.

Wie laufen One-on-Ones ab?

Zinn: Wir gehen zunächst durch den Betrieb, hierbei wird dann schon das meiste erklärt. Und dann wird die Unternehmensstruktur erläutert. Zu Neschen gehören ja über zwanzig Gesellschaften im In- und Ausland. Unser Umsatzanteil in Deutschland liegt zum Beispiel nur bei 17 Prozent. Dann geht es an die Erläuterung der Bilanz.

Wer ist bei Ihnen für die Investor Relations zuständig?

Zinn: Wir hatten intern jemanden, der sich bisher ausschließlich um Investor Relations gekümmert hat. Durch den Ausstieg aus dem SMAX konnte er aber noch weitere Aufgaben übernehmen. Ansonsten ist es aber auch Chefsache. Früher habe ich mich teilweise einen Tag pro Woche mit Investor Relations beschäftigt, doch eigentlich rechnet sich dies nicht. Viel wichtiger ist es doch, dass ich mich um das Geschäft kümmere. Wir wollen ja weiter wachsen. Wenn Aktionäre den Betrieb besichtigen und mich sprechen wollen, dann stehe ich aber weiter zur Verfügung.

Was war bisher die schwierigste Situation in Ihrem Unternehmen?

Zinn: Eigentlich stehen wir täglich vor neuen Herausforderungen. Schließlich wird durch starkes Wachstum, wie wir es bei Neschen sehen, ja praktisch laufend ein neues Unternehmen geschaffen.

Welche Erfahrungen haben Sie beim IPO mit Investor-Relations-Beratern, Banken der Presse und so weiter gemacht?

Zinn: Die ersten Schritte waren hervorragend, wir waren zehn- bis elffach überzeichnet. Nur danach kam nicht mehr viel. Zudem wurden aus meiner

Sicht die Papiere falsch verteilt. So haben teilweise institutionelle Investoren, die größere Pakete gezeichnet haben, nur wenige Stücke bekommen und hatten dementsprechend wenig Interesse an der Position. Als Resultat wurden in den ersten 14 Tagen 85 Prozent aller emittierten Aktien gehandelt.

Das Delisting – der Abschied von der Börse

Alles hat ein Ende, manchmal auch der Handel von Aktien an der Börse. Eigentlich wird von den Firmen die Börsennotiz als Asset, also als Pluspunkt einer Gesellschaft gesehen. Dennoch machen sich Jahr für Jahr zahlreiche börsennotierte Firmen vom Acker, teilweise freiwillig, teilweise aber auch aus zwingender Notwendigkeit.

Wer einen alten Kurszettel in die Hände bekommt, wird feststellen, dass zahlreiche Namen darauf heute nicht mehr zu finden sind. Die Gründe für ein Verschwinden vom Kurszettel können – abgesehen von einer reinen Namensänderung – vielschichtig sein. Unsere Betrachtung beschränkt sich nicht nur auf das vollständige Delisting, auch der Abstieg in weniger anspruchsvolle Segmente wird beleuchtet.

Der Abstieg in ein weniger anspruchsvolles Segment

Warum eigentlich ist die Börsennotiz so reizvoll? Für das Unternehmen bedeutet der Gang an den Kapitalmarkt die Möglichkeit, sich mittels einer Kapitalerhöhung bei Bedarf und sofern die Börsenlandschaft mitspielt, frisches Geld zu besorgen. Zudem kann die eigene Aktie als Ersatzwährung, zum Beispiel bei Übernahmen, in die Waagschale geworfen werden. Hierdurch haben auch kleinere Unternehmen die Möglichkeit, wesentlich größere Mitbewerber zu übernehmen. Allein mit Geld wären solche Deals meist nicht zu bewerkstelligen.

Für den Aktionär liegen die Vorteile ebenfalls klar auf der Hand. Er kann jederzeit feststellen, was die lieben Stücke gerade zurzeit wert sind, daneben ist der Zu- oder Verkauf von Anteilsscheinen wesentlich einfacher.

Doch all dies gibt es natürlich nicht umsonst. Wenn die Börsenumsätze niedrig sind, zudem die Bilanzrelationen und Gewinnaussichten ein Anzapfen des Kapitalmarktes in den nächsten Jahren als wenig wahrscheinlich erachten lassen, stellt sich zwangsläufig die Frage, ob sich der ganze Aufwand wirklich lohnt. Kein Wunder also, dass sich die eine oder andere Unternehmung aus anspruchsvolleren Segmenten zurückzieht. Auch beim Börsenlisting sollten schließlich unternehmerische Überlegungen zählen.

Der Segmentwechsel, beispielsweise aus dem SMAX in den Geregelten Markt oder von hier in den Freiverkehr, bedeutet meist, dass die Aktie zumindest für institutionelle Anleger noch uninteressanter wird. Des Weiteren dürfte ein weiterer Rückgang der täglich gehandelten Stücke nicht verwundern. Gleichzeitig steigen die Risiken für den Anleger, da er nun nicht mehr so ausführlich über die Unternehmensentwicklung aufgeklärt wird wie zuvor.

Was sollten Sie als Aktionär tun? Wer sein Investment ausgesprochen langfristig sieht und oftmals auch emotionale Bindungen zum Unternehmen hat, der wird seine Papiere halten. Schließlich spielen geringe Umsätze an der Börse für jemanden, der nicht handeln will, aktuell nur eine eher geringere Rolle.

Wollen Sie Ihr Depot hingegen aktiver gestalten, so sollten Sie sich im Zweifelsfall nach eingehender Überprüfung der Bewertung von dem Wert verabschieden. Abnehmende Transparenz und Fungibilität sollten eigentlich auf den Kurs drücken.

Die feindliche Übernahme

Bei der feindlichen Übernahme strebt der Großaktionär gegen den Willen des Vorstandes eine Übernahme der Firma an. Die Führungscrew, die sich als Interessenvertreter der eigenen Aktionäre sieht, hält einen Zusammenschluss nicht für positiv. Der Nachteil ist dabei oft nur, dass der potenzielle Übernehmer meist einen kräftigen Aufschlag auf die aktuelle Börsennotiz zu zahlen bereit ist. Als Argument dagegen wird meist ins Feld geführt, dass das Übernahmeangebot nicht das Potenzial der Gesellschaft abdeckt.

In der Abwehrschlacht begibt sich der Vorstand meist auf die Suche nach einem »Weißen Ritter«, also einem Investor, der ein besseres Angebot unterbreitet, das für die Gesellschaft als sinnvoller angesehen wird. Für den Aktionär besteht die Hoffnung, dass vielleicht wirklich ein Investor gefunden wird, der bereit ist, eine höhere Summe als der aktuelle Interessent auf den Tisch zu blättern. Zudem wird teilweise durch eine Kapitalerhöhung versucht, die Übernahme zu erschweren, was sich allerdings als mehr oder weniger stumpfes Schwert erwiesen hat.

Befindet sich ein Unternehmen im Fokus eines potenziellen Übernehmers, sollten Sie als Aktionär vor allem auf Meldungen zum Anteilsbesitz achten. So besteht eine Meldepflicht nach dem Wertpapierhandelsgesetz, wenn der Anteilsbesitz 5 Prozent, 10 Prozent, 25 Prozent 50 Prozent und 75 Prozent überschreitet.

In der Praxis wird diese Pflicht aber häufig umgangen, indem von befreundeten »Institutionen« jeweils zum Beispiel 4,9 Prozent gekauft werden, sich der potenzielle Übernehmer aber dabei praktisch die Pakete für die Zukunft sichert.

Wichtig ist noch eine weitere Größe: Werden 30 Prozent oder mehr von einer Gesellschaft übernommen, so sollte, abgesehen von bestimmten Ausnahmen, auch den übrigen Aktionären ein Übernahmeangebot unterbreitet werden. Hintergrund dieser Regelung ist, dass auf der Hauptversammlung nur das vertretene Kapital bei den Abstimmungen zählt. Da aber in der Regel bei weitem nicht alle Aktionäre vertreten sind, können meist schon mit einer 30-prozentigen Beteiligung die Geschicke der Firma bestimmt werden.

Vor einer Unsitte soll hier gewarnt werden. So finden sich immer wieder Schreiben im Briefkasten, in denen dem Aktionär ein Übernahmeangebot zu seinen im Depot gehaltenen Stücken gemacht wird. Da diese Mitteilungen über die Banken zugeschickt werden, entsteht oft der Eindruck, es würde sich hierbei um offizielle Angebote handeln. Sie sollten aber auf jeden Fall immer erst den gebotenen Preis für die Aktien in Augenschein nehmen. Oftmals liegt dieser nämlich deutlich unter dem Börsenkurs. Geschickte Geschäftemacher wollen hierbei gezielt die Unwissenheit einiger Aktionäre ausnutzen und sich so günstig Stücke verschaffen, die sie anschließend sofort über die Börse wieder verkaufen. Die Banken sind verpflichtet, solche Schreiben weiterzuleiten, haben aber sachlich mit dem ganzen Vorgang nichts zu tun.

Die freundliche Übernahme

Hierbei befürwortet der Vorstand der zu übernehmenden Firma den neuen Großaktionär, beispielsweise weil erhebliche Synergien im Geschäft gesehen werden oder aber weil für den Vorstand im neuen Verbund ein lukrativer Posten in Aussicht steht.

Vonseiten des Vorstandes wird den verbliebenen freien Aktionären empfohlen, die Aktien an den Großaktionär zu verkaufen. Dieser hat durch ein öffentliches Übernahmeangebot erklärt, die noch nicht in seinem Besitz befindlichen Aktien der Gesellschaft zu einem bestimmten Preis zu übernehmen. Gleiches gilt natürlich auch bei der feindlichen Übernahme.

Der Übernahmepreis ist dabei im Vorfeld die große Unbekannte. So gibt es immer wieder Gerüchte um einzelne notierte Unternehmen, denen zufolge eine Übernahme unmittelbar bevorsteht. Die Konsequenz ist meist, dass die Aktie sich auf Klettertour begibt. Doch diese Spekulationen sind trotz ihres besonderen Reizes nicht ohne Risiken.

Zum einen werden gezielt immer wieder falsche Gerüchte gestreut, um den Aktienkurs in die eine oder andere Richtung zu bewegen, zum anderen kann der Übernahmepreis sich auch durchaus unter dem derzeitigen Kurs befinden, beispielsweise dann, wenn die Papiere in jüngster Zeit kräftig gestiegen sind und der Großaktionär schon reichlich Stücke in der Tasche hat.

Lukrativ, aber leider oft auch langwierig ist es, vor den heißen Übernahmespekulationen platziert zu sein. Im Fokus sollten dabei unter anderem Unternehmen sein, die über eine starke Marktstellung verfügen, in der Vergangenheit aber beispielsweise durch eine schlechte Öffentlichkeitsarbeit kaum von sich reden gemacht haben. Ein im Branchenvergleich günstigeres Kurs-Gewinn-Verhältnis oder eine unter dem Buchwert liegende Bewertung können hier erste Indizien liefern.

Des Weiteren sollten Sie die Ohren bei Veränderungen in der Aktionärsstruktur spitzen. Wie bereits angeführt, muss das Über- oder Unterschreiten von bestimmten Quoten angezeigt werden. Finden sich Änderungen zu einer Gesellschaft, sollten Sie stets die Frage stellen, inwieweit dieses Sinn macht und wo die Reise wohl hingehen könnte.

Das Squeeze-out – der Zwangsverkauf

Ob feindlich oder freundlich: Hält der Großaktionär mindestens 95 Prozent der Papiere, so hat er neuerdings die Möglichkeit des Squeeze-out. Anders gesagt, die verbliebenen Aktionäre müssen ihre Wertpapiere zu einem bestimmten Preis an den Großaktionär verkaufen.

Hintergrund dieser Regelung ist, dass die verbliebenen Aktionäre einen unverhältnismäßigen Aufwand im Verhältnis zu ihrer Beteiligung mit sich bringen können. So muss unverändert eine Hauptversammlung mit all ihren Kosten abgehalten werden, zudem haben in der Vergangenheit immer wieder einzelne Aktionäre ihre Position in diesem Fall ausgenutzt. Sie verfuhren dabei frei nach dem Motto »Kauf dir einige Stücke eines solchen Papiers, und mach dich richtig unbeliebt bei der Gesellschaft«. Und so stellten sie zum Beispiel in der Hauptversammlung zahlreiche Fragen und Anträge in der Hoffnung, dass der Großaktionär ein nettes Sümmchen in die Hand nehmen würde, um den Quälgeist endlich loszuwerden.

Dieses Spiel gehört der Vergangenheit an. Nun ist vom Hauptaktionär ein angemessener Barabfindungspreis festzulegen, der durch von ihm ausgesuchte Prüfer unter die Lupe genommen werden muss. Dieser Preis richtet sich nach der Kursentwicklung der letzten Monate. Der Kleinaktionär muss das einmal geprüfte Angebot akzeptieren. Sobald der Übertragungsbeschluss in das Handelsregister eingetragen wurde, gehen die Aktien automatisch vom Minderheits- auf den Hauptaktionär über. Diesem bleibt nur noch im Zuge eines so genannten Spruchstellenverfahrens übrig, den Preis überprüfen zu lassen. Hierdurch wird der Vorgang aber nicht aufgeschoben.

Die Chance auf eine lukrative Spekulation bei den Gesellschaften, bei denen ein Aktionär über 95 Prozent der Papiere verfügt, dürfte damit geschwunden sein. Bleibt doch immer die Gefahr, dass bei den wenig liquiden Titeln versucht wird, den Kurs gegebenenfalls auch über einen längeren Zeitraum vor der entscheidenden Hauptversammlung in eine »günstige« Richtung zu bewegen.

Der Verstoß gegen Börsenvorschriften

Ein Delisting kann auch zwangsweise ins Haus stehen, wenn die für das Börsensegment vorgeschriebenen Vorschriften nicht eingehalten werden.

Dies gilt beispielsweise für die Publizitätsverpflichtungen. Allerdings retten sich die Gesellschaften oftmals, wenn es keine andere Möglichkeit mehr gibt, mit einem freiwilligen Wechsel in ein weniger anspruchsvolles Segment. Im Zweifel bleibt dann der Handel im Freiverkehr übrig, weil hier die Anforderungen im Vergleich zu den anderen Segmenten am geringsten sind.

Durch die Herabstufung ist, wie bereits weiter oben angeführt, mit einer verschlechterten Informationspolitik und geringeren Liquidität in dem Titel zu rechnen. Zudem dürften allein aufgrund des Segments zahlreiche Investoren einen Bogen um den Wert machen. Kursverluste sind somit zu befürchten.

Insolvenz

Die Pleite eines Unternehmens führt nicht zwangsweise zu seinem Verschwinden vom Kurszettel, meist wird die Aktie noch über einen längeren Zeitraum gehandelt, verkommt allerdings in der Regel zu einem Spielball der Spekulanten. Immer wieder dürften sich Hoffnungen auf eine Verwertung der reinen Börsennotiz kurzfristig positiv in der Notiz niederschlagen, doch findet sich keine Auffanglösung, so steht früher oder später das Delisting an.

Die Regelungen des Neuen Marktes

Als die Not am Neuen Markt am größten war, blickte die Deutsche Börse einmal mehr über den Großen Teich. Angesichts von zahlreichen Pleiten und Enttäuschungen drohte das Wachstumssegment hierzulande eine Spielbude der Zocker zu werden. War doch eine erkleckliche Zahl der einst stolzen Unternehmen zwischenzeitlich für weniger als 1 Euro zu haben – kein Wunder, dass einige Kursbewegungen losgelöst von den Fundamentaldaten liefen.

Das Heil wurde in einem zwangsweisen Rausschmiss dieser Papiere aus dem Qualitätssegment Neuer Markt gesehen. Das Ziel war, so das Ansehen der übrigen Vertreter der Zunft zu steigern. Dabei wurde eigentlich nur nachgeholt, was an der amerikanischen NASDAQ schon seit langem funktioniert.

Papiere, die an dreißig aufeinander folgenden Tagen unter 1 Euro notieren und deren Börsenwert gleichzeitig 20 Millionen Euro unterschreitet, kommen für neunzig Tage auf eine Beobachtungsliste. Schafft es der Wert dabei nicht, sich an mindestens fünfzehn aufeinander folgenden Börsentagen über den Grenzen zu halten, steht der Rausschmiss auf dem Programm. Das bedeutet in der Regel natürlich nicht das Ende des Börsenlebens, als Auffangbecken könnte zum Beispiel der Geregelte Markt dienen. Doch die Gefahr des Abstiegs dürfte zusätzlichen Druck auf den Kurs ausüben, droht doch der Fall in die Bedeutungslosigkeit. Daten über die Unternehmen des Neuen Marktes finden sich im Internet unter www.NeuerMarkt.com. Die Regelung konnte sich aber rechtlich nicht durchsetzen.

Interview mit Klaus Nieding, Deutsche Schutzvereinigung für Wertpapierbesitz

Rechtsanwalt Klaus Nieding, Geschäftsführer der Deutschen Schutzvereinigung für Wertpapierbesitz e.V. in Frankfurt am Main, ist einer der führenden Anlegerschützer Deutschlands. Er ist seit Jahren auf die Vertretung geschädigter Kapitalanleger spezialisiert. Seine Frankfurter Anwaltskanzlei vertritt Anleger gegenüber Anbietern des Grauen Kapitalmarktes ebenso wie gegenüber seriösen Anbietern, wie zum Beispiel Großbanken, Vermögensverwaltern und freien Finanzdienstleistern. Namhafte Großverfahren wie im Fall Fokker und des US-Immobilien-Trusts Security Capital US-Realty sind mit seinem Namen verbunden. Regelmäßig informiert er in Rundfunk und Fernsehen Anleger über seriöse und dubiose Kapitalanlageangebote. Zur prophylaktischen Aufklärung von Anlegern und Medien, aber auch Staatsanwälten und Richtern, hat Nieding den Deutscher-Anleger-Schutzbund e.V. gegründet, dessen Präsident er ist. Hierbei handelt es sich um eine Selbsthilfevereinigung von Anlegern nach dem Muster des Weißen Rings zum Schutz vor Straftaten im Grauen Kapitalmarkt. Darüber hinaus ist Klaus Nieding Mitglied des Börsenrates der Frankfurter Wertpapierbörse und Vorstand der Nieding + Barth Rechtsanwaltsaktiengesellschaft.

Wie kommt es, dass das Going Private, also das Delisting, in den letzten Jahren scheinbar wieder beliebter geworden ist?

Klaus Nieding: Ein Going Private, also der Rückzug von allen Börsen im Gegensatz zum Teil-Delisting, schließt sich oftmals an die Übernahme eines börsennotierten Unternehmens an. Nach dem Erwerb der Mehrheit der Anteile an einer Aktiengesellschaft strebt ein Investor regelmäßig eine unmittelbare Einflussnahme auf das Unternehmen an. Haupt- und Mehrheitsaktionäre haben jedoch nach den Regeln des Aktienrechts nur einen äußerst geringen und allenfalls mittelbaren Einfluss auf den Vorstand. Weiter kann es sein, dass ein Investor weder an einem breiten Streubesitz noch an einer Börsenpublizität interessiert ist. Auch der unmittelbare Zugriff auf das Vermögen und die liquiden Mittel des Unternehmens kann beabsichtigt sein. Des Weiteren kann Ziel sein, einen steuerlichen Step-up herbeizuführen, der erhebliche Steuererstattungen begründen und zu erhöhten Abschreibungen führen kann.

Aber auch außerhalb eines Übernahmeszenarios kann ein Rückzug von der Börse Sinn machen, und zwar insbesondere, wenn die Argumente entfallen sind, die zuvor den Börsengang gerechtfertigt haben. Das ist etwa dann der Fall, wenn die laufende Tätigkeit aus dem Cashflow finanziert werden kann und eine Kapitalbeschaffung über die Börse nicht oder nicht mehr erforderlich ist. Hinzu kommt, dass die Belastungsgrenzen für Aktiengesellschaften bei Bankkrediten meist deutlich niedriger sind als für privatrechtlich organisierte Firmen. Die ständige Pflicht der Vorstände, sich wegen eines schwachen Kurses vor Analysten und Beratern rechtfertigen zu müssen, die mit einer Zulassung verbundenen, verschärften Publizitäts- und Offenlegungsanforderungen sowie die Notwendigkeit der Erstellung von Quartalsberichten und Bilanzen nach internationalen Standards sind ebenfalls Auslöser für den Rückzug vom Parkett.

Was bedeutet dies für den Anleger?

Nieding: Mit einem Delisting endet die Veräußerungsmöglichkeit der Aktien über einen organisierten Wertpapierhandel. Publizitäts- und Verhaltenspflichten nach dem Börsengesetz und dem Wertpapierhandelsgesetz entfallen, da diese an die Börsenzulassung anknüpfen. Dadurch werden die Informationsmöglichkeiten der Aktieninhaber über die Gesellschaft erheblich eingeschränkt. Das börsenrechtliche Marktentlassungsverfahren ist ebenso wie das Zulassungsverfahren ein öffentlich-rechtliches Verwaltungsverfahren. Gemäß Börsengesetz kann die Börsenzulassungsstelle die Zulassung zur amtlichen Notierung auf Antrag des Emittenten widerrufen. Hierbei sind grundsätzlich zwei gegenläufige Interessen zu berücksichtigen: das Interesse der Gesellschaft auf Widerruf der Börsenzulassung und das Interesse der Anleger. Wann der Anlegerschutz ausreichend berücksichtigt ist, wird im Börsengesetz nicht näher geregelt. Vielmehr verweist das Börsengesetz auf die Börsenordnungen der Regionalbörsen. So steht nach Maßgabe der Frankfurter Börsenordnung einem Widerruf der Anlegerschutz insbesondere dann nicht entgegen, wenn den Inhabern der Wertpapiere ein Kaufangebot unterbreitet wird. Der darin gebundene Kaufpreis muss in einem angemessenen Verhältnis zum höchsten Börsenpreis der letzten sechs Monate vor Antragstellung stehen. Die Aktionäre haben zurzeit jedoch keine Möglichkeit, die angebotene Abfindung von einer unabhängigen Stelle überprüfen zu lassen. Hier wäre es das Einfachste, auch für das Delisting ein Spruchstellenverfahren zuzulassen. Damit wäre für die Abfindungshöhe der durch ein Gutachten ermittelte Ertragswert maßgebend. Und der kann gerade bei wirtschaftlich erfolgreichen Unternehmen deutlich über dem aktuellen Börsenwert liegen.

Woran kann der Anleger anstehende Übernahmen erkennen?

Nieding: Ein Delisting kann auf unterschiedlichen Wegen herbeigeführt werden. Zunächst gibt es, wie bereits erwähnt, ein spezielles Verwaltungsverfahren zum Widerruf der Zulassung. Dieses »reguläre« Delisting erfolgt auf Wunsch des Emittenten nach den dafür aufgestellten spezialgesetzlichen Regelungen. Im Gegensatz dazu wird beim »kalten« Delisting die Börsennotierung auf andere Art und Weise zum Erlöschen gebracht. Dies kann durch Formwechsel, Verschmelzung mit einer nicht börsennotierten Gesellschaft oder Eingliederung in eine solche erfolgen. Das Delisting stellt sich dann als ein Rechtsreflex zu der vorgenommenen Strukturmaßnahme dar. Solche Strukturmaßnahmen erfordern eine Hauptversammlungsmehrheit von mindestens drei Vierteln des bei der Beschlussfassung vertretenen Grundkapitals. Gewöhnlich bergen Beschlüsse über Strukturmaßnahmen ein erhöhtes Konfliktpotenzial. Eine erhobene Anfechtungsklage kann die Durchführung der beschlossenen Maßnahme blockieren. Gleichwohl besteht auch die Möglichkeit, eine Eilentscheidung des Gerichts herbeizuführen, wobei die erhobene Anfechtungsklage der Eintragung der beabsichtigten Strukturmaßnahme jedoch nicht entgegensteht. Die Zulassungsstelle ist in diesem Fall mangels eigenen Entscheidungsspielraums zum Vollzug des Delisting verpflichtet. Die Behörde hat mithin keine Kompetenz, noch darüber zu befinden, ob ein Anlegerschutz hier in ausreichendem Maße gewährleistet ist.

Bei welchem Unternehmen könnte sich ein Delisting anbahnen?

Nieding: Seit Bestehen des Wachstumssegmentes Neuer Markt haben vierzehn Unternehmen diesem freiwillig den Rücken gekehrt, zehn Gesellschaften wurden ausgeschlossen. Neun Firmen sind im Rahmen einer Fusion oder Übernahme verschwunden, da im Anschluss daran der Streubesitz zu gering für einen Verbleib im Neuen Markt war. Insgesamt verlor der Neue Markt somit 33 Mitglieder zwischen März 1997 und Ende Februar 2002, davon allein 24 im Jahr 2001. Da die neue Hauptversammlungssaison bevorsteht, darf nun gewettet werden, nicht nur welches Unternehmen als Nächstes vom Kurszettel des Neuen Marktes verschwinden wird, sondern auch, aus welchem Grund. Als erster Kandidat empfiehlt sich die Concept AG. 80 Prozent deren Grundkapitals befinden sich bereits in den Händen der zur britischen WPP-Gruppe gehörenden OgilvyOne worldwide. Das Übernahmeangebot für den restlichen Streubesitz lag bei 6,80 Euro pro Aktie. Ein weiterer Kandidat für ein Delisting im Neuen Markt ist die MobilCom AG. Außerhalb des Wachstumssegments Neuer Markt könnte sich ein Delisting anbahnen für die Didier-Werke AG, die Dyckerhoff AG, Hoechst AG und die Dresdner Bank.

Wonach richtet sich der Preis bei einem Squeeze-out?

Nieding: Voraussetzung für einen Squeeze-out ist, dass der Hauptaktionär mindestens 95 Prozent des Grundkapitals der Firma besitzt und die Hauptversammlung beschließt, die Minderheitsaktionäre gegen Zahlung einer angemessenen Barabfindung aus der Firma hinauszudrängen. Die Höhe dieser Abfindung an die Minderheitsaktionäre wird dabei vom Hauptaktionär festgelegt. Das Aktiengesetz bestimmt hierzu lediglich, dass die Abfindung der Kleinaktionäre die Verhältnisse der Gesellschaft im Zeitpunkt des Hauptversammlungsbeschlusses über den Squeeze-out berücksichtigen muss. Auf die Höhe der Zwangsabfindung haben die »Herausgequetschten« kaum Einfluss. Es besteht daher die Gefahr, dass sie übervorteilt werden.

Die Abfindung errechnet sich auf Grundlage des durchschnittlichen Aktienwertes in den drei Monaten, bevor der Squeeze-out bekannt gegeben wurde. Damit sind der Kursmanipulation in den oft illiquiden Werten natürlich Tür und Tor geöffnet. Ohnehin tendieren die Kurse wenig bekannter und relativ enger Aktienwerte dazu, aufgrund fehlender Käufer langsam und kontinuierlich zu fallen. Damit verbunden ist natürlich die Gefahr, dass die Abfindung unter einem fairen Wert liegt. Zusätzlich ermittelt ein Wirtschaftsprüfer in einem so genannten Ertragsgutachten den Wert des Squeeze-out-Kandidaten. Zwar wird der Gutachter auf Antrag des Hauptaktionärs vom Gericht bestellt. Doch wird das Gericht in aller Regel den vom Hauptaktionär vorgeschlagenen Prüfer auch zur Prüfung bestellen. Getreu dem Motto »Wes Brot ich ess, des Lied ich sing« dürfte das Ergebnis des Gutachters in einem solchen Fall nicht sehr streubesitzfreundlich ausfallen.

Was, wenn der Preis als nicht angemessen angesehen wird?

Nieding: Wenn die festgesetzte Abfindung zu niedrig ist, haben die betreffenden Minderheitsaktionäre auf der Grundlage des Aktiengesetzes die Möglichkeit, ein so genanntes Spruchstellenverfahren durchzuführen. Die Anfechtung des Hauptversammlungsbeschlusses wegen der zu niedrigen Abfindung wird durch das Gesetz hingegen ausdrücklich untersagt. Die Rechte der ausgeschlossenen Minderheitsaktionäre beschränken sich daher darauf, vor Gericht um die Angemessenheit ihrer Abfindung zu streiten. Ein derartiger Antrag auf gerichtliche Überprüfung der Abfindung muss spätestens innerhalb von zwei Monaten nach Eintragung des entsprechenden Hauptversammlungsbeschlusses in das Handelsregister gestellt werden.

Kann der Übernahmepreis vom Großaktionär durch gezielte Maßnahmen vor der entsprechenden Hauptversammlung beeinflusst werden, und wenn ja, wie?

Nieding: Wie bereits ausgeführt, errechnet sich die Abfindung der Minderheitsaktionäre eines Squeeze-out auf der Grundlage des durchschnittlichen Aktienwertes in den drei Monaten, bevor das Squeeze-out bekannt gegeben wurde. Da dies natürlich auch der Großaktionär weiß, sind damit grundsätzlich der Kursmanipulation Tür und Tor geöffnet. Hier kann durch gezielte Aktiengeschäfte der Kurs gedrückt werden, wobei der Großaktionär natürlich sicher sein muss, dass er die 95-Prozent-Hürde nicht unterschreitet.

Wenn es Streitereien bei einem Squeeze-out über die Barabfindung gibt, kommt es häufig zu einem Spruchstellenverfahren, das sich über mehrere Jahre hinziehen kann. Was muss vonseiten des Gesetzgebers getan werden, um diese Frist zu verkürzen?

Nieding: Die durch das Wertpapiererwerbs- und Übernahmegesetz in das Aktiengesetz eingeführten Squeeze-out-Regelungen werden dazu führen, dass neue Spruchverfahren zur gerichtlichen Überprüfung der Barabfindung für die herausgedrängten Streubesitzaktionäre auf die zuständigen Gerichte zukommen werden. Bedingt durch verschiedene im Verfahrensrecht begründete Besonderheiten, dauern derartige Spruchverfahren bereits jetzt recht lang. Die mit neuen Spruchverfahren verbundene Arbeitsbelastung wird dazu führen, dass die Verfahrensdauer nochmals verlängert wird. Teilweise brauchen die Gutachter sehr lange für ihr Dossier, zuweilen erhalten sie von den Unternehmen nicht schnell genug die notwendigen Informationen; und so mancher Richter, der nicht sehr firm in diesen Angelegenheiten ist, schiebt das ihm unangenehme Verfahren lange vor sich hier. Vor diesem Hintergrund befürwortet die Deutsche Schutzvereinigung für Wertpapierbesitz e.V. die Einführung der generellen gerichtlichen Auswahl und Bestellung der sachverständigen Prüfer bei sämtlichen aktienrechtlichen und umwandlungsrechtlichen Strukturmaßnahmen, wobei sichergestellt sein muss, dass nicht automatisch der vom Hauptaktionär vorgeschlagene Gutachter bestellt wird.

Die Einführung von Verfahrensförderungspflichten der Beteiligten bei gleichzeitiger Rückführung des Amtsermittlungsgrundsatzes ist sicherlich ein Schritt in die richtige Richtung. Allerdings können wir in dem von uns aktiv begleiteten Spruchverfahren nicht feststellen, dass diese durch nicht konkret begründete Anträge in die Länge gezogen werden. Im Übrigen sollten hier auch die Darlegungspflichten nicht überspannt werden. Zumal die geplanten Änderungen der kostenrechtlichen Bestimmungen voraussichtlich dazu führen werden, dass Aktionäre, um dem Risiko einer Kostentragungspflicht bei den außergerichtlichen Gebühren zu entgehen, sich ohne anwaltliche Vertretung in das Spruchverfahren begeben werden.

Lohnt eine Spekulation überhaupt bei Werten mit einem 95-prozentigen Hauptaktionär?

Nieding: Für Spielernaturen bieten sich hier natürlich auch Chancen. Die Aktien der Unternehmen, die ihre Zukunft als eigenständige Gesellschaft im Prinzip schon hinter sich haben, sind für Zocker zu einem interessanten Spekulationsobjekt geworden. Die Strategie ist simpel: Der Zocker kauft Aktien von Unternehmen, deren Streubesitz weniger als 5 Prozent beträgt, in der Hoffnung, dass der Großaktionär die Squeeze-out-Option zieht und die noch vorhandenen Minderheitsaktionäre großzügig abfindet. So will beispielsweise die Vereinte Versicherung, eine 99,29-prozentige Tochter des Versicherungskonzerns Allianz, den verbliebenen Aktionären 2 212 Euro für eine Vereinte-Aktie im Nennwert von 100 D-Mark zahlen. Wohl in der Hoffnung auf eine großzügige Abfindung, waren die Anteile des Autoherstellers Audi, von dem der Mutterkonzern VW 99 Prozent der Anteile hält, seit November letzten Jahres sehr gefragt. Der Kurs legte um mehr als 150 Prozent zu. Auch die Charts anderer Kandidaten zeigen nach oben: Die Kurse von Alcatel SEL, Dresdner Bank, Hoechst und BHF-Bank steigen deutlich.

Dennoch ist höchste Vorsicht geboten: Erstens sind die Spekulationen bei manchen Werten längst in den Kursen enthalten, zweitens findet nicht jeder Hauptaktionär die verbliebenen Anteilseigner opulent ab, und drittens will gar nicht jeder Großaktionär bei seinen Beteiligungen die Option des Squeeze-out ziehen. Im ungünstigsten Fall sitzt dann der Spekulant auf illiquiden Aktien, die weder eine vernünftige Rendite noch eine Kurssteigerung erwarten lassen. Im Gegenteil: Diese Aktien können schnell in Vergessenheit geraten und dann noch lange vor sich hin siechen. Aus diesem Grund erachte ich eine Spekulation hinsichtlich von solchen Squeeze-out-Aktien als höchst risikoreich.

Wie soll sich der Kleinanleger bei einem Übernahmeangebot verhalten?

Nieding: Wie generell ist auch hier der Kleinanleger für die Geltendmachung seiner Rechte grundsätzlich auf die Hauptversammlung beschränkt. Das Wertpapiererwerbs- und Übernahmegesetz ermöglicht in bestimmten Grenzen Handlungen, die den Erfolg von Übernahmeangeboten zu verhindern suchen. Dies gilt ebenfalls dann, wenn ein entsprechender Hauptversammlungsbeschluss vorliegt. Aber auch ohne einen solchen Beschluss ermöglicht es Handlungen, die auch ein ordentlicher und gewissenhafter Geschäftsleiter einer Gesellschaft, die nicht von einem Übernahmeangebot betroffen ist, vorgenommen hätte. Zulässig sind ferner Handlungen, denen der Aufsichtsrat der Zielgesellschaft zugestimmt hat. Das neue Übernahmegesetz verschärft somit den latenten Interessenkonflikt zwischen Vorstand und Aktionären ins Unerträgliche. »Feindliche« Übernahmen gibt es schon begrifflich nur aus der Sicht eines um Macht und Einkommen fürchtenden Vorstands; die Hauptversammlung kann nämlich immer Nein sagen, ist also gegenüber einer Übernahmeofferte nicht schutzbedürftig. Daher eröffnet das neue Recht der Verwaltung ohne jede Not die Möglichkeit, unliebsame Investoren, ohne die Aktionäre fragen zu müssen, durch so genannte Giftpillen abzuschrecken. Hierzu gehören neben einer Kapitalerhöhung der Rückkauf eigener Aktien, um den Börsenkurs nach oben zu treiben, der Verkauf von »Kronjuwelen«, der Erwerb eines Konkurrenten, um den Übernehmer kartellrechtlich abzublocken, oder die Inszenierung einer millionenschweren Abwehrschlacht. In einer solchen hat sich insbesondere der Vorstand von Mannesmann »verloren«, dessen Abwehrkampf gegen Vodafone mehr als 200 Millionen Euro verschlang.

Wie kann die Werthaltigkeit des Angebots geprüft werden?

Nieding: Das Aktiengesetz bestimmt, dass die Angemessenheit der Barabfindung – ebenfalls wie bei Unternehmensverträgen, Eingliederungen und Umwandlungen – durch einen Sachverständigen zu prüfen ist. Das Gesetz sieht vor, dass der Prüfer auf Antrag des Hauptaktionärs vom Gericht zu bestellen ist. Damit weicht die Vorschrift von der Parallelregelung bei der Eingliederung und anderen Strukturmaßnahmen ab, wo der Vorstand der Gesellschaft jeweils die Wahl hat, den Prüfer selbst zu bestellen oder ihn gerichtlich bestellen zu lassen. Die Abweichung von vergleichbaren Regelungen geht auf eine entsprechende Empfehlung des Finanzausschusses zurück und hat den Zweck, »dem Eindruck der Nähe der Prüfer zum Hauptaktionär von vornherein entgegenzuwirken und damit die Akzeptanz des Prüfungsergebnisses für die Minderheitsaktionäre zu erhöhen«. Ob mit dieser Regelung das Ziel erreicht wird, ist jedoch fraglich, da das Gericht in aller Regel den vom Hauptaktionär vorgeschlagenen Prüfer auch zur Prüfung bestellen wird.

Wie kommt ein Squeeze-out zustande?

Nieding: Durch Beschluss der Hauptversammlung, den ein zu 95 Prozent am Unternehmen beteiligter Hauptaktionär herbeiführen kann, einen so genannten Übertragungsbeschluss.

Wie sieht die Regelung in anderen Ländern aus?

Nieding: Die Mehrzahl der europäischen Nachbarstaaten verfügt über – im Detailrecht unterschiedliche – gesetzliche Regelungen zum Auskauf oder zur Ausschließung von Minderheitsaktionären. In Österreich ist ein Ausschluss von Minderheitsaktionären bei einem Anteil des Hauptgesellschafters von 90 Prozent möglich. Großbritannien erlaubt einen Ausschluss der verbliebenen Minderheit nach einem öffentlichen Übernahmeangebot, sofern das Übernahmeangebot von mindestens 90 Prozent der zuvor noch vorhandenen, außenstehenden Aktionäre angenommen worden war. Belgien, die Niederlande und Frankreich erlauben den Ausschluss der Minderheitsaktionäre bei einer Beteiligung des Hauptaktionärs von mindestens 95 Prozent. Italien und die Schweiz verlangen diesbezüglich mindestens 98 Prozent.

Wovon hängt es ab, ob eine Aktie nach der Insolvenz noch weiter gelistet wird?

Nieding: Seit dem 1. Oktober 2001 gilt für Unternehmen des Neuen Marktes, über deren Vermögen ein Insolvenzverfahren eröffnet oder mangels Masse abgewiesen wurde, die sofortige Beendigung der Zulassung zum Neuen Markt. Für den Anleger ist bei den von einem Ausschluss vom Neuen Markt bedrohten Unternehmen zu beachten, dass hier keine automatische Aufnahme in andere Börsensegmente, beispielsweise den Geregelten Markt oder den Freiverkehr, erfolgt. Die betroffenen Unternehmen müssen vielmehr auch hierfür einen Antrag stellen und bestimmte Zulassungsvoraussetzungen erfüllen. Bei den in Insolvenz befindlichen Aktiengesellschaften erscheint es insbesondere zweifelhaft, ob es ihnen gelingt, ein Kreditinstitut oder einen Finanzdienstleister als Partner zu gewinnen. Es ist daher zu befürchten, dass es bei den vom Neuen Markt wegen Insolvenz ausgeschlossenen Unternehmen keine weiteren Kursnotierungen geben wird. Dies ist für den Anleger gleichbedeutend mit einem Totalverlust. In diesem Zusammenhang ist den Aktionären dringend zu raten, die entsprechenden Aktien noch vor dem endgültigen Ausschluss aus dem Neuen Markt zu verkaufen. Denn nur bei einem Verkauf fallen steuerlich abzugsfähige Spekulationsverluste an, die gegebenenfalls von anderen Spekulationsgewinnen abgezogen oder in die Folgejahre vorgetragen werden können. Voraussetzung für eine steuerliche Berücksichtigung der Spekulationsverluste ist jedoch generell, dass die einjährige Spekulationsfrist zwischen dem Erwerb der Aktien und deren Verkauf noch nicht abgelaufen ist.

Bedeutet der Insolvenzantrag automatisch das Ende der Company, wie läuft eine Insolvenz ab?

Nieding: Hier ist ganz wichtig zu unterscheiden zwischen dem rechtlichen Stand des Unternehmens und den Konsequenzen hieraus für die Aktionäre. Ergibt sich aus der Insolvenz, dass es eine weitere Kursnotierung nicht mehr gibt, existiert die Company zwar weiter, für die Aktien existiert jedoch kein Markt mehr, was letztlich einem Totalverlust gleichkommt. Im Rahmen des Insolvenzverfahrens wird der Insolvenzverwalter versuchen, die Gläubiger des Unternehmens gemeinschaftlich zu befriedigen, indem das Vermögen der Firma bewertet und der Erlös verteilt oder in einem Insolvenzplan eine abweichende Regelung insbesondere zum Erhalt des Unternehmens getroffen wird. Ein solcher Insolvenzplan kann dazu führen, dass die Firma sich von verlustträchtigen Unternehmensteilen trennt und sogar gestärkt aus dem Insolvenzverfahren hervorgeht. Gleichwohl sind die Chancen hierfür für ehemalige Emittenten des Neuen Marktes eher als gering einzuschätzen.

Wovon hängt es ab, ob beim Kauf einer 30-prozentigen Beteiligung allen Aktionären ein Übernahmeangebot gemacht werden muss, und wonach richtet sich der Preis?

Nieding: Das von Ihnen angesprochene Pflichtangebot ist im Wertpapiererwerbs- und Übernahmegesetz geregelt. Wer unmittelbar oder mittelbar die Kontrolle über eine Zielgesellschaft erlangt hat, hat innerhalb von vier Wochen nach der Veröffentlichung der Erlangung der Kontrolle ein Übernahmeangebot zu veröffentlichen. Gemäß § 29 des genannten Gesetzes bedeutet Kontrolle das Halten von mindestens 30 Prozent der Stimmrechte an der Zielgesellschaft. Für das Übernahmeangebot gilt auch hier, dass das Angebot angemessen sein muss. In der Angebotsunterlage muss der Bieter Angaben über die zur Festsetzung der Gegenleistung angewandte Bewertungsmethode machen. Insbesondere ist hier der durchschnittliche Börsenkurs der Wertpapiere während eines dreimonatigen Referenzzeitraums zu berücksichtigen.

Kapitel 6

Heiße Spekulationen

Turnaround: Muss, was tief fällt, wieder steigen?

»Totgeglaubte leben länger.« Dieses Sprichwort wird gerne aus der Schublade geholt, wenn an der Börse urplötzlich scheinbar mausetote Werte wieder nach oben ziehen. Das Interessante dabei: Meist beginnt die Auferstehung der Aktie lange bevor die Unternehmensnachrichten eine deutliche Besserung signalisieren.

Eingefleischte Börsianer haben denn auch meist schon das nächste Sprichwort parat, wenn ein Fragezeichen hinter die beobachtete Kursentwicklung eines Pleitewertes gesetzt wird: »Die Börse hat immer Recht.« Und in der Tat, auch bei den Turnaround-Werten scheint zu gelten, was der Börse ganz allgemein zugesprochen wird: Sie nimmt künftige Entwicklungen vorweg.

Die Frage ist nur, wie der Normalsterbliche frühzeitig einen interessanten Turnaround-Wert identifizieren kann. Ist doch der Grat zwischen ewiger Ruhestätte und erfolgreicher Wiederbelebung ausgesprochen schmal.

Grundsätzlich muss jedem, der auf Turnaround-Werte setzt, klar sein, dass das Risiko nicht zu unterschätzen ist. Pleiten bleiben nicht aus, doch wer rechtzeitig auf eine erfolgreiche Gesundung eines Unternehmens setzt, kann weit überdurchschnittliche Renditen einstreichen. Je deutlicher sich der Turnaround dabei abzeichnet, umso geringer dürfte das Risiko sein. Allerdings ist dann meist die Aktie schon ein ganzes Stück wieder nach oben geklettert.

Wir nehmen im Folgenden im Hinblick auf die Identifizierung von vielversprechenden Turnaround-Werten vor allem drei Punkte genauer unter die Lupe:

- die Qualität des Managements,
- die Ursachen für die zuletzt desolate Unternehmensentwicklung,
- die Interessen der beteiligten Akteure.

Natürlich könnte noch eine ganze Batterie weiterer Kriterien herangezogen werden, doch die drei hier angeführten dürften schon ein gutes Gefühl für vielversprechende Turnarounds liefern.

Die Qualität des Managements

Der Fisch fängt bekanntlich am Kopf zu stinken an. Nicht anders sieht es bei einem Unternehmen aus. Oftmals liegen die Ursachen für eine problematische Geschäftsentwicklung vor allem in Fehlentscheidungen der Führungsriege. Im Sanierungsprozess einer Gesellschaft ist jedoch das Management noch deutlich stärker gefordert als beim normalen Geschäftsgang der Firma.

Es stellt sich zunächst die große Frage, ob die alte Chefetage, die die Firma gegen die Wand gefahren hat, weiter an Bord geblieben ist, oder ob eine neue Führungsriege das Ruder übernommen hat. Sind die »Alten« noch an Bord, so sollten Sie genau prüfen, ob die Probleme der Gesellschaft dem Management anzulasten sind oder ob externe Faktoren angeführt werden können. Hat die Führungscrew die Verantwortung für die schlechte Lage zu übernehmen, ist sicher kaum zu erwarten, dass die gleichen Köpfe besonders geeignet sind, die Gesellschaft wieder auf Vordermann zu bringen. Vorsicht ist also angebracht.

Wurde die Chefetage aber ausgetauscht, sollte die neue Führungsriege auf erfolgreiche Sanierungen in der Vergangenheit abgeklopft werden. Wer sich in der Vergangenheit einen Namen als erfolgreicher Sanierer erwerben konnte, dem werden nicht nur vonseiten der Aktionäre Vorschusslorbeeren eingeräumt, sondern der genießt auch bei den beteiligten Banken in der Regel ein hohes Ansehen, was für den Sanierungsprozess nicht unbedeutend ist.

Begutachten Sie auch die Kommunikationspolitik. Wichtig erscheint dabei, dass das Management reinen Wein einschenkt und ausgesprochen offen kommuniziert. Kommt das wahre Ausmaß der Probleme nur scheibchenweise zum Vorschein und wird nur zögernd eine Lagebeschreibung abgegeben, kann reichlich Vertrauen bei den Aktionären, aber auch bei Kunden, Banken und Mitarbeitern verspielt werden. Ist in diesem Fall doch die Befürchtung berechtigt, dass die tatsächliche Lage noch wesentlich dramatischer aussieht als das, was bisher ans Tageslicht gekommen ist. Im Zweifelsfall gerät die Gesellschaft hierdurch zusätzlich unter Druck.

Achten Sie also beim Management auf die Erfahrung hinsichtlich der Sanierung von Unternehmen sowie auf die Kommunikationspolitik. Haben Sie Zweifel an der Qualität der Führungsriege, zum Beispiel aufgrund des Lebenslaufes der Beteiligten, oder zeigt es sich, dass nicht offen kommuniziert wird, lassen Sie die Finger von der Aktie. Das Risiko ist in diesem Fall unkalkulierbar.

Die Ursachen für die zuletzt desolate Unternehmensentwicklung

Wer auf die Zukunft einer ins Straucheln gekommenen Gesellschaft setzen will, sollte die Vergangenheit genauestens unter die Lupe nehmen. Warum, so stellt sich die Frage, ist die Gesellschaft unter die Räder gekommen? Ursachenforschung steht auf dem Programm.

Liegt bei der Gesellschaft ein langes Siechtum vor, so können die Gründe beispielsweise in einer völlig veränderten Wettbewerbssituation ihre Wurzeln haben. So musste in der Vergangenheit die deutsche Textilwirtschaft aufgrund der deutlichen Standortnachteile unter anderem wegen des hohen Lohnniveaus über einen langen Zeitraum hinweg kräftig Federn lassen. Zahlreiche Firmen, die nicht rechtzeitig auf andere Produkte oder Waren mit höheren Preisen umgestiegen sind, mussten geschlossen werden.

Kommt eine Firma aus einer angeschlagenen Branche in Schwierigkeiten, ist meist kaum zu erwarten, dass sich die Geschäftszahlen bessern, während die Lage der gesamten Zunft weiter schwierig ist. Hier ist Vorsicht angebracht, ausgesprochen gute Argumente sind notwendig, um den Einstieg in ein solches Papier zu begründen.

Gleiches gilt, wenn ein Unternehmen, obwohl sämtliche Mitbewerber zu kämpfen haben, eine sorgenfreie Zukunft verspricht. Meist ist es nur eine Frage der Zeit, bis weitere Gesellschaften der Branche mit in den Strudel gezogen werden. Auch hier sollten die Argumente des Managements kritisch unter die Lupe genommen werden. Meist stellt sich dann heraus, dass der Wunsch der Vater des Gedankens ist.

Anders sieht es aus, wenn die Gesellschaft durch einmalige Probleme unter Druck geraten ist. Vorstellbar ist beispielsweise, dass ein Großkunde durch eigene Probleme abgesprungen ist oder dass bei der Einführung einer neuen Produktreihe Verzögerungen aufgetreten sind. Erscheinen diese

Schwierigkeiten aufgrund der Kompetenz des Managements behebbar oder finden sich in einschlägigen Fachorganen bereits positive Äußerungen, sollte der Wert in die engere Wahl genommen werden.

Machen Sie sich vor einem Engagement ein Bild von der Branche. Sind auch andere Gesellschaften der Zunft unter Druck geraten und zeigt hier die Entwicklung wieder nach oben, bestehen gute Chancen, dass das betrachtete Unternehmen ebenfalls künftig wieder den Vorwärtsgang einlegt. Wichtig ist hier auch ein Studium der Entwicklung der Produktpreise. Gerade bei Papier-, Stahl- oder Rohstoffwerten können Sie anhand der Preisentwicklung ein gutes Bild von der Lage und Entwicklung der Unternehmen gewinnen.

Versuchen Sie auch herauszubekommen, welchen Ruf sich das Unternehmen erworben hat. »Ist der Ruf erst ruiniert«, lebt es sich zwar »ungeniert«, bei Vertragsverhandlungen mit möglichen Kunden ist dies aber mehr als hinderlich. Mit anderen Worten: Hände weg von solchen Papieren.

Die besten Chancen auf einen Wiederaufstieg haben Unternehmen, die aufgrund eines nicht selbst verschuldeten Einmaleffektes unter Druck geraten sind. Je gesünder dabei die Finanzlage während der Krise noch ist, umso höher sind natürlich die Chancen, dass die Krise auch wirklich gemeistert werden kann.

Ein Blick in die Bilanz beziehungsweise in den Quartalsbericht ist unumgänglich. Nehmen Sie die liquiden Mittel, den Kassenbestand und Wertpapiere, aber auch die Forderungen und Vorräte unter die Lupe, aber betrachten Sie auch und gerade die Höhe des Eigenkapitals, denn dieses zeigt den Spielraum der Gesellschaft zur Krisenbewältigung auf.

Wenn irgendwie möglich, sollten Sie sich auch eine Vorstellung von den Reserven in der Bilanz bilden. Handelt es sich beispielsweise um ein uraltes Unternehmen, das schon Ewigkeiten am gleichen Standort auf eigenem Grund und Boden produziert, bestehen gute Chancen, dass die Grundstücke und Gebäude in der Bilanz mit einem im Vergleich zu ihrem möglichen Verkaufspreis wesentlich niedrigeren Wert angesetzt sind. Wird die Immobilie veräußert, könnte dies der Gesellschaft also zusätzliche Mittel bescheren, die eine erfolgreiche Sanierung erlauben.

Die Interessen der beteiligten Akteure

Schon so manchem hoffnungslosen Fall wurde wieder Leben eingehaucht, weil ein Niedergang der Gesellschaft für einige der Beteiligten schwere Konsequenzen mit sich gebracht hätte. So sollte ein Auge auf das Engagement der Banken bei der betrachteten Gesellschaft geworfen werden. Sind diese mit Krediten oder als Eigentümer stark involviert, können Sie hoffen, dass es für sie das kleinere Übel ist, ein weiteres Mal Geld für die Gesellschaft in die Hand zu nehmen, als deren Pleite verdauen zu müssen.

Das Gleiche gilt für die Politik. Auch hier sind immer wieder spektakuläre Rettungsaktionen festzustellen, wenn zum Beispiel eine besonders mitarbeiterschwere Gesellschaft auf dem Spiel steht oder aber eine ganze Region mit dem Niedergang einer Firma zu kämpfen hätte.

Aber auch die Mitarbeiter können sich als Rettungsanker erweisen. Ist aufgrund der Qualifikation der Beschäftigten kaum mit der Möglichkeit eines Jobwechsels zu rechnen oder ist die Region so strukturschwach, dass die Mitarbeiter quasi auf dieses Unternehmen angewiesen sind, so ist zu erwarten, dass die Belegschaft zu Kompromissen bereit ist. Eine Reduktion der Arbeitszeit oder aber auch freiwillige Lohnkürzungen können auf der Kostenseite für deutliche Entspannung sorgen und so ein Weg aus der Unternehmenskrise sein.

Ein Blick auf den Aktionärskreis kann ebenfalls Aufschluss geben. Handelt es sich beispielsweise um das Tochterunternehmen eines potenten Konzerns, so ist zu erwarten, dass die Mutter es sich kaum leisten kann, die Gesellschaft fallen zu lassen. Würde das doch meist einen deutlichen Reputationsverlust mit sich bringen. Besonders wenn die Produkte zudem von strategischer Bedeutung für den Konzern sind, dürfte das Interesse an einem Fortbestand der Gesellschaft ausgesprochen groß sein.

Wann ist der richtige Zeitpunkt?

Je früher der Einstieg bei einem sich erfolgreich vollziehenden Turnaround gelingt, umso größer sind die Renditechancen. Doch der alte Börsianerspruch »Greife nie in ein fallendes Messer« hat auch bei dieser Spekulation seine Gültigkeit.

Meist bildet die Aktie nach einem deutlichen Abwärtskurs erst einen Boden aus, bevor die Reise wieder nach oben geht. Finden sich während der Seitwärtsbewegung positive Anhaltspunkte, wie in diesem Kapitel angeführt, kann eine erste Position aufgebaut werden. Zeigt sich aber der Boden als nicht tragfähig und begibt sich das Papier erneut in den Sturzflug, sollten Sie auch die eigenen Papiere lieber in andere Hände geben.

Vorsicht ist geboten. Geht die Firma Pleite, nähert sich die Aktie unweigerlich der Nulllinie, auch dann, wenn die Papiere in der Regel meist noch einige Zeit weiter gelistet werden. Häufig kommt nun nur noch durch Mantelspekulationen Fantasie in den Wert.

> Als *Mantelspekulation* bezeichnet man die Spekulation mit Titeln von Aktiengesellschaften, die ihr operatives Geschäft weitgehend eingestellt haben, aber noch an der Börse notiert sind. Diese Börsennotiz gilt als größter Aktivposten, die Gesellschaft kann als Hülle oder »Mantel fungieren. Ausführlich dazu ab Seite 235.

Doch auch wenn die Rettung gelingt, bleibt für viele Altaktionäre oft ein bitterer Beigeschmack. Häufig ist nämlich frisches Geld notwendig. Oft geht in diesem Fall der notwendigen Kapitalerhöhung ein so genannter Kapitalschnitt voraus. Dies bedeutet nichts anderes, als dass die Zahl der Aktien in einem bestimmten Verhältnis reduziert wird. So könnte zum Beispiel zunächst die Aktienzahl und damit das gezeichnete Kapital auf ein Zehntel zusammengestrichen werden. Wer also bisher zehn Aktien der Gesellschaft hatte, findet in seinem Depot anschließend einen Bestand von lediglich noch einer Aktie vor. Sodann wird das Kapital durch die Ausgabe von neuen Aktien wieder erhöht, und hierdurch fließt der Gesellschaft frisches Geld zu.

Wie bereits angeführt, ist ein Blick in die Bilanz unumgänglich. Nur so lässt sich abschätzen, inwieweit schon kurzfristig Kapitalmaßnahmen notwendig sind.

Steht die Gesellschaft (wieder) auf soliden finanziellen Beinen und zeichnet sich der Turnaround bereits deutlich im Geschäft ab, so dürfte die Aktie schon wesentlich über den Tiefstkursen notieren. Ein Einstieg kann aber immer noch vielversprechend sein. Eine Bewertung der Gesellschaft im Branchenvergleich gibt Aufschluss über eine mögliche Unterbewertung. Werden vergleichbare Mitbewerber mit einem deutlich höheren Kurs-Gewinn-Verhältnis oder Kurs-Umsatz-Verhältnis gehandelt, sollten Sie prüfen, ob dies gerechtfertigt ist.

Schneller wachsenden oder besonders gut positionierten Gesellschaften einer Branche werden in der Regel Bewertungszuschläge zugebilligt.

Fallbeispiel Metallgesellschaft

Erfolgreiche Sanierungen, aber auch Pleiten gab es in der Vergangenheit häufig. Einen geradezu typischen Verlauf – zunächst direkt auf den Abgrund zu und anschließend nach einer Kehrtwende wieder nach oben – legte aber die Metallgesellschaft, heute firmierend unter mg technologies, aufs Parkett. Auch wenn diese Firma mit einem Umsatz von über 8 Milliarden Euro nicht gerade zu den Small Caps gehört, lohnt doch der Blick auf den Kursverlauf (vergleiche Abbildung 5, S. 226).

Nicht gerade jung an Jahren, steckte die Metallgesellschaft Anfang der neunziger Jahre tief in der Krise. Das 1881 gegründete Rohstoff- und Handelshaus war nach einer ausgesprochen erfolgreichen Phase in den achtziger Jahren zusehends unflexibler geworden und musste im Kerngeschäft einen Rückgang der Ertragskraft verdauen.

Um der Abhängigkeit vom Dollar und den sinkenden Preisen im Stammgeschäft entgegenzuwirken, beschloss das Management eine Neuausrichtung hin zur Umwelttechnologie. In diesem Zuge gab Vorstandschef Heinz Schimmelbusch auch an der Akquisitionsfront richtig Gas und kaufte für über 1 Milliarde D-Mark 1992 die Mehrheit an Buderus und Dynamit Nobel.

Doch längst war das Kerngeschäft ins Minus gerutscht, die neuen Zukäufe belasteten zudem die Liquidität der Gesellschaft. Nur durch einige bilanzielle Manöver gelang es dem Konzern, in dessen Dunstkreis zu diesem Zeitpunkt über 250 Gesellschaften zu zählen waren, ein positives Ergebnis auszuweisen und Dividende zu zahlen.

Ende 1993 kam zudem die Befürchtung auf, die Metallgesellschaft sei im amerikanischen Ölgeschäft in eine Milliarden-Schieflage geraten. Die Folge war, dass die gesamte Führungsriege den Hut nehmen musste und Kajo Neukirchen das Ruder übernahm. Er gilt als knallharter Sanierer, der sich zuvor bei Klöckner-Humboldt-Deutz und FAG Kugelfischer einen Namen gemacht hatte.

Die Ölkontrakte in den USA wurden mit Milliardenverlusten aufgelöst. Kritiker warfen den Akteuren vor, dass hierdurch die Krise erst richtig zum Tragen kam. Hätte man die Kontrakte mit ausreichender Liquidität durchgehalten, wäre es gar nicht zu diesen Verlusten gekommen. Da aber auch

Abbildung 5: Kursentwicklung der Metallgesellschaft

das übrige Geschäft insgesamt kräftige Miese einfuhr, wurde die Überschuldung der Gesellschaft festgestellt.

Ein Sanierungspaket wurde geschnürt, wobei den Banken die Konsequenzen eines Scheiterns, sprich, der Verlust ihrer Gelder, klargemacht wurden. Frische Mittel wurden durch die Ausgabe von Aktien und so genannten Wandelgenussrechten aufgebracht. Zudem mussten die Aktionäre einen Kapitalschnitt im Verhältnis zwei zu eins verdauen.

Neukirchen verkaufte Unternehmen mit über 7 Milliarden DM Umsatz und 30 000 Mitarbeitern. Die wesentlich verschlankte Metallgesellschaft fand in den Folgejahren wieder auf den Erfolgspfad zurück.

Auch losgelöst von den durch sämtliche Gazetten geisternden Mega-Turnarounds tummeln sich an der Börse zahlreiche mehr oder weniger erfolgreiche Unternehmen, die wieder auf den Erfolgspfad zurückgefunden haben. Nicht zu unterschätzen ist aber eben auch die Zahl der gestrandeten Werte.

Auf der Suche nach interessanten Turnarounds befindet sich auch die Falkenstein Nebenwerte AG, zu deren Führungscrew »Peer Share« gehört.

Interview mit Christoph Schäfers, Falkenstein Nebenwerte AG

Seit 1990 ist Christoph Schäfers aktiver Anleger in Nebenwerten. Vor allem durch seine »Share-Infos« hat er sich bei Nebenwerte-Liebhabern einen Namen gemacht. Die Share-Infos wurden von Schäfers alias »Peer Share« gegründet und innerhalb von zwei Jahren zu einer der zentralen Anlaufstellen für Nebenwerte-Interessenten aufgebaut. Die Person Christoph Schäfers ist dabei vielen unbekannt geblieben. Schäfers hat Betriebswirtschaftslehre studiert und währenddessen mehrere Monate in den USA, Indien und Frankreich verbracht. Rund zwei Jahre lang war er Prüfungsleiter im Bereich Financial Services bei der KPMG, seit 2000 ist er Vorstand der Falkenstein Nebenwerte AG, die sich als Portfolio-Managementgesellschaft versteht. Ihre Eigenmittel werden in börsennotierte Neben- und Spezialwerte in Deutschland sowie zum geringen Teil auch in der Schweiz investiert. Anlageschwerpunkte sind Abfindungskandidaten, Substanzwerte und operative Turnarounds. Weitere Informationen über die Gesellschaft finden sich unter www.falkenstein-ag.de

Wie werden Sie auf vielversprechende Turnaround-Werte aufmerksam?

Christoph Schäfers: Man muss in der Praxis zwei verschiedene Turnarounds unterscheiden: Zum einen gibt es den operativen Turnaround. Hierbei schaffen es Unternehmen, die lange Zeit Verluste geschrieben haben, wieder Gewinne zu erzielen. Zum Erkennen eines operativen Turnarounds ist vor allem die Entwicklung der Unternehmenszahlen von Bedeutung, die über einen längeren Zeitraum beobachtet und ausgewertet werden. Einen Anleger interessiert in der Regel aber vor allem der kursmäßige Turnaround. Es handelt sich hier um Aktien, die über längere Zeiträume von den Anlegern vernachlässigt worden sind, wieder in den Fokus der Börsianer zurückkehren und nach oben klettern. Der kursmäßige Turnaround wird oftmals von einem operativen Turnaround begleitet und umgekehrt. Für einen kursmäßigen Turnaround kann es allerdings auch noch weitere Ursachen geben, zum Beispiel eine operative Neuausrichtung der Gesellschaft oder eine Veränderung im Aktionärskreis. Zum Erkennen eines kursmäßigen Turnarounds ist vor allem die Betrachtung von Charts notwendig, denn die höchsten Gewinne werden in der Regel über einen günstigen Einstandskurs gesichert. Wir versuchen bei der Falkenstein AG eine Kombination aus beiden Turnarounds zu finden. Der Chart sowie verschiedene technische Indikatoren sind auf jeden Fall hilfreich, eine Trendwende im Aktienkurs rechtzeitig zu erkennen und als Ergänzung zur Beobachtung der operativen Entwicklung zu sehen. Wir sehen Turnaround-Spekulationen ohnehin als längerfristige Investments, die sich oft über Jahre hinziehen.

Welche Kriterien sind besonders zu beachten?

Schäfers: Besonders wichtig ist die Nachhaltigkeit der Entwicklung. Dies bedeutet, dass ein operativer Turnaround im Kerngeschäft stattfinden muss und die Ertragswende nicht durch einmalige Erträge erzielt worden ist. Für den weiteren längerfristigen Kursverlauf ist natürlich auch die Fantasie des Geschäfts entscheidend, denn nur so kann sich der Aktienkurs nachhaltig verbessern. Es gibt Turnaround-Werte, die nach erfolgreicher Ertragswende in eine Seitwärtsbewegung münden, weil die Anleger der Meinung sind, die Branche sei uninteressant. Hierzu gehört zum Beispiel die Textilbranche, die Mitte der neunziger Jahre den Höhepunkt ihrer Krise hatte und in der bei vielen börsennotierten Unternehmen in der Zwischenzeit wieder sehr hohe Gewinne erzielt werden. Würden einige Hightech-Unternehmen ähnliche Ertragskennziffern und Gewinnzuwächse ausweisen, würden deren Kurse wesentlich höher stehen. In der Textilbranche interessiert das zur Zeit niemanden. Die Anleger haben noch die lange Zeit der Krise im Textilbereich im Hinterkopf. Neben der Nachhaltigkeit einer positiven Unternehmensentwicklung sollte auch die Wirkung des Unternehmens und der Branche auf die Anlegerschaft beachtet werden.

Wie wichtig ist die Dividendenrendite für die Aktienanlage?

Schäfers: Die Dividendenrendite ist bei Nebenwerten ein bedeutender Teil der Anlageentscheidung, weil sie statistisch bewiesen eine Signalwirkung auf den Kapitalmarkt ausübt. Faktisch macht eine Dividendenausschüttung die Anleger nicht reicher, denn das Geld, welches den Anlegern zufließt, fließt ja gleichzeitig aus den Unternehmen ab und senkt damit den inneren Wert der Aktie. Dieser Sachverhalt gewinnt besonders nach Abschaffung des Anrechnungsverfahrens an Bedeutung. Da Anleger aber offenbar davon ausgehen, dass ein Unternehmen die Dividende aus den laufenden Gewinnen zahlt und eine mindestens gleichbleibende Dividende anstrebt, signalisiert beispielsweise eine Dividendenerhöhung (beim Zutreffen dieser Annahme) eine nachhaltige Verbesserung des operativen Ergebnisses. Darüber hinaus schätzt eine Reihe von Anlegern einen laufenden Liquiditätszufluss aus ihrem Aktienengagement, sodass auch aus diesem Grund die Dividendenrendite einer Aktienanlage bei der Anlageentscheidung eine Rolle spielt.

Wann ist der richtige Zeitpunkt, um Turnaround-Aktien zu kaufen?

Schäfers: Anleger sollten nicht versuchen, am tiefsten Punkt der Kursentwicklung zu kaufen. Hierbei laufen sie Gefahr, in ein fallendes Messer zu greifen. Für eine systematische Vorgehensweise bei erfolgreichen Turnaround-Spekulationen ist es wichtiger, dass sich die Besserung im operativen Bereich des Unternehmens als nachhaltig und das Geschäftsmodell als langfristig erfolgversprechend erweist. Genau hier ist der richtige Zeitpunkt für den Kauf. Der Anleger verpasst zwar die ersten Gewinne, aber erspart sich das Risiko, dass es sich nur um eine kurzfristige Erholung gehandelt hat. Diese Betrachtungsweise bezieht sich vor allem auf Aktionäre mit einem langfristigem Anlagehorizont.

Wie viel Prozent der Turnaround-Spekulationen gehen Ihrer Meinung nach schief?

Schäfers: Das kommt auf den jeweiligen Anleger und seine Vorgehensweise an. Grundsätzlich sind Turnaround-Spekulationen von ihrem Charakter her sehr risikoreich. Erfolgreiche Turnaround-Spekulationen haben ein erhebliches Kurspotenzial, fehlgeschlagene enden dagegen häufig mit drastischen Kursabschwächungen bis hin zum Konkurs. Wie viel Prozent einer solchen Spekulation also schief gehen, hängt davon ab, mit welcher Sicherheit der Anleger die Unternehmensentwicklung prognostizieren kann. Dies geht umso zuverlässiger, je mehr nachhaltige Daten über eine Erholung der Ertragslage des jeweiligen Unternehmens vorliegen. Wenn die Anleger bis zu diesem Zeitpunkt warten, wird die Erfolgsquote tendenziell höher sein. Allen anderen Anlegern kann man nur zu Risikoabsicherungsstrategien raten, um die Verluste zu begrenzen.

Was war Ihre bisher beste Turnaround-Spekulation?

Schäfers: Porsche. Der frische Wind durch die Übernahme des Vorstandsvorsitzes durch Wendelin Wiedeking und die Einführung des Boxters zusammen mit der Rückbesinnung auf das Marktpotenzial der Baureihe 911 waren die Grundlage für eine erfolgreiche und sehr beeindruckende Ertragswende des Stuttgarter Traditionsunternehmens.

Was war Ihre bisher schlechteste Turnaround-Spekulation?

Schäfers: Textilgruppe Hof AG. Die Gesellschaft stand Mitte der neunziger Jahre kurz vor der Pleite, wurde übernommen und einem harten Sanierungskurs unterworfen. Die Textilgruppe Hof liefert seit Jahren sehr gute Unternehmensergebnisse, ohne dass sich dieses bisher im Aktienkurs nachhaltig niedergeschlagen hätte. Als langfristig orientierter Anleger bleibe ich jedoch engagiert, sofern die gute Ertragslage anhält.

Wie lange dauert in der Regel ein Turnaround?

Schäfers: Eine pauschale Antwort ist hier schwierig. Der höchste Ertrag kann bei denjenigen Aktien erzielt werden, bei denen die Anleger über eine lange Zeit eine negative Wahrnehmung des Unternehmens haben. Es handelt sich hierbei um eine antizyklische Strategie. Man muss also genau dann zugreifen, wenn sich der nachhaltige operative Turnaround abzeichnet, die Mehrheit der Anleger aber immer noch Vorbehalte aufgrund der Vergangenheit äußert. Bei diesen Werten kann man langsam auf niedrigem Niveau die Papiere einsammeln. Wenn der Gesamtmarkt dann den vollzogenen Wechsel in der Gewinnentwicklung bewusst wahrnimmt, ist man bereits positioniert. Bei den Werten, von denen ich hier spreche, kann der Wechsel von einer negativen zu einer positiven Entwicklung durchaus schon einmal zwei Jahre in Anspruch nehmen.

Gibt es Branchen, die sich besonders gut für Turnaround-Spekulationen eignen?

Schäfers: Besonders gut eignen sich die so genannten Krisenbranchen. Diese werden oftmals vom Anlegerpublikum noch negativ beurteilt, obwohl viele Unternehmen im operativen Bereich bereits wieder schwarze Zahlen schreiben. Beispielhaft kann man hier den deutschen Maschinenbau nennen, der jahrelang als Krisenbranche galt. Meist entwickeln sich im Rahmen der Marktbereinigung einzelne Unternehmen positiv, während sie in der Beurteilung durch den Markt nach wie vor unter dem negativen Image der Branche leiden. Diese Werte sollte man herausfiltern, um sich rechtzeitig zu positionieren.

Wie wichtig ist das Management?

Schäfers: Das Management ist ausgesprochen wichtig. Ein operativer Turnaround nach einer langen Verluststrecke wird nur möglich, wenn das Management die richtigen strategischen Entscheidungen trifft. Da sich in der Praxis bei festgefahrenen Strukturen ein komplettes Umdenken als sehr schwierig erweist, wird ein operativer Turnaround oftmals von einem Managementwechsel begleitet.

Kann auch das alte Management erfolgreich eine Auferstehung der Gesellschaft schaffen?

Schäfers: Dies ist durchaus denkbar. Meist ist jedoch ein komplettes Umdenken im Unternehmen notwendig. Ein fähiges neues Management bringt in der Regel genügend frischen Wind in ein Unternehmen, um vorhandene verkrustete Strukturen aufzubrechen, die in der Regel mitverantwortlich für eine negative Entwicklung waren.

Kann ein Sanierer das Unternehmen auch längerfristig führen oder fehlen die Visionen?

Schäfers: Möglich ist das. Aber die Erfahrung hat gezeigt, dass gute Sanierer ihre Stärken vor allem in der Kostensenkung und organisatorischen Restrukturierung eines Unternehmens haben. Diese Eigenschaften sind im Rahmen einer Sanierung von großer Bedeutung, weil sie nicht zuletzt gegenüber Dritten Vertrauen in die Zukunftsfähigkeit eines Unternehmens schaffen, zum Beispiel gegenüber Lieferanten und Kunden. Zur strategischen Positionierung des Unternehmens gehören aber in der Regel auch fundierte Branchenkenntnisse, über die ein Sanierer oftmals nicht verfügt. Die Rettung eines defizitären Unternehmens mit vielen Angestellten ist allerdings nie auf die Arbeit eines Einzelnen zurückzuführen. Wenn ein Sanierer es schafft, ein gutes Management-Team mit branchenerfahrenen Führungskräften zusammenzustellen, kann dieses Team auch ohne Branchenerfahrung des Sanierers die Zukunftsfähigkeit des Unternehmens sichern.

Welche Qualitäten muss ein erfolgreicher Sanierer mitbringen?

Schäfers: Er sollte vor allem große Managementerfahrung haben, die ihn in die Lage versetzt, Kernprobleme zu erkennen und Lösungsstrategien zu entwerfen. Er ist durch die verschiedenen Erfahrungen nicht branchen- oder betriebsblind. Er muss natürlich auch Finanzkenntnisse mitbringen, da die Sanierung eines Unternehmens meist auch mit harten Verhandlungen mit den Banken einhergeht. Letztendlich muss er vor allem in der Lage sein, die anderen Mitarbeiter auf eine gemeinsame Linie einzuschwören, ohne die eine harte Sanierung eines Unternehmens nicht möglich ist.

Wie wichtig ist die Rolle der Banken?

Schäfers: In traditionellen Branchen ist die Fremdfinanzierung über Bankverbindlichkeiten unverändert üblich. Im Gegensatz hierzu haben zum Beispiel Neuer-Markt-Unternehmen durch den hohen Eigenkapitalzufluss beim Börsengang oftmals nur relativ geringe Verbindlichkeiten. Die Banken spielen damit in traditionellen Branchen immer noch eine wichtige Rolle als Fremdfinanzierer. Damit haben sie automatisch eine wichtige Rolle bei der Sanierung der Unternehmen, denn ohne Forderungsverzicht (eventuell gegen Besserungsschein), Garantien von Kapitalerhöhungen und so weiter wäre im Zweifelsfall eine Sanierung der betroffenen Unternehmen nicht möglich.

Wie wichtig ist die Rolle der Mitarbeiter?

Schäfers: In allen Branchen sind in Krisensituationen die Mitarbeiter stark gefordert. Deren Motivation ist einer der wesentlichen Erfolgsfaktoren einer Sanierung. Wenn die Mitarbeiter nicht mitziehen, ist eine Sanierung praktisch nicht möglich. Deswegen gehört zu den großen Herausforderungen einer Sanierung die Motivation einer in der Regel verunsicherten Belegschaft. Viele ihrer Arbeitsplätze stehen zur Disposition. Umso schwerer ist es, die Mitarbeiter für schmerzhafte Einschnitte, die für eine erfolgreiche Sanierung notwendig sind, zu begeistern.

Spielt die Größe des Unternehmens für die Chance auf eine erfolgreiche Sanierung eine Rolle?

Schäfers: Ich glaube, dass es für jede Unternehmensgröße ein entsprechendes Konzept geben kann. Sicherlich gewährt der Markt einem größeren Unternehmen mehr Aufmerksamkeit als einem kleinen, nicht zuletzt durch die Werbewirkung öffentlicher Auftritte von Politikern und Gewerkschaften. Die Pleiten vieler kleiner Unternehmen erfolgen oftmals von der Öffentlichkeit unbeachtet. Die Pleite großer Unternehmen (zum Beispiel der Holzmann AG) ruft dagegen ganze Protestmärsche und die öffentliche Unterstützung auf den Plan. Langfristig betrachtet helfen jedoch auch hier nur einschneidende Maßnahmen. Aus diesem Grund halte ich die Unternehmensgröße für den Erfolg einer Sanierung für nicht relevant. Jedes Problem bedarf einfach einer individuellen Lösung.

Besteht nicht die Gefahr, dass das Unternehmen auch nach der Sanierung nur mehr oder weniger vor sich hindümpelt?

Schäfers: Das hängt von der Schaffenskraft, den Visionen und dem Tatendrang des zuständigen Management-Teams ab. Wenn ein Unternehmen sich wandelt und die Mitarbeiter mit dem Management an einem Strang ziehen, sind auch Entwicklungen möglich, die man zuvor für nicht umsetzbar hielt. Wer hätte beispielsweise gedacht, dass sich der Röhrenhersteller Mannesmann zu einem reinen Mobilfunkunternehmen wandelt oder der Stahlriese Preussag zu einem Tourismuskonzern? Ohne diese Maßnahmen wären diese Unternehmen unter Umständen in eine schwere Krise geraten. Neue und tragfähige Konzepte sind auch im Rahmen der Sanierung gefragt.

Wie wichtig sind die Bilanzrelationen?

Schäfers: Die Entwicklung der Bilanzrelationen beziehungsweise der Ertragskennziffern ist sehr wichtig. Oftmals lassen sich aufkommende Krisen frühzeitig erkennen. Beim Kölner Motorenhersteller Deutz ist beispielsweise die vorhandene Ertragsschwäche vor allem durch die sehr hohen Verbindlichkeiten verursacht, die laufend mit Zinsen bedient werden müssen. Die Probleme der Gesellschaft liegen weniger im operativen Geschäft als vielmehr in ihrer hohen Schuldenlast. Es ist heute schon abzusehen, dass einschneidende Maßnahmen notwendig sind, wenn das Unternehmen nicht in eine existenzbedrohende Krise kommen soll. Wie diese aussehen und welchen Erfolg diese haben, ist vorher schwer zu beurteilen. Die Bilanzrelationen geben interessierten Investoren aber klare Hinweise auf die vorhandenen Risiken.

Was ist die Hauptursache für schwerwiegende Probleme einer Unternehmung?

Schäfers: Hauptursache sind in erster Linie strategische Fehlentscheidungen des Managements. Bei sich ständig ändernden Rahmenbedingungen des Marktes besteht die Gefahr, dass ein Unternehmen die Notwendigkeiten für Investitionen oder Umstellungen des Produktsortiments nicht rechtzeitig erkennt. Das Management muss jeden Tag aufs Neue prüfen, ob man mit der eigenen Strategie noch richtig liegt, wo die Risiken sind und wie man gegensteuern kann, um das Unternehmen auf Kurs zu halten. Neben kurzfristigen Maßnahmen sind vor allem langfristige Konzepte gefragt. So muss man beispielsweise der Mannesmann AG ein großes Lob zollen, dass sie die Telekommunikation schon frühzeitig als interessantes Wachstumsfeld erkannt hat, während der Stahlbereich noch jahrelang als Krisenbranche galt. Das Management hat sich in der Diversifikationsstrategie auch nicht aus der Ruhe bringen lassen, als der Aufbau der Telekommunikationssparte in den Anfangsjahren sehr viel Geld kostete.

Sollten nicht bei einem funktionierenden Controlling richtige Schieflagen von vornherein vermieden werden können?

Schäfers: Ein funktionierendes Controlling ist zweifelsfrei eine wichtige Voraussetzung, um Fehlentwicklungen zu erkennen. Controlling-Aufgaben in den Unternehmen beschränken sich jedoch in der Praxis auf das gegenwärtige Geschäft. Die zukünftigen Konsequenzen von strategischen Entscheidungen werden dagegen oft nicht erfasst.

Welche Rolle spielt die Kommunikationspolitik?

Schäfers: Gegenüber dem Kapitalmarkt hat die Kommunikationspolitik eine wichtige Funktion. Sie kann zwar nicht operative Defizite wettmachen. Eine glaubwürdige und kontinuierliche Kommunikationspolitik ist aber eine vertrauensbildende Maßnahme gegenüber den Anlegern, die bei der Sanierung eines Unternehmens auch ihren Beitrag leisten müssen. Jeder vernünftige Anleger sollte wissen, dass bei einem Unternehmen die Bäume nicht von heute auf morgen in den Himmel wachsen. Vor diesem Hintergrund ist eine Kommunikationspolitik gefragt, die den Anleger vollständig und sachgerecht informiert und die vermittelt, dass die getroffenen Prognosen im operativen Geschäft auch realistisch sind. Ein Unternehmen, das es schafft, die Prognosen einzuhalten, sollte in der Regel auch eine höhere Bewertung am Aktienmarkt erfahren.

Mantelspekulationen

Die Mantelspekulation ist sicher mit das Reizvollste, was die Börse zu bieten hat. Doch hinter den gigantischen Gewinnpotenzialen lauern beträchtliche Risiken, die Sie niemals außer Acht lassen sollten. Immerhin dürften nur rund 20 Prozent der Mantelspekulationen zum Erfolg führen. Doch was versteckt sich hinter dieser Bezeichnung, und wie können die Erfolgschancen verbessert werden?

Als Mantelwerte werden Aktiengesellschaften bezeichnet, die ihr operatives Geschäft weitgehend eingestellt haben. Als ihr größter Aktivposten gilt die noch bestehende Börsennotiz. Oftmals handelt es sich bei Mantelwerten um Unternehmen aus alten Industriebereichen, um Rohstoffwerte oder Brauereien, die im Zuge des Ausleseprozesses in ihrer Branche die Segel streichen mussten. Typisches Kennzeichen ist, dass aufgrund ihrer ehemaligen Tätigkeit oftmals noch beträchtlicher Grundbesitz in den Bilanzen schlummert, dessen wahrer Wert jedoch aus den Büchern kaum zu ersehen ist.

Die Gesellschaft stellt somit mehr oder weniger eine leere Hülle dar, die praktisch nur darauf wartet, von einem anderen wieder mit Leben erfüllt zu werden. Dieser andere kann sein Geschäft oder Vermögen in die Gesellschaft einbringen und gewinnt somit praktisch ohne den mühsamen Weg eines Börsengangs eine Börsennotiz. Mit anderen Worten: Das Innenleben ändert sich, der äußere Auftritt bleibt (zunächst) unverändert.

Was Mäntel für Unternehmen attraktiv macht

Der Kauf eines Börsenmantels ist somit für mit dem Kapitalmarkt liebäugelnde Unternehmen eine Alternative zum IPO. Als Vorteile werden ins Feld geführt:

- Schnelligkeit: Während beim Börsengang erst ein umständliches Prozedere abgewickelt werden muss, kann mit dem Börsenmantel praktisch sofort gestartet werden. Meist werden nach Abwicklung des Geschäfts umgehend in einer außerordentlichen Hauptversammlung die erforderlichen Satzungsänderungen beschlossen.

- Kosten: Bei einem klassischen Börsengang müssen unter anderem Börsenzulassungsprospekte erstellt werden, und in der Regel fallen für Rechtsberatung und meist kräftige Werbung Kosten an, die 8 bis 10 Prozent des Emissionserlöses ausmachen. In Einzelfällen dürfte die Börsennotiz sogar mit noch höheren Aufwandsquoten erkauft werden. Die Kosten für die Rechtsberatung und den Erwerb des Mantels können niedriger liegen.

- Fehlende Börsenfantasie: Um einen erfolgreichen Börsengang aufs Parkett legen zu können, muss den potenziellen Anlegern ein schlüssiges Geschäftskonzept präsentiert werden, das meist reichlich Wachstumspotenzial benötigt. Nicht alle Geschäftsfelder können diese Fantasie bieten, so haben oftmals gerade Immobilienvermögen Probleme, eine ausreichende Bewertung an der Börse zu erzielen.

- Mittelzufluss eher nachrangig: Sinn und Zweck eines Börsengangs ist oftmals, dringend benötigtes Eigengeld in die Unternehmenskasse zu bekommen, als zweiter Vorteil gilt die Fungibilität der Anteile. Spielt jedoch gerade dieser zweite Punkt die Hauptrolle für ein angedachtes Listing, kann der Kauf eines Mantels der geschicktere Weg sein.

Es hängt also vom jeweiligen Einzelfall ab, ob ein Listing über einen Börsengang oder aber über den Kauf eines Mantels für ein Unternehmen vorteilhafter ist. Je besser man aber die Denkweise und Kalkulation der Unternehmer versteht, umso größer sollte der Erfolg im Bereich der Mantelspekulationen sein. Wie gesagt, nur etwa 20 Prozent aller Spekulationen mit börsennotierten Firmenhüllen dürften letztendlich von Erfolg gekrönt sein. Dabei wundern sich Profis der Zunft immer wieder, wie meist von Kleinanlegern auch Konkurswerte wie Bremer Vulkan oder Escom immer wieder auf Klettertour geschickt werden, weil angeblich ein neuer Großaktionär an die Tür geklopft hat.

Kriterien für Mantelspekulanten

Als klassische Mantelwerte können Bremer Vulkan, Escom oder Gigabell, einst der erste Pleitewert des Neuen Marktes, im Grunde nicht gesehen werden. Diese Papiere sollten Sie denn auch den Spielern überlassen. Der hartgesottene Mantelspekulant sondiert den Markt nach potenziellen Übernahmekandidaten nach folgenden Kriterien:

- Geringer Streubesitz: Der weitaus überwiegende Anteil der Aktien muss sich in einer oder nur wenigen Händen befinden, die zudem Verkaufsbereitschaft signalisieren. Je höher der Anteil ist, den der potenzielle Übernehmer günstig und problemlos erwerben kann, desto höher die Chance, dass der Wert ins Fadenkreuz der Mantelkäufer gelangt. Schließlich muss der später in den Mantel eingebrachte Vermögensteil, der auf die Aktien des verbleibenden Streubesitzes entfällt, gewissermaßen als Kostenfaktor gesehen werden.

- Börsensegment: Die Kosten für einen Börsengang steigen bekanntlich mit den Anforderungen an das Listing. So ist eine Notiz im Freiverkehr am günstigsten zu erlangen. Bei einem IPO im Amtlichen Handel geht es hingegen finanziell kräftig zur Sache. Folglich ist auch der Börsenmantel umso wertvoller, je höher das Segment ist, in dem der Wert gelistet ist.

- Freiheit von Altlasten: Schnelligkeit ist ein Argument für den Gang an den Kapitalmarkt via Mantel. Muss sich der Übernehmer aber beispielsweise erst noch langwierig mit ehemaligen Kunden streiten und Prozesse führen, zieht dieses Argument nicht mehr. Zudem machen hohe Verpflichtungen aus Pensionszusagen oder gar Verseuchungen des noch vorhandenen Grundbesitzes einen Börsenmantel schnell unattraktiv.

- Seriosität: Verkäufer und Käufer sollten unter die Lupe genommen werden. Wichtig ist, dass Sie als Käufer darauf vertrauen können, dass der Verkäufer im Vorwege alle erdenklichen Risiken auf den Tisch gelegt hat. Umgekehrt ist aus der Sicht des Verkäufers der Käufer entscheidend für die neue Fantasie in dem Wert. Kann er hohe Vermögensteile in das Unternehmen oder eine vielversprechende Geschäftsidee einbringen? Hat er in der Vergangenheit unter Beweis gestellt, das er ein Geschäft erfolgreich führen kann? Lassen Sie sich nicht von vollmundigen Ankündigungen blenden, leider tummeln sich auch im Bereich der Börsenmäntel zahlreiche schwarze Schafe, die nur Ihr Bestes wollen, und zwar Ihr Geld.

- Leichte Liquidierbarkeit der Vermögensteile: Das noch vorhandene Vermögen der Gesellschaft hat oftmals keinen direkten Nutzen für den

Übernehmer, muss allerdings häufig in der einen oder anderen Form mitbezahlt werden. Je leichter der neue Eigentümer sich dieser Bilanzposten entledigen kann, umso besser, ansonsten schlagen diese Güter als Kostenfaktoren ins Kontor.

- Kein Insolvenzwert: Zwar entzündet sich oftmals gerade bei Pleitewerten immer wieder Übernahmefantasie. Doch die Vergangenheit zeigt, dass die Erfolgschancen eher gering sind. Nur selten entfachte sich wirkliches Übernahmeinteresse. Zeigte sich doch meist, dass der als besonderer Pluspunkt angesehene Verlustvortrag, also die angehäuften steuerlichen Verluste der Vergangenheit, von Übernehmern nicht genutzt werden konnte. Die somit ausbleibende Steuerersparnis hat schon so manchen Interessenten in die Flucht geschlagen. Andererseits ist ein Wert aber gerade nach positiver Beendigung einer Insolvenz lupenrein herausgeputzt, diese Unternehmen eignen sich dann wieder für eine Mantelspekulation.

Als Mantelspekulant auf der Pirsch

An diesen Ausführungen ist schon abzulesen, dass die erfolgreiche Mantelspekulation mit reichlich Arbeit verbunden ist. Bestehen doch die höchsten Renditeerwartungen, wenn Sie frühzeitig Position beziehen. Doch je früher Sie einen Einstieg in einen vermeintlichen Mantelwert wagen, umso größer ist die Unsicherheit über die zukünftige Entwicklung des Unternehmens. Zeigen sich jedoch endlich Ross und Reiter, ist der Zug für eine erfolgreiche Spekulation oftmals schon abgefahren.

Sie kommen also nicht daran vorbei, kräftig Bilanzen zu studieren. Hinterfragen Sie dabei die Wertansätze. Gerade bei älteren Unternehmen dürften verbliebene Grundstücke und Gebäude oftmals nur zu Bruchteilen des Marktwertes in den Büchern stehen. Solche Werte führen also etwas mehr als nur die reine Börsennotiz im Gepäck mit.

Weitere Indizien können Sie oftmals auch Zeitungen oder dem Bundesanzeiger entnehmen. Insbesondere bei folgenden Meldungen sollten Sie aufhorchen:

- Kündigung von Gewinnabführungsverträgen: Musste bisher die Tochtergesellschaft per Vertrag ihr Ergebnis bei der Mutter abliefern, deutet eine Auflösung dieser Regelung an, dass die Verflechtung mit der Mutter nicht mehr so eng gesehen wird. Eine Neuausrichtung beziehungsweise ein Verkauf der Tochtergesellschaft könnte also ins Haus stehen.

- Aufhebung einer Insolvenz, einer Liquidation: Wurde das drohende Ende der Gesellschaft in letzter Minute noch abgewendet, stellt sich die Frage, was die Verantwortlichen mit der Gesellschaft vorhaben, da sie einen Fortbestand einer Verabschiedung von dem Unternehmen vorziehen.
- Unverändert Verluste bei einer Tochtergesellschaft: Droht bei diesem Unternehmen kurz- bis mittelfristig die Insolvenz, könnte die Muttergesellschaft zur Vermeidung einer negativen Presse eine Trennung ins Visier nehmen.

Noch einmal zur Verdeutlichung: Je früher Sie in eine Mantelspekulation einsteigen, um so größer das Gewinnpotenzial, aber auch das Risiko. Erhält doch der Wert seine besondere Würze erst durch die erwarteten Vermögensteile, die der neue Eigentümer hoffentlich in die Gesellschaft einbringt.

Doch hat die Durchsuchung des Marktes einen vielversprechenden Wert erbracht, stellt sich zu diesem Zeitpunkt noch die Frage, ob dieser Wert jemals wirklich Gegenstand einer Mantelspekulation wird. Über das mögliche neue Geschäft lässt sich zudem noch gar nichts sagen.

Mantelspekulationen erfordern also Zeit und Geduld. Sie müssen nicht nur auf einen neuen Eigentümer warten, darüber hinaus dauert es meist auch Monate, bis Sie die gewünschten Stücke mühsam über die Börse eingesammelt haben. Denn je niedriger der Streubesitz ist, desto größer ist die Chance für eine Neuausrichtung der Gesellschaft, auf der anderen Seite bedeutet dies aber auch, dass in der Regel täglich nur sehr wenige Stücke gehandelt werden. So werden beispielsweise von der schon seit längerem im Fokus der Spekulanten befindlichen Bremisch-Hannoverschen Eisenbahn, wenn überhaupt, nur vereinzelt Aktien gehandelt.

Unabdingbar ist es deshalb, sich mit einem Limit über längere Zeit auf die Lauer zu legen. Beachten Sie dabei auch die von den Banken in Rechnung gestellten Gebühren. So können Limitgebühren und Mindestgebühren pro Ausführung den Preis pro erstandenem Anteil deutlich in die Höhe schrauben.

Die Marktenge macht natürlich klar, dass ein Ausstieg, falls die Spekulation nicht aufgeht, mindestens so schwierig ist wie der Einstieg. Im Klartext: Er ist meist mit erheblichen Kursverlusten verbunden. Auf der anderen Seite wird die geringe Liquidität immer wieder gerne von einigen Akteuren für gezielte Kursmanipulationen genutzt. Gerüchte, oftmals über das Internet verbreitet, sollten deshalb mit größter Vorsicht genossen und stets auf ihre Plausibilität hin überprüft werden.

Welch bemerkenswertes Gewinnpotenzial in einer erfolgreichen Neuausrichtung, zumindest über einen gewissen Zeitraum, stecken kann, zeigen Beispiele wie die Rinteln-Stadthagener Eisenbahn AG (RSE), die nach kräftigem Wachstumskurs im Immobilienbereich und fulminantem Kursanstieg unter das Dach der Württembergische Cattunmanufactur (WCM) rutschte, der in den letzten Jahren ebenfalls neues Leben eingehaucht wurde.

Ein großer Player im Mantelgeschäft in Deutschland ist Sparta. So wurde die ehemalige Deutz-Tochter WEDAG von den Hamburgern als pre-IPO auf die Reise geschickt. Sparta zeichnet auch verantwortlich für die Umwandlung der Brauhaus-Amberg in das Internet-Emissionshaus net.IPO (vergleiche auch Abbildung 6, S. 241). Im März 1997 sicherte sich Sparta das Paket an der ehemaligen Brauerei, um sie ein Jahr später mit sattem Gewinn an die Deutsche Balaton zu verkaufen. Doch damit war der Höhenflug des Papiers noch nicht zu Ende.

Die erwartete Revolution im Emissionsgeschäft durch das Internet stellte sich allerdings nicht ein. Zwar konnte net.IPO nach der Beteiligung an mehreren Emissionen deutlich über 100 000 registrierte Nutzer vorweisen, doch als im Zuge der Börsenkrise der Technologiewerte die Anleger kein Geld mehr in die Hand nehmen wollten, war auch net.IPO machtlos. Mitte 2001 schließlich verkündete das Management, dass die Firma die zwischenzeitlich erhaltene Banklizenz zurückgeben und sich vom Emissionsgeschäft verabschieden wolle. Die Aktie hatte in der Zwischenzeit schon einen markanten Südkurs eingeschlagen.

Doch auch in Zukunft dürften Mantelgeschäfte nichts von ihren Reizen verlieren. Schließlich bleibt das Thema Eigenkapital und Fungibilität der Anteile ein großes Thema. Die verschärften Eigenkapitalrichtlinien für Banken wie Basel II dürften diese Entwicklung sogar noch verstärken.

Abbildung 6: Kursentwicklung der net.IPO, ehemals Brauhaus-Amberg

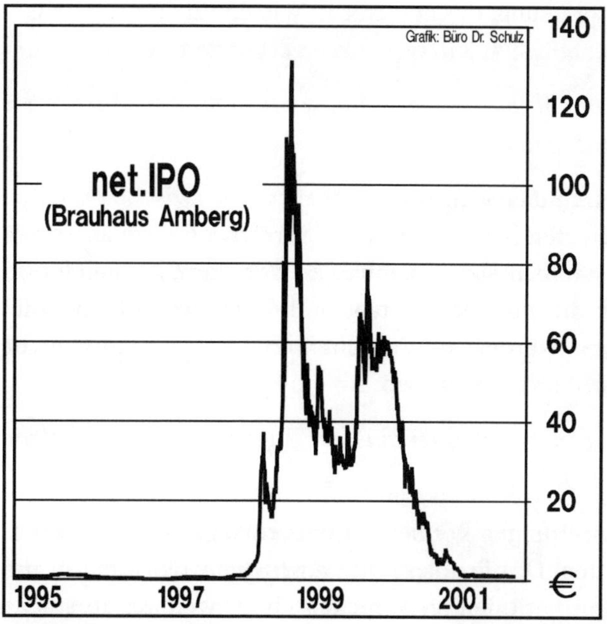

Interview mit Philip Moffat, Sparta AG

Der Amerikaner Philip Moffat, Jahrgang 1962, war nach Stationen bei der Deutschen Bank Asset Management als Geschäftsführer für M&A Beratung bei der Contour GmbH tätig. Von 1998 bis 2001 gehörte Philip Moffat zum Vorstand der Sparta AG und wechselte anschließend in deren Aufsichtsrat. Weitere Aufsichtsratsmandate bestehen bei der Deutsche Balaton AG sowie bei der Deichtorhallen GmbH. Daneben ist Philip Moffat Geschäftsführer der HBG Hamburger Brau GmbH.

Die Sparta AG hat sich in Deutschland eine führende Position im Mantelgeschäft erkämpft. Wie kam es, dass Sie sich gerade in diesem Geschäftsfeld tummeln?

Philip Moffat: Ich war über mehrere Jahre als Berater für die WCM in diesem Bereich tätig und konnte so eine umfangreiche Expertise in diesem Geschäftsfeld aufbauen. Nachdem die WCM dieses Geschäft nicht länger betrieb, kam dann die Überlegung, das erworbene Wissen für eine eigene Gesellschaft zu nutzen.

Wie werden Sie auf Mantelwerte aufmerksam, scannen Sie den Markt oder werden die Pakete Ihnen in der Regel angetragen?

Moffat: Zum einen durch das Scannen des Marktes, inzwischen werden aber aufgrund der erreichten Bekanntheit auch vermehrt Pakete an Sparta herangetragen. Hierzu haben sicher zahlreiche Veröffentlichungen von Sparta mit beigetragen. Inzwischen dürften rund 40 Prozent aller Mäntel an Sparta herangetragen werden, 60 Prozent werden aber nach wie vor durch das Scannen des Marktes gefunden.

Wie wichtig sind dabei Informationen aus der Tageszeitung, auf welche Veröffentlichungen achten Sie?

Moffat: Aus den Tageszeitungen können oftmals entscheidende Informationen gewonnen werden. Das Problem für Außenstehende ist meist nur, dass die relevanten Informationen meist nicht so ohne weiteres als solche zu erkennen sind. Zur Lektüre sollte darum neben der einschlägigen Tagespresse wie *Die Welt*, *FAZ* oder *Handelsblatt* auch der Aktienführer von *Hoppenstedt* gehören, um sich ein Bild über Bilanzkennzahlen oder die Aktionärsstruktur betroffener Unternehmen machen zu können. Inzwischen kann aber auch oftmals auf Daten über das Internet zurückgegriffen werden, was die Arbeit wesentlich erleichtert. Gerade auch wenn es um die Einordnung der Informationen geht und hierbei oft auch ein Blick in die Vergangenheit notwendig ist, können durch die jeweiligen Homepages der Gesellschaften oftmals wichtige Erkenntnisse gewonnen werden.

Kaufen Sie in den Mantelwerten vor der Neuausrichtung weitere Aktien, um den Free Float zu verringern, oder verzichten Sie angesichts der oftmals nur dürftigen Umsätze darauf?

Moffat: Die Umsätze bei Mantelwerten sind in der Regel gering. Meist liegen ja größere Pakete in festen Händen. Zudem ist es auch rechtlich bedenklich, zuzukaufen, da sich die Akteure ja meist als Insider bewegen und somit die Handlungsmöglichkeiten eingeschränkt sind. Zukäufe finden deshalb in der Regel nicht statt. Zudem würden ja gerade bei den engen Märkten die Zukäufe leicht die Preise verderben, sprich für unerwünschte

Kurssteigerungen sorgen. Außerdem würden eventuell durch anziehende Umsätze in einem Wert Trittbrettfahrer auf das Unternehmen aufmerksam werden.

Welche Kriterien sind für Sie besonders wichtig, um eine Aktie als Mantelwert zu spezifizieren?

Moffat: Wichtig ist, dass ein hoher Prozentsatz der Aktien, das heißt mindestens 75,1 Prozent erworben werden können. Schließlich ist der Free Float praktisch wie Kosten zu sehen, wenn man etwas in den Mantel einbringen will. Daneben dürfen möglichst keine wirtschaftlichen und bilanziellen Altlasten bestehen. Auch ein gewisser Verlustvortrag ist von Vorteil, weil man operatives Geschäft zu den niedrigen Buchwerten aus der Gesellschaft heraus verkaufen muss an die bisherigen Eigentümer. Um dieses optimal ohne größere Liquiditätsbelastungen bewerkstelligen zu können, war es in der Vergangenheit von Vorteil, wenn ein Verlustvortag vorhanden war. Aber auch hier hat sich die Steuergesetzgebung zu unserem Nachteil verändert.

Wie lange dauert in der Regel eine Transaktion von Ihrem Einstieg bis zur Neuausrichtung der Gesellschaft?

Moffat: Hierfür sind zwei Antworten notwendig. Zunächst muss der Mantel ja entwickelt werden, was auch von steuerlichen Kriterien abhängt. Bei einem einfachen Mantel ist eine Abwicklung innerhalb von drei oder vier Monaten inklusive Einberufung einer außerordentlichen Hauptversammlung mit Satzungsänderung und Namensänderung, Organrücktritten und so weiter machbar. Die Dauer für die Neuausrichtung hängt natürlich davon ab, ob schon während der Entwicklung des Mantels Verhandlungen über die zukünftige Nutzung geführt wurden oder ob er praktisch erst ins Regal gelegt wird, um dann der Öffentlichkeit mitzuteilen, dass Sie einen Mantel im Angebot haben. Die Verwertung kann dann schnell gehen oder aber auch ein bis zwei Jahre dauern. Bei Sparta hat der Mantel der Maschinenfabrik Fahr AG am längsten für die Verwertung gebraucht, etwa ein dreiviertel Jahr. Das schnellste war die G. Bluthardt AG, deren Verwertung etwa zwei Monate dauerte.

Kaufen Sie erst, nachdem Sie für einen Interessenten einen geeigneten Mantel gefunden haben, oder erwerben Sie Firmenmäntel auch auf Vorrat?

Moffat: In der Regel hat Sparta auch gerne Mäntel auf Vorrat erworben. Je günstiger der Ankauf möglich ist, umso geneigter ist man natürlich, den Wert zu erwerben, auch wenn noch kein möglicher Abnehmer parat ist.

Woran kann ein Kleinanleger erkennen, ob der Kauf eines Mantelwertes für ihn noch interessant ist?

Moffat: Nachdem eine Verwertung für den Mantel gefunden wurde, muss er sich den Wert genauso anschauen, wie er einen IPO anschauen würde. Er muss das operative Geschäft genau unter die Lupe nehmen, den Sacheinlageprospekt genauso wie den Emissionsprospekt bei einem Unternehmen, das an die Börse will, durchforsten. Daneben sollte er sich die bisherige Erfolgsbilanz der am Mantel-Deal Beteiligten, wie zum Beispiel der Sparta, anschauen. Bei Unternehmen, deren Neuausrichtung noch nicht feststeht, bei denen also auf eine Verwertung als Mantel gehofft wird, gilt die Regel, dass die Marktkapitalisierung, also der Aktienkurs multipliziert mit der Anzahl der verfügbaren Aktien, ermittelt werden sollte. Die Frage wäre dann: Welche Vermögensgegenstände stehen dem gegenüber? Es sollte also eine Nettobarwert-Berechnung gemacht werden. Wie hoch ist das bilanzielle Eigenkapital zuzüglich stiller Reserven beziehungsweise abzüglich noch vorzunehmender Bewertungsanpassungen? Wenn die Marktkapitalisierung wesentlich höher liegt, sollte man die Finger von dem Wert lassen. Bei einigen Mänteln, deren Zukunft noch nicht abzusehen war, sah man in der Vergangenheit Bewertungszuschläge im dreistelligen Millionenbereich. Das sind totale Marktübertreibungen.

Sehen Sie im Freiverkehr notierte Werte ebenfalls als mögliche Mantelwerte oder erachten Sie diese Papiere aufgrund der relativ unproblematischen Notierungsaufnahme in diesem Segment für uninteressant?

Moffat: Auch im Freiverkehr kann es interessante Mantelwerte geben. Die Sparta selbst ist ja ursprünglich auch im Freiverkehr gestartet. Es ist auch nach wie vor nicht ganz einfach, ein Listing im Freiverkehr zu bekommen, insbesondere in schlechten Börsenzeiten weigern sich oftmals Banken, ein Listing zu begleiten. Der Freiverkehr ist auch deshalb für viele Unternehmer interessant, weil hier die Meldepflichten noch relativ gering sind, ein Unternehmen noch in Ruhe entwickelt und strukturiert werden kann. Dieses Segment ist oft eine Vorstufe, bevor ein Listing in höheren Segmenten angestrebt wird. Ich sehe keine großen Unterschiede bei den Kriterien.

Wird ein Unternehmen vom Neuen Markt übernommen und neues Geschäft eingebracht, muss eventuell eine neue Zulassung bei der Deutschen Börse beantragt werden. Sind Unternehmen vom Neuen Markt damit prinzipiell weniger geeignet als Mantelwerte?

Moffat: Da die Verabschiedung vom Neuen Markt in der Regel in den Geregelten Markt mündet, sehe ich das nicht. Denn der Geregelte Markt ist ja auch ein interessantes Segment. Es gibt aber hierdurch keine Prämie für den Neuen Markt, in den Krisenzeiten wie 2002 waren die Werte sogar mit einem Malus versehen, gerade auch, weil die Publizitätspflichten sehr hoch sind und damit natürlich auch die Kosten für das Listing.

Inwieweit ist die Entwicklung bei den Börsenmänteln abhängig von der Börsenlage?

Moffat: Soweit ich zurückblicken kann, waren Börsenmäntel ausgesprochen krisen- und konjunkturunabhängig. Börsenmäntel haben sowohl in Boomzeiten wie auch in Baissezeiten ihre Daseinsberechtigung. In Boomphasen sind die Banken randvoll mit IPOs, es kann Monate dauern, bis ein Börsenkandidat einen Termin bekommt. In schlechten Zeiten will keiner einen Börsengang anfassen, dabei wissen aber alle, dass es sich jeweils nur um Zyklen handelt. Der Unternehmer, der den Börsengang plant, plant unabhängig von Börsenzyklen. Er plant einfach, dass er den Kapitalmarkt in der Zukunft braucht, zum Beispiel für die Realisierung seiner Investitionen. Hierdurch ist das Börsenmantelgeschäft von der aktuellen Börsenlage vollkommen unabhängig. Wichtiger ist da schon die Steuergesetzgebung. So wirkt sich beispielsweise die Regelung zur steuerfreien Veräußerung von Beteiligungen positiv aus.

Wie dürften sich die Verschärfungen bei der Kreditvergabe an Unternehmen durch Basel II auf die Manteltransaktionen auswirken?

Moffat: Basel II sollte sich positiv auf das Mantelgeschäft auswirken. Es wird eine grundlegende Veränderung beim Beteiligungsgeschäft geben. Ich glaube, dass sich viele der Venture-Capital-Gesellschaften wieder mehr in Richtung des Geschäftszweckes »Beteiligungsgesellschaft« orientieren werden. Grund ist, dass Beteiligungsgesellschaften das Vakuum im Mittelstand hinsichtlich ihrer Bankverbindung zukünftig füllen müssen.

Wie hoch sehen Sie die Erfolgsquote für einen Kleinanleger, dass eine Mantelspekulation aufgeht?

Moffat: Klar liegt ein Kleinanleger vorne, wenn er eine Manteltransaktion erahnt und im Vorwege einsteigt, weil in der Vergangenheit nach Bekanntwerden des Einstiegs eines Mantelentwicklers die Aktien kräftig gestiegen sind. Die Kurse schießen teilweise um mehrere hundert Prozent nach oben. Diese Spekulationen sind natürlich nicht gutzuheißen und machen Gewinne für den Kleinanleger nach diesem Hype sehr schwierig. Die Chancen, nach der Bekanntgabe einer Manteltransaktion erfolgreich zu sein, dürften bei fünfzig zu fünfzig liegen. Sie hängen sicher von den unternehmerischen Konzepten der Neuausrichtung ab, gerade bei Mänteln die für New-Economy-Themen ausgerichtet wurden, ist die Performance per 2002 nicht so berauschend. Als Beispiele seien hier net.IPO oder pre-IPO genannt. Vielversprechender ist es also, den Markt selbst nach möglichen Mänteln zu durchforsten.

Wie hoch sollten die Kosten für den Erwerber eines Mantels maximal sein?

Moffat: Im Freiverkehr sollte der Mantel nicht teurer sein als 750 000 Euro, im Geregelten Markt nicht teurer als 1 Million Euro und im Amtlichen Handel nicht mehr als 1,8 Millionen Euro.

Gibt es Mantelspekulationen auch bei ausländischen Werten?

Moffat: Die gibt es, aber das ist mehr etwas für Hasardeure. Ich habe zahlreiche Firmen gesehen, die sich einen kleinen NASDAQ-Mantel für 100 000 US-Dollar angelacht haben, die sind alle heute nicht mehr existent.

Sollte sich der Kleinanleger an solchen Spekulationen beteiligen?

Moffat: Auf keinen Fall, hier kann es nur heißen: Finger weg. Es bleibt doch immer das gleiche Spiel. Warum muss ein deutsches Unternehmen, mit deutschen Kunden, das in Deutschland seine Geschäfte macht, in Amerika an die Börse? Das ist einfach total unlogisch. Wenn er es in Deutschland nicht schafft, hier eine Manteltransaktion zu machen oder hier an die Börse zu gehen, dann wird er gute (schlechte) Gründe haben, warum er ins Ausland gehen muss.

Wo sehen Sie die Knackpunkte, ob ein Mantel auch zu einem potenziellen Erwerber passt?

Moffat: Eigentlich gibt es hierfür zwei Kriterien. Erstes Kriterium: Will man einen Mantel mit Streubesitz oder ohne? Es gibt einige Erwerber, die legen zunächst keinen großen Wert auf einen Streubesitz. Die wollen zunächst ihr Vermögen in den Mantel einbringen und sich erst später dann der Öffentlichkeit zuwenden. Daneben birgt der Streubesitz bei Sacheinlagen stets die Gefahr von Anfechtungsklagen. Es gibt aber auch den Erwerber, der einen großen Streubesitz haben möchte, da er den liquiden Sekundärmarkt für seine Gesellschaft als wichtig erachtet. Dieser kauft natürlich lieber einen Mantel mit 75,1 Prozent als mit 95 Prozent Beteiligung. Zweites Kriterium: Soll es ein Mantel mit hohem Barvermögen sein oder nicht? Die hohe Barliquidität ermöglicht den Erwerb von neuen Assets gegen Cash. Ohne Barvermögen gibt es in der Regel neue Assets gegen Sacheinlage. Da beides wesentliche Veränderungen des Anlagevermögens mit sich zieht, benötigen beide Maßnahmen in der Regel einen Beschluss durch die Hauptversammlung.

Anleger hoffen meist auf die Einbringung größerer Vermögen bei der Neuausrichtung einer Gesellschaft, wie groß ist diese Chance?

Moffat: Die Chance ist nicht klein, zu erinnern sei nur an Unternehmen wie HBAG oder Deutsche Real Estate, in die Milliardenvermögen eingebracht worden sind. Marseille-Kliniken oder auch B&L Immobilien gehören ebenfalls mit dazu.

Halten Sie Insolvenzwerte in der Regel nicht für interessante Börsenmäntel?

Moffat: Zwei Aspekte sind hier zu beachten. Ein Mantel, der aus der Insolvenz kommt, ist speziell geeignet, weil er frei von jeglichen Verbindlichkeiten ist, seien es die gegenüber dem Finanzamt oder Gläubigerverbindlichkeiten aus der tiefsten Vergangenheit der Gesellschaft. Ein solcher Mantel ist damit einer Neugründung gleichzusetzen. Es ist aber sicher so, dass ein Mantel aus einer Insolvenz diesen Makel der Insolvenz hat. Es ist also ein Imageproblem. Ich würde mich über ein Imageproblem aber hinwegsetzen und sehe es nicht als wirkliches Problem. Weil es für den professionellen Mantelentwickler und auch Erwerber keine Rolle spielt, da die

Neuausrichtung ja einem IPO gleichzusetzen ist. Die Vergangenheit einer solchen Gesellschaft spielt also keine Rolle bei der Neuausrichtung. Läuft allerdings die Insolvenz noch, spielt der Zeitaspekt sicher eine Rolle, da die Insolvenz meist ein bis zwei Jahre dauert.

Zehn goldene Regeln für das Investment in Small Caps

1. *Für das Investment in Small Caps brauchen Sie langen Atem!*
   Wer in Nebenwerte investiert, braucht vor allem viel Geduld. Die Small Caps führen oft jahrelang ein Mauerblümchen-Dasein, bei dem der Kurs nicht von der Stelle kommt. Selbst wenn ein Investor festgestellt hat, dass eine Aktie unterbewertet ist, heißt dies noch lange nicht, dass andere Anleger sofort zur gleichen Einsicht kommen oder entsprechend agieren. Die Anpassung der Kurse an die vorhandenen Informationen dauert in der Regel bei kleinen Werten länger als bei Blue Chips. Auch Turnaround-Spekulationen brauchen Zeit. Wer als Investor zu schnell die Flinte ins Korn wirft, riskiert, dass er genau dann aussteigt, wenn der Kurs sich endlich in Bewegung setzt.

2. *Informationen sind extrem wichtig!*
   Die Informationsdichte bei Small Caps ist in der Regel viel dünner als bei Standardwerten. Umso wichtiger ist es, bei der Informationsbeschaffung selbst aktiv zu werden und auch direkt beim Unternehmen nach News anzufragen. Marktineffizienzen lassen sich nur nutzen, wenn möglichst umfassend recherchiert wird. Die Informationsquellen sind dabei genau zu prüfen. Nicht selten werden zum Beispiel in den Internetboards gezielt falsche Informationen gestreut, deren Kurswirkung natürlich bei Unternehmen mit nur geringen Umsätzen zu deutlichen Kursauschlägen führen können.

3. *Achten Sie auf Liquidität!*
   Das größte Problem vieler Nebenwerte ist die mangelnde Liquidität der Aktie. An der Börse werden pro Tag oft nur einige Hundert Aktien gehandelt. Wer sich in solchen Werten engagieren will, muss dies mit ins Kalkül einbeziehen und vor allem beim Timing beachten. Um nennens-

werte Positionen aufzubauen, dauert es oft Wochen, denn wer überstürzt agiert, riskiert, den Kurs selber nach oben zu treiben. Mit umgekehrten Vorzeichen ist dieses Phänomen beim Verkauf zu beobachten. Sehr umsatzarme Aktien sind deshalb mit Vorsicht zu genießen. Bei ausländischen Aktien, die in Deutschland gekauft werden sollen, ist einerseits die Liquidität an bundesdeutschen Handelsplätzen, andererseits die umgesetzte Stückzahl am Heimatmarkt zu beachten.

4. *Prüfen Sie die Aktionärsstruktur!*
Der Blick auf die Eigentümer einer Gesellschaft liefert oft Hinweise auf die künftige Kursentwicklung. Wenn der Streubesitz niedrig ist und die restlichen Anteile in der Hand einer Gründerfamilie liegen, dann ist nicht mit größeren Einzelabgaben zu rechnen. Dem Kurs tut dies gut. Wenn die Familie allerdings in verschiedene Zweige aufgeteilt ist, die womöglich noch untereinander zerstritten sind, sieht die Sache bereits anders aus. Stets ist es hilfreich, nach Indikationen zu suchen, ob ein Großinvestor seine Beteiligung strategisch versteht oder lediglich als kurzfristige Anlage, um Geld zu parken. Kursbelastungen können auch auftreten, wenn schon zum Börsengang ein hoher Free Float vorhanden ist. Dieser kann durch vorbörsliche Beteiligungen und vorbörslichen Handel entstanden sein. Die Gefahr ist hoch, dass diese Aktionäre sich an der Börse von ihren Stücken trennen, gerade wenn der Ausgabepreis über ihrem Einstandspreis liegt. Für Squeeze-Out-Spekulationen ist der Blick auf die Aktionärsstruktur ohnehin unverzichtbar.

5. *Vergleichen Sie bei der Bewertung nicht Äpfel mit Birnen!*
Small Caps weisen gegenüber Standardwerten fast immer Bewertungsabschläge auf. Diese kommen durch die geringere Liquidität und mangelndes Interesse von institutionellen Investoren zustande. Die niedrigere Bewertung hat damit meistens langfristig Bestand. Bei der Analyse von Nebenwerten mittels Vergleichsgruppen ist dies zu berücksichtigen. Abschläge gegenüber größeren Unternehmen sollten akzeptiert werden. Erst wenn die Unterbewertung zu groß wird, signalisiert dies eine Einstiegsmöglichkeit. Am sinnvollsten ist es, Nebenwerte einer Branche zueinander ins Verhältnis zu setzen.

6. *Berücksichtigen Sie Ihre Transaktionskosten!*
Informieren Sie sich bei Ihrer Bank über sämtliche Kosten im Zusammenhang mit einer Wertpapierorder. So stellen viele Kreditinstitute für die Erteilung einer limitierten Order bei Nichtausführung bereits einige Euro in Rechnung. Hierdurch kann das gezielte »Fischen« nach bestimmten Kursen zu einer teuren Angelegenheit werden. Auch bei Teilausführungen, die bei Nebenwerten aufgrund der oft geringen Handelsvolumina nicht unüblich sind, können zusätzliche Kosten auf den Anleger zukommen. Werden für jede einzelne Ausführung hohe Minimumgebühren in Rechnung gestellt, kann sich leicht eine erkleckliche Summe ergeben, die die Rendite deutlich schmälern kann. Sprechen Sie mit Ihrer Bank über die Kosten, gegebenenfalls kann auch ein Wechsel zu einer anderen Bank sinnvoll sein.

7. *Identifizieren Sie stille Reserven!*
Der Blick in die Bilanz ist bei Nebenwerten häufig entscheidender als der in die Gewinn- und Verlustrechnung. Dies gilt besonders bei Investments unter Value-Gesichtspunkten. Ziel ist es dabei, stille Reserven zu identifizieren, zum Beispiel bei vorhandenen Immobilien. Wenn umfangreiche stille Reserven vorhanden sind, können durch Verkäufe außerordentliche Erträge anfallen, oder das Unternehmen wird für einen Übernehmer besonders interessant. Wichtig ist es, alle Vermögensgegenstände genau unter die Lupe zu nehmen, und dabei auch zu berücksichtigen, dass Reserven bei einer Position eventuell durch Wertberichtigungsbedarf bei anderen Bilanzpositionen aufgewogen werden.

8. *Entscheiden Sie sich für den Marktführer!*
Auch bei Nebenwerten gilt: Wer über eine herausragende Marktstellung verfügt, kann in der Regel als Unternehmen überdurchschnittliche Renditen erwirtschaften, zur Freude der Anteilseigner. Setzen Sie auf die Marktführer, auch wenn Nebenwerte oft nur in kleineren Marktsegmenten über eine herausragende Marktstellung verfügen. Schätzen Sie dabei mit Hilfe von Fachartikeln die Güte der Marktstellung sowie die Wachstumschancen des Segments ab. Je abgesicherter die Alleinstellung erscheint und je besser die Zukunftsaussichten des Bereichs einzuschätzen sind, umso höher sollte die Bewertung an der Börse sein.

9. *Denken Sie rechtzeitig an den Ausstieg!*
Aufgrund der niedrigen Umsätze dauert der Verkauf einer größeren Stückzahl meist eine längere Zeit. Arbeiten Sie mit Limits, setzen Sie sich selbst Stop-loss-Limits. Diese sollten aber nicht schon bei der Bank eingegeben werden – es besteht sonst die Gefahr, dass aufgrund der niedrigen Umsätze eine automatische Stop-loss-Order für einen wesentlich schlechteren Kurs ausgeführt wird, als es dem Aktionär lieb ist. Allerdings ist bei einem Verzicht einer direkten Eingabe die Kursentwicklung laufend im Auge zu behalten, um nicht eines Tages eine böse Überraschung zu erleben!

10. *Beachten Sie das Marktsegment!*
Eine Anlage in Aktien des Telefonhandels ist in der Regel nicht zu empfehlen, denn die Risiken sind für Privatanleger meist kaum abzuschätzen. Es dürfte permanent ein Informationsnachteil gegenüber dem Unternehmen näherstehenden Personen gegeben sein. Außerdem sind die Umsätze oftmals so gering, dass ein Verkauf auch über einen längeren Zeitraum kaum oder nur mit kräftigen Kurszugeständnissen möglich erscheint. Beachten Sie auch, dass bei Werten des Freiverkehrs nur geringe Anforderungen an die regelmäßige Veröffentlichung von Geschäftszahlen gestellt werden. Auch hier sollte der Anleger selbst aktiv werden, um laufend Informationen über die Geschäftsentwicklung zu bekommen.

Anhang

Fachbegriffe

Ad-hoc-Publizität	Pflicht zur sofortigen Veröffentlichung wichtiger Unternehmensnachrichten, die den Börsenkurs deutlich beeinflussen können
ADR	American Depositary Receipts. Zertifikate auf nicht amerikanische Aktienbestände, die an der Börse gehandelt werden.
Agio	Aufgeld. Der über dem Nennwert liegende Kurszuschlag.
Aktienrückkauf	Rückkauf eigener Aktien durch das Unternehmen
AMEX	American Stock Exchange
Amtlicher Handel	Marktsegment der Deutschen Börse mit den höchsten Anforderungen an die Unternehmen.
Ask	Kurs, zu dem bei einer Aktie Verkaufsbereitschaft besteht.
BAFin	Bundesanstalt für Finanzdienstleistungsaufsicht
Baisse	Starke Kursrückschläge
Berichtigungsaktien	Auch Gratisaktien genannt. Durch die Umwandlung von offenen Rücklagen einer Aktiengesellschaft in Grundkapital werden neue Aktien ausgegeben. Die Höhe des Eigenkapitals der Gesellschaft ändert sich hierdurch nicht, es steigt lediglich die Zahl der emittierten Aktien.
Bezugsrecht	Recht der Aktionäre bei einer Kapitalerhöhung der Gesellschaft neue Aktien zu erwerben. Dieses Recht kann ausgeübt oder aber auch verkauft werden.
Bid	Kurs, zu dem bei einer Aktie Kaufbereitschaft besteht.

Broker	Börsenmakler
DJIA	Dow Jones Industrial Average, Amerikanischer 30-Werte-Index.
Due Diligence	Sorgfältige Unternehmensprüfung, z. B. im Zuge einer Übernahme oder eines Börsengangs.
Emission	Ausgabe von Wertpapieren
Freimakler	Börsenmakler, die Wertpapiergeschäfte zwischen Kreditinstituten vermitteln. Stellen Kurse für Aktien des Geregelten Marktes und für den Freiverkehr.
Freiverkehr	Börsensegment mit geringen Anforderungen an die notierten Unternehmen
Geregelter Markt	Börsensegment mit gegenüber dem Amtlichen Handel geringeren Anforderungen
Glattstellen	Offene Wertpapierpositionen schließen
Hausse	Starker Anstieg der Kurse
Inhaberpapiere	Auf den Inhaber lautende Wertpapiere, Name des Eigentümers taucht nicht auf.
Insider	Personen, die über kursrelevante Unternehmensinformationen vor einer Veröffentlichung verfügen, z. B. aufgrund ihrer Position in dem Unternehmen. Ausnutzung dieser Informationen bei Wertpapiergeschäften ist verboten.
KGV	Kurs-Gewinn-Verhältnis. Zeigt an, das wie vielfache des Gewinns in der Regel des kommenden Jahres für die Aktie bezahlt werden muss.
Konsolidierung	Meist kurzfristige Beruhigung eines Kursverlaufs mit gegen den langfristigen Trend sich entwickelnden Notierungen.
Konsortium	Bei einem Börsengang: In der Regel aus Banken bzw. Wertpapierhäusern bestehend, wickeln die Emission ab und sorgen für die Platzierung der Aktien.
Kursmakler	Börsenmakler, der staatlich bestellt Kurse für die im amtlichen Handel notierten Wertpapiere stellt.
KUV	Kurs-Umsatz-Verhältnis. Zeigt an, wie hoch die Bewertung des Unternehmens im Bezug zum Umsatz liegt.
Limit	Kurs-Ober- bzw. -Untergrenze, für die ein Papier

	maximal gekauft bzw. minimal verkauft werden soll.
MDAX	Index der 70 größten Unternehmen nach den DAX-Werten.
NASDAQ	National Association of Securities Dealers Automated Quotations System. Amerikanische Technologiebörse seit 1971.
Nemax	Neuer-Markt-Index. Zum einen als Nemax-All-Share für alle Titel, zum anderen als Nemax50 für die 50 größten Titel des Neuen Marktes.
Nennwert	Gibt den Anteil am Grundkapital der Gesellschaft an, den eine Aktie verkörpert. Der geringste Nennwert beträgt 1 Euro.
Neuer Markt	Deutsches Börsensegment der Wachstums- und Technologiewerte
NYSE	New York Stock Exchange
OTC	Over the Counter; amerikanischer Telefonhandel.
Peer Group	Bewertungsverfahren. Vergleich der Bewertungen der einzelnen Unternehmen einer Branche.
Portfolio	Wertpapiervermögen einer Stelle
S&P 500	Standard & Poors 500 Index, Index der USA von 500 Werten
SDax	Index der 50 größten Vertreter des Smax, gemessen an der Marktkapitalisierung und dem Börsenumsatz
SEC	Securities and Exchange Commission, Wertpapieraufsichtsbehörde in den USA.
Shareholder-Value	Unternehmenspolitik, die eine angemessene Rendite für den Aktionär zum Ziel hat.
Smax	Segment der Nebenwerte, Listing verpflichtet u. a. zu Quartalsberichten und internationaler Rechnungslegung, Designated Sponsor notwendig.
Squeeze-out	Barabfindung eines sehr kleinen Restes von Aktionären einer Gesellschaft durch den Großaktionär
Stammaktie	Stimmberechtigte Aktien ohne Vorzugsrechte
Stop-Loss	Verlustbegrenzung durch Beachtung einer Kursuntergrenze, bei der sofort verkauft werden soll.

Stückaktie	Nennwertloses Wertpapier, der Anteil eines Scheins am Grundkapital richtet sich nach der Zahl der insgesamt ausgegebenen Aktien.
Sum-of-the-parts-Ansatz	Bewertung eines Unternehmens, indem die einzelnen Geschäftsbereiche einzeln bewertet werden. Der Gesamtwert ergibt sich durch die Addition.
Vorzugsaktie	In der Regel stimmrechtslose Aktien, als Ersatz werden hierfür bestimmte Sonderrechte gewährt, wie z. B. Mindestdividenden oder Dividendenzuschläge gegenüber den Stammaktien.
Xetra	Exchange Electronic Trading System. Elektronisches Handelssystem der Deutschen Börse.

Wichtige Internet-Adressen

www.aktiencheck.de	Analysteneinschätzungen
www.ariva.de	Gewinnschätzungen, Marktstatistiken
www.cnnfn.com	Unternehmens-Adressen und -Telefonnummern
www.comdirect.de	Kursabfrage und dpa-Wirtschafts- und Börseninfos
www.consors.de	Boards zum Neuen Markt etc.
www.das-wertpapier.de	Schutzvereinigung für Wertpapierbesitz
www.dai.de	Deutsches Aktieninstitut e.V.
www.dgap.de	Ad-hoc-Meldungen
www.dvfa.de	Termine Analystenkonferenzen
www.emissionsmarktplatz.de	Vorbörsliche Beteiligungen
www.exchange.de	Seite der Deutschen Börse
www.financial.de	Nachrichten
www.finanzpark.de	Informationen zu Nebenwerten
www.finanztreff.de	Boards, Wirtschafts-/ Börseninfos etc.
www.fnet.de	Nachrichten
www.ftd.de	Financial Times Deutschland
www.ls-d.de	Graumarkt- und nachbörsliche Kurse
www.onvista.de	Unternehmensdatenbank
www.ml.com	Research von Merrill Lynch
www.multex.com	Research zu amerikanischen Aktien
www.nasdaq.com	Kurse und Infos zu amerikanischen Titeln

www.nebenwerte.de	Informationen rund um die Börse
www.platowbriefe.de	Board und Börseninformationen
www.schnigge.de	Graumarktkurse
www.share-infos.de	Informationen zu Neben- und Wachstumswerten
www.smax.de	Informationen zu Smax-Titeln
www.stockworld.de	Boards etc.
www.tradecross.de	Vorbörsliche Beteiligungen
www.veh.com	Handel unnotierter Werte
www.vwd.de	Wirtschafts- und Börseninformationen
www.wallstreet-online.de	Boards etc.
www.wsrn.com	Research zu amerikanischen Aktien

Adressen

DGAP
Deutsche Gesellschaft
für Ad-hoc-Publizität mbH
Börsenplatz 7
D-60313 Frankfurt am Main
Tel.: 0 69/21 01-84 30
Fax: 0 69/21 01-44 49
www.dgap.de

DVFA GmbH
DVFA e.V.
Deutsche Vereinigung für Finanzanalyse und Assetmanagement
Einsteinstraße 5
D-63303 Dreieich
Tel.: 0 61 03/58 33-0
Fax: 0 61 03/58 33-33
www.dvfa.de

Deutsche Börse AG
D-60284 Frankfurt am Main
Tel.: 0 69/21 01-0
Fax: 0 69/21 01-20 05
www.exchange.de

Verbraucherverbände e.V. (AgV)
Heilsbachstraße 20
D-53123 Bonn
Tel.: 02 28/64 89-0
Fax: 02 28/64 42 58
www.agv.de
E-Mail: mail@agv.de

Deutsches Aktieninstitut e.V. (DAI)
Biebergasse 6–10
D-60313 Frankfurt am Main
Tel.: 0 69/9 29 15–0
Fax: 0 69/9 29 15-11
www.dai.de
E-Mail: dai@dai.de

DSW Deutsche Schutzvereinigung
für Wertpapierbesitz e.V.
Hamborner Straße 53
D-40472 Düsseldorf
Tel.: 02 11/66 97 01
Fax: 02 11/66 97 60
www.das-wertpapier.de

Schutzgemeinschaft der Klein-
aktionäre e.V. (SdK)
Karlsplatz 3
80335 München
Tel.: 0 89/59 99 87 33
Fax: 0 89/54 88 78 58
www.sdk.org
E-Mail: sdk.ev@t-online.de

Literaturhinweise

Benzel, Wolfgang; Wolz, Eduard, *Bilanzanalyse für Aktionäre. Shareholder-Value-Entwicklung beurteilen, Firmenwerte einschätzen, versteckte Werte und Potentiale erkennen*, Regensburg 2000

Buffet, Mary; Clark, David, *Buffettology. Die bislang unveröffentlichten Anlagestrategien von Warren Buffett*, Wien/Frankfurt 1998

Busch, Friedhelm: *Greife nie in ein fallendes Messer. Börsenweisheiten beim Wort genommen*, Frankfurt/New York 1999

Cooper, Jeff: *Hit and Run Strategien. Präzises Timing für Day Trader und Kurzfrist-Anleger*, München 2000

Goldberg, Joachim; von Nitzsch, Rüdiger: *Behavioral Finance. Gewinne mit Kompetenz*, München 1999

Iken, Matthias; Zschäpitz, Holger, *Börse frontal. Risiko oder Vorsicht. Mit Bulle und Bäre zur besten Anlagestrategie*, München 2001

Islinger, Robert, *Aktiengewinne mit Neuemissionen und Fusionen*, Wien/Frankfurt

Kostolany, André, *Die Kunst über Geld nachzudenken*, München 2000

Kostolany, André, *Kostolanys Börsenseminar. Für Kapitalanleger und Spekulanten*, München 1996

Merten, Hans-Lothar, *Finanznachrichten für Anleger*, Düsseldorf 1998

Mross, Michael, *Die Börse. Gewinnsparen mit Aktien. Tipps zum Aktienzeichnen*, München 2000

Mühlhaus, Axel; Knop, Sönke, *Profi-Handbuch Neuer Markt*, Regensburg 2000

Niquet, Bernd, *Keine Angst vorm nächsten Crash. Warum Aktien als Langfristanlage unschlagbar sind*, Frankfurt/New York 1999

Schumacher, Claudia; Schwartz, Stefan; Lüke, Stephan, *Investor Relations Management und Ad-hoc-Publizität*, München 2001

Wöhe, Günter, *Bilanzierung und Bilanzpolitik. Betriebswirtschaftlich, handelsrechtlich, steuerrechtlich*, München 1997

Register